U0475170

书山有路勤为径,优质资源伴你行
注册世纪波学院会员,享精品图书增值服务

学习的答案

为终身学习者赋能

The Answers to Learning

何平 著

电子工业出版社
Publishing House of Electronics Industry
北京·BEIJING

内 容 简 介

本书介绍了全面学习金字塔系统，包括觉察、致用、分享三种学习方法和信息、动力、计划三项学习资源，能帮助读者实现三大学习目标，即更清晰地认识自己、更快速地达成目标和更多元地赋能他人。本书具有先进、实用和系统三大优势：先进是指融入了最新的培训技术；实用是指给出了落地的练习指导；系统是指涵盖了全面的学习要素。

本书适合决定通过真正的学习来提升自己的成年人阅读，尤其适合阅读效率低、不满足"读完忘完"的读书爱好者，新入职场、转行升职、中高层管理者等急需提升能力的职场人，以及希望在人生中保持清醒并有所顿悟的人阅读。

未经许可，不得以任何方式复制或抄袭本书之部分或全部内容。
版权所有，侵权必究。

图书在版编目（CIP）数据

学习的答案：为终身学习者赋能 / 何平著. —北京：电子工业出版社，2019.11
ISBN 978-7-121-37844-7

Ⅰ.①学… Ⅱ.①何… Ⅲ.①学习方法 Ⅳ.①G442

中国版本图书馆 CIP 数据核字（2019）第 253777 号

责任编辑：晋　晶
文字编辑：杨洪军
特约编辑：田学清
印　　刷：河北鑫兆源印刷有限公司
装　　订：河北鑫兆源印刷有限公司
出版发行：电子工业出版社
　　　　　北京市海淀区万寿路 173 信箱　　邮编：100036
开　　本：720×1000　1/16　印张：18.25　字数：272 千字　彩插：1
版　　次：2019 年 11 月第 1 版
印　　次：2021 年 3 月第 6 次印刷
定　　价：72.00 元

凡所购买电子工业出版社图书有缺损问题，请向购买书店调换。若书店售缺，请与本社发行部联系，联系及邮购电话：（010）88254888，88258888。
质量投诉请发邮件至 zlts@phei.com.cn，盗版侵权举报请发邮件至 dbqq@phei.com.cn。
本书咨询联系方式：（010）88254199，sjb@phei.com.cn。

推 荐 序
学习是个技术活

  印象中何平确实是一个爱学习的家伙，所以他称自己为学习家。读完他的《学习的答案》一书的书稿，我感悟蛮多。看得出他的确读了很多书，也做了很多事情，积累了大量的学习经验，并且建构出了自己的见解。这是一本地道的学习者写给学习者的经验之作，源自实践，又升华出自己的框架，我能从书稿中捕捉到花粉酿造成蜂蜜的那份勤劳与创造。学习者永远是幸福的，因为一旦学有所图，学习的痛苦就不再是痛苦；一旦学有所悟，成长的乐趣就如影随形；一旦学有所为，学习的成果就能转化成生产力；一旦学有所建，学习的成就就能造福更多人。

  我经常说，中华民族几乎可以说是全世界最热爱学习的民族。遗憾的是，在信念深处我们把学习和痛苦紧密地联系在一起。所以，我们的学生在课下生龙活虎，一上课就自动把自己弄成木头桩子、植物人；很多人特别热爱读书，随身常背书，睡前必读书，可是读了很长时间的书还停留在前三十页，没有读到精辟之处就放弃了。所以爱学习的不一定会学习，学习实在是一个很有技术含量的活儿，却很少有人意识到学习这件事需要专业知识和技术。既然请我作序，那我就沿着何平这本书的脉络大致谈一下我对学习的理解。

学习的答案

学习是个系统工程，学习过程中的知识获取和转化同等重要。而大部分人对学习的误区是重获取而轻转化，于是读了很多书却不能有效运用，读万卷书不转化你也就是一个Kindle，这就是很多人读了那么多书，却依然过不好这一生的真正原因。任何有效的学习和改变，都是认知、情感、行为三位一体的。所以，读书也好，听课也罢，只有领悟了的部分才真正属于你，其余哪怕背得滚瓜烂熟，也顶多是茶余饭后的谈资。真正的专家应该是集大学者与大工匠于一身的人，真正的学习者应该努力成为这样的人。

由此可见，有效转化才是学习的重心。甚至可以说，行动才是学习，而知识只是学习前的必要准备。多元智能理论提出者加德纳教授的学生问他："老师，您的理论我还没有完全理解，我怎么敢去用呢？"加德纳回答说："你连用都不敢用，怎么可能做到真正的理解呢？"从知道到做到之间的鸿沟实在是太大了，只有付诸实践验证过的知识才称得上是真知。宋儒程颐说："颐自十七八读论语，当时已晓文义。读之愈久，但觉意味深长。"从"晓文义"和真读懂之间还有不短的距离。王阳明所说的"知是行之始"还相对容易做到些，要做到"行是知之成"则需要付出更多的精力去实践和发展。正如何平书中所言：最实用的转化方法是"赋能他人"——用输出倒逼输入和转化，通过给人传授的方式，让自己真正搞明白。这就是我特别享受讲课的原因，老师是站着的学生，学生是坐着的老师。老师和学生都应该处在学习的状态，学生在获取知识的时候，老师也在进行着知识的转化。不能在课堂上学习的老师，也就不具备在实践中学习的能力，不是真正的学习家。

学习者犹如蜜蜂采蜜，最终是要博采各家所长，发展出自己的体系和主张的。否则，看谁的书就信谁的理论，自己的大脑就成了别人理论的跑马场。发展出自己的体系和主张是成为大师的重要标志。如何才能发展出自己的体系和主张？答案是实践。实践是检验真理的唯一标准，实践更是将众家知识整合成自家体系的唯一途径。知识永远都是原则性的和指导性的，要付诸应用，离不开学习者的适应性改造和创造性发挥。我的课堂力求"己所不用，勿施于人"，唯有自己验证过的真知才值得传授给别人。在应用知识的过程中不断复盘反思，持续做适应性改造和创造性发挥，时间长了必然能发展出自己的主张和体系。

这本书可以理解为学习家何平博采众长并在实践中发展出自己的主张和体系的过程中迈出的重要一步，这一步也许并不完美，却是极好的开头。只要在正确的方向上，用正确的方式持续积累，成为真正的专家只是个时间问题。我相信，这本书一定能为热爱学习的你带来不小的启发。学习之路永无止境，幸运的是，能与诸位并肩前行，彼此分享成长的喜悦，永不止步！

是为序。

田俊国

著名实战派培训专家、领导力专家

北京易明管理咨询有限公司创始人

学会在知识海洋里深潜

今天的我们都试图通过学习寻找答案，但似乎又离答案越来越远。在这个高速运转的社会里，我们心里总有一种不踏实感，害怕被他人超越。我们知道无论如何都要学习，可又陷入新的困扰：不知道学习什么；要学的东西这么多，不知道从哪儿开始学；就算开始学习了，又不知道如何学；一样是学习，为什么别人比自己学得好。

何平老师是 FDCL 五维 M23 成绩最好的认证讲师，他的《学习的答案》一书可以让挣扎在知识海洋中的我们学会用正确的姿势潜水和上岸。

学习就像潜水一样，那么入水多深才能说明我们会潜水了呢？当一个人

学习的答案

在潜水时，如果抬头能看到水面，那么他所在的深度为 1 米左右；如果耳朵开始感受到压力或开始疼痛，那么他所在的深度为 2~3 米。不会做耳压平衡的人，如果继续向下潜，就会造成耳膜穿孔。但学会平衡耳压后续继向下潜，当看到大片色彩斑斓的珊瑚和海洋生物时，表示潜水者所在的深度为 3~6 米。在教练的指导下，普通人顶多潜到水下 12 米，而进行自由潜水和技术潜水的人可以潜到 40 米以下。

那么，我们的学习到底潜了多深呢？今天大部分人的学习如同刚刚进入水中 1 米，只是停留在表面。只有找到正确方法，才能开始向深处行进。每一步，都需要付出努力和代价。当耳膜快要穿孔的时候，你可能还没看到美丽的珊瑚，但很多人可能已经被吓走了。只有留下的人，才有希望看到更美丽或更神秘的海底风景，才有机会潜到 40 米以下。通过阅读本书，我们了解了学习不应只停留在书本和课堂学习的层面，还学会了基于框架开始系统学习。学习变得和用电脑下载文件一样，可以让我们时刻看到自己的进度，减缓自己的学习焦虑，看到知识海洋深层最美丽、最神秘的风景。

本书最重要的部分是让我们保持一切学习都以"用到""做到"为目的，而不仅是为了"学到"。期望读者通过应用本书中成套的学习方法与框架，让自己的知识体系趋于实用，真正实现从"知道"到"做到"。

陈　序

迈士顿国际教练社创始人

五维教练领导力©创始导师

点赞之辞

（按姓氏音序排列）

何平老师致力于终身学习的研究，本书凝聚了他多年探索和研究的智慧。书中的理念和方法帮助他自己终身学习、持续成长，活出了自己生命的精彩。我相信这本书同样能帮助渴望终身学习、持续成长的你。

——贝妈 知名亲子教育导师、《智慧父母的育儿攻略》的作者

何平老师是我的教练，亦是我的好友。他努力上进、亲切儒雅，逻辑缜密的同时还能设身处地地为他人着想。同时，他也是我认识的培训师中最爱学习的人。《学习的答案》一书凝聚了何平老师多年所学，旨在为读者提供一套简单、系统的学习方法。书中不仅有提炼出的思维模型，更有让人回味无穷的金句和精彩绝伦的学习故事，它一定能让你实现从"爱学习"到"会学习"的华丽蜕变。

——陈诗彤 职业培训师、ITS2018百万课酬冠军赛全国亚军

从2014年认识何平以来，他一直在钻研高效学习。读完本书，你将少走许多弯路，更快变现你的能力。

——弗兰克 畅销书《爆款写作课》的作者

学习的答案

我向来不相信有什么能力，掌握了之后可以一劳永逸，直到读完何平老师的这本书。在变化如此迅速的今天，掌握任何一门技能其实都很难应对多变的需求，除非你掌握了学习的能力。本书就是一本系统的、科学的、严谨的、帮你学习的书，这可能是除好奇心以外最好的成长帮手。

——郭龙 职业培训师、学习项目设计师、21天轻坚持写作帮创始人

我和何平老师是2014年在《高效能人士的七个习惯》的读书会上认识的。从那时起，他真如书里所写，持续不断地高效能学习和成长。他是拆书帮成都蜀汉分舵的发起人，后来我们俩又一起参与创办了锦英培训师头马俱乐部和四叶草多元学习社群，设计创作了"即兴与教练"等课程。在这些互动过程中，我近距离地观察、聆听，感受和体会到了他对学习方法论的钻研程度和热情态度。他的《学习的答案》一书一定会让你跟我有一样的体验——想好好学习。

——Jack船长 船长即兴学院创始人、成都麻辣即兴剧团发起人

"好好学习，天天向上"是我们从小念到大的一句话，然而什么是有效的学习，学习有哪些类别，每种类别适用什么样的学习理念和方法，……搞清楚这些问题会让学习事半功倍，而通过阅读本书并加以实践，就可以知道这些问题的答案。

——京米粒 英国博赞思维导图认证管理师、思维导图实战派培训师

学习改变命运。努力学习的人在当下或许看起来很傻，但若干年后才知道当年笑你傻的人才是真的傻。学习家何平在本书中会告诉你如何让学习成为精神信仰的一部分，让学习成为你终生的使命与责任。

——刘国斌 一汽物流有限公司副总经理

点赞之辞

大多数人在上了十几年学、步入社会后,都会有一种突然不会学习的感觉。如果你也有这种感觉,那么希望你能看看《学习的答案》这本书。这是一本写给成人学习者看的书,真实的学习困惑、可操作的学习方法都在本书中有详细介绍。希望本书能给你带来一些启发。

——骆轩 苏宁易购西南区培训学校校长

这短短一生我们最终都会失去,你不妨大胆一些,爱一个人,攀一座山,追一个梦,看一本书——《学习的答案》。

——Peri 拆书帮上海申展分舵舵主

学习力是个人成长的基础。在 5 年前我还是一个程序员的时候,有幸和何平老师一起学习过如何学习,这几年他一直在精进自己、帮助别人,很高兴他终于把他的钻石想法写成了这本书,强烈推荐大家阅读。

——彭小六 青年作家、洋葱阅读法创始人

何平老师多年来一直致力于学习领域的研究,既深挖理论,又注重实践。相信何平老师的新书一定会给热爱学习、不断成长的读者们献上一顿丰盛的大餐,让大家都能在书中找到"学习的答案"。

——彭心奕 简心读书会创始人、资深读书会带领人、人才发展顾问

有幸见证了深耕学习方法领域的何平老师在过去的时间里博采众长而独有洞见,今将其经验总结为本书。期待本书能帮助更多读者解决如何高效学习、系统学习的问题,最终成为深受读者喜爱的长销书。

——思学老师 畅销书、长销书《思维导图学与用》的主创作者

学习的答案

跟着学霸何平走，学习会更加容易，有没有？一定有！

——宋晓楠（大树老师） 时间管理讲师、咨询师、教练，
上海时间管理实践小组召集人

自从认识何平以来，一直感受着他对学习的热情。而让我感触更深和更喜欢的是，他阳光的状态、与人的交流，以及一种坚持成长蜕变的态度。这些，都是我在他永不止步的学习中感受到的。那么，学习的答案究竟是什么呢？一起来看看本书吧！

——童年柯睿 东方心教练

在我的印象中，何平老师是一个很有亲切感的培训专家，这在理性主导的培训圈内并不常见。有幸拜读了他的首部论学习方法的作品，可以看出本书凝结了他多年总结、积累的理论框架和实践经验，实在难能可贵。

我们是成人学习领域的同行，每天都在和各种学习的障碍打交道，学习的障碍有主观原因，也有客观原因。主动学习的态度是无法教授的，除此之外都是可以学习的。如果说本书像什么，我觉得像一本教你查字典的书籍。在这个变化的时代，自我能力的不断提高是不变的生存发展之道，要学会新的技能（字），必须自己学会从入门到精通的路径（查字典）。汉字也许一辈子也认不全，但至少再也不用担心遇到不认识的字了。此外，本书中的插画也是一个亮点。

——吴刚 搞定 GTD 体系华人首位认证培训师

一个非常善于学习的人，写了一本关于如何学习的书，其内容的品质自然毋庸置疑。这本《学习的答案》中有方法、有案例、有模型、有工具、有测评、有练习……何平老师采用"以学员为中心"的培训授课模式，写了一本致用书。如此好书，非常值得阅读。

——杨旭 美国培训认证协会（AACTP）注册培训师、
日产训 MTP 管理技能认证讲师

点赞之辞

读何平老师这本《学习的答案》，感觉像经历了一场奇妙的旅行。在旅途中，有古今中外、万古流芳的语录可供欣赏，有博大精深、智慧精练的思维模型可供采撷，有通俗易懂、趣味盎然的案例故事可供回味。可谓"游山玩水"，令人心旷神怡、流连忘返。

——袁茹锦 化书成课研习社创始人、
2018年"我有好课程"大赛全国总决赛导师

很高兴看到这本《学习的答案》。本书围绕成人学习这个话题进行了充分的阐述，从觉察、致用、分享、信息、动力、计划多个角度来讨论怎样更好地学习，非常值得一读。

——战隼 知名自媒体（warfalcon）创始人、100天行动发起人、
时间管理专家

首先，通过测评找到自己真正的学习需求，确定能有效刺激自己的学习目标；其次，通过模仿标杆，选择专业的人、社群等学习方式；最后，永不止步、专一、科学地学习，这就是本书推荐给读者的学习秘诀。

——张帆 2017年"我是好讲师"大赛全国百强讲师、
最佳创新奖获得者

本书是何平老师在深度实践后，对各种学习方法的梳理。未窥门径者，以此为舟，可快速启航；已有基础者，以此为镜，可借鉴提升。

——张玉新 善用佳软创始人

为什么人们宁可吃生活的苦，也不愿吃学习的苦呢？因为生活的苦是找上门来的，而学习是要"自找苦吃"。其实，若主动学习本书的方法并积极实践，你就会发现学习并不苦。通过学习，人们可以更清楚地认识自己，产生价值感；可以达成目标，产生成就感；可以赋能他人，产生幸福感。

何平像一位邻家学霸大哥，把"亲测有效"的学习方法论总结为教程，把简单易学、行之有效的方法提供给读者。愿读者都和作者一样，成为快乐的学习家。

——赵周 拆书帮创始人、《这样读书就够了》的作者

何平的这本书邀请了包括我在内的多位同伴内测，前后迭代了十几次，打磨了一年多的时间，这本身就是一次深入学习的过程。想知道我们从中学到了什么吗？答案就在这本书里。

——邹小强 畅销书《小强升职记》《只管去做》的作者

前　言

你的学习系统"缺胳膊少腿"吗

一、你也有这些学习困惑吗

如果从小学一年级算起，我的学习生涯已经有整整 27 年了。其间，我遇到过小学没毕业的同学，也接触过清华大学、北京大学的高才生；我在整个年级只有 20 多人的厂办子弟校读过书，也读过省重点中学。我在就读于四川大学时经常一个人泡在图书馆，也在中央企业做过 7 年培训负责人，先后培训了上千人。上班之余，我发起、运营过拆书帮成都蜀汉分舵、锦英培训师头马俱乐部、四叶草多元学习社群等 7 个学习社群，也曾在一年内参加了 85 场学习沙龙。现在是一名帮助他人学习的职业培训师。

在与职场、学校、社群、公益组织各个领域的人的交流中，我逐渐发现，学习确实不是一件简单的事，无论学历高低，也无论从事哪个行业，大家都或多或少有学习困惑。

以下几个问题想必会让你感同身受：

- 学习目标不明确、精力分散。
- 看了书，记不住。
- 购买的课程和书太多，不知从何看起。
- 没有学习计划，有拖延症。

- 读的书很多，但都只是读读而已。
- 学习内容不成体系。
- 读书的速度不够快。
- 不会输出。
- 读不进去。

……

虽然我曾经在不同场合、不同形式的学习沙龙中给出过这些问题的解决方案，但这些都是普遍而又深层的问题，不是一两个理论、一两个小时的交流能解决的。

二、"眼镜"出了问题

之所以说学习很难，是因为即使我作为学习培训的专业人士，也是很不容易才走出学习中的一些"坑"的。

说说我的故事。在四川大学读书时，我发现有些课程还是高中的路数，即"上课记笔记，下课背笔记，考试考笔记"，对此我深感无趣。那时候我不知道这种以应试为目的的学习观念早已深深刻进了我的骨髓里，即便当时为了解决实际问题，看了不少心理学、哲学方面的书，也只是抄了几十本笔记而已，收获寥寥。

进入职场后，我发现自己在学校里看的书很不接地气、太理论化，因此又读了许多实用性的书。虽然很有感触，也画了不少思维导图，但过了几天就忘了，思维导图也很少再看第二遍。

2010年，因为工作压力大、事务繁多，我又读了不少时间管理方面的书，并加以实践，于是才有了一些学以致用的经验。

不过我的学习状态基本还是"买书如山倒，读书如抽丝"。虽然花了很多时间读书，但是收效甚微。我虽说多读了几本书，但只不过天生爱读书而已，而非善于学习。于是我一再徒劳无功地阅读，在学习的旋涡里原地打转。

前言

2012年年末我购得两本书——《这样读书就够了》和《上接战略，下接绩效：培训就该这样搞》，这是两本我认为改变了中国学习界和培训界的书，作者却并非培训或教育领域的专家，而是有着一线销售经验的赵周老师和田俊国老师。

或许是由于销售精英看重成效，他们的学习观点都直指行动，追求简单、有效。无论是RIA，还是五星教学法，都给了我极大的启迪。

正如《高效能人士的七个习惯》一书中所说，每个人的思维定式都是那么根深蒂固，仅仅研究世界是不够的，还要研究我们看待世界时所戴的"透镜"，因为这透镜（思维定式）往往左右着我们对世界的看法。自然，我们的学习思维眼镜（见图0-1），也左右着我们对学习的看法，当然也决定了我们学习的成效。

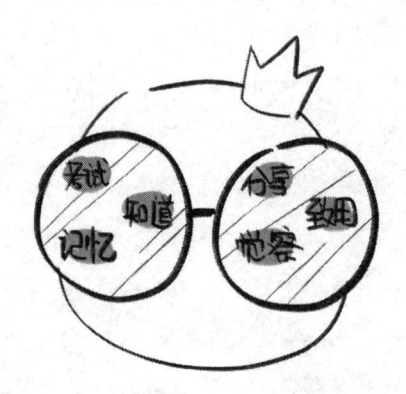

图0-1 学习思维眼镜：应对考试与全面学习

直到用RIA、五星教学法这两个模型来审视自己的学习，我才发现应试教育在我身上留下的印记。在传统应试教育中，如在语文课上，老师一篇文章、两篇文章，甚至一个字、两个字地进行讲解，让学生记下每个词的含义，揣摩作者的原意，背诵经典的段落。衡量学生的学习是否有效的方式就是考试，如果他们记得原文内容，就能得高分；评价学生是否好好读了书，就看他们能否写出文采非凡的读后感。

其实与很多批评高考体制的人不同，我对学校教育的这种形式是理解的。因为从管理角度来讲，学校教育肯定被最终考核——高考左右，而设置高考是为了决定哪些人能得到宝贵的高等教育资源。那这个选拔标准到底应该是什么样的呢？至少要定义明确，并且综合各方意见，大家对此能达成基本的共识。因此，记忆和纯计算能力就被选中了；而沟通、学习、积极心态等能力因为很难有达成共识的定义与考核标准，就无法入选。

但进入职场以后我们不再需要考试，也不会有人要求我们写读后感，即使背过标准答案也无法解决实际问题。而且我们最需要的技能是学校里没纳入讲授范围、无法被考核的。我们需要的不再是记忆，而是运用；我们需要的不再是知道，而是做到；我们需要的不再是以知识为中心，学以致考，而是以自己为中心，学以致用。

我终于发现，看似勤奋学习的我，还用着过去在学校中学习的思维来应对在当下社会中遇到的学习难题，那怎么才能真正解决学习问题呢？

启迪不等于成果。想要解决学习问题并没有那么容易，即使我已勇敢摘下以往的"眼镜"，尝试从新的视角去看待学习，但还需要行动。

2014年年初，我加入四川培训师联合会（以下简称川培联）管理团队，和好朋友京米粒一起负责职业培训师训练项目，还在川培联读书活动中带领大家阅读《上接战略，下接绩效：培训就该这样搞》一书。同时，在2014年年底我和申洪梅老师开始筹备拆书帮西南第一家分舵——成都蜀汉分舵，和骆轩、刘静等人在30天内拆过30个段子（拆书帮独有的学习输出形式，类似学以致用版读书心得），开展麻辣活动10次，进行各种训练15次，举办每日一拆活动150天，再加上拆书家三个级别共9次晋级训练之后，在2016年1月24日我成为拆书帮西南第一位三级拆书家。直到那一天，我觉得自己才算真正建立了"致用学习"能力的里程碑。

值得一提的是，从2017年起，我开设了"知行力"线下公开课，帮助身边的伙伴们将书本上的真知学以致用，提高学习效能。大家的收获和转变，让我更加坚定了"致用学习"的理念。

　　古人云：纸上得来终觉浅，绝知此事要躬行！反复躬行的结果，才是学以致用这个新习惯的诞生。

三、学习之路永无止境

　　蜕变真的不易。一路走来，即使我天生热爱学习，也读了许多好书，并进行了各种实践，我的学习系统依然"缺胳膊少腿"。

　　一开始我的学习走脑，但是缺乏走心。虽然致用类的学习已经能达成公认的"学习"定义，即形成新习惯，但难道在当下看不到成果的增进体验、注重觉察的学习就没有用吗？

　　于是，我钻进了一种"虚无"的学习之中，从正念到教练技术，从我的好朋友、心理咨询师易萱老师带领我"品味一颗枸杞"活在当下，到接触进化教练、埃里克森、A+教练等不同教练技术流派，然后认证陈序老师发起的"五维教练领导力"讲师，担任五维社群第四期教练营班长、西安班带教。通过这部分经历，以及在日常冥想打坐等功课中的体会，我总结出了"觉察学习"——一种在体验中提升觉察力、认识自己的学习。

　　走脑又走心之后，最后要打通的是与他人的连接，因为无论是从生存上、情感上来讲还是从学习上来讲，人都是群居动物。一个人最大的价值，就是让他人因为自己而生活得更美好。我结合职业培训师的课程开发和授课技能，并反思在四叶草多元学习社群、拆书帮成都蜀汉分舵、川培联读书会等社群里带领读书的经历，将"教是最好的学"这种说法，落地成"分享学习"——一种"赠人玫瑰、手有余香"的学习。

　　至此，我构建出了本书倡导的三种学习方法：觉察、致用和分享。这三种学习方法可以帮助读者实现认识自己、达成目标和赋能他人三大目标，全面提升学习能力。

　　那什么是"学习"呢？我斗胆下了一个新定义：学习是通过觉察、致用、分享等方法，产生新行为，从而让我们更清晰地认识自己、更快速地达成目标和更多元地赋能他人的过程。

我不知道未来我是否会重新定义"学习"，我只知道学无止境，我一定会再次真诚地将经验分享给大家。

四、读者对象、突出优势及章节简介

本书的读者对象是决定通过真正的学习去提升自己的成年人（已不再满足于向别人吹嘘又看了多少本书、记了多少笔记，或者仅仅以赚钱多少来衡量读书意义的人）。如果你是阅读效率低、不满足"读完忘完"的读书爱好者；如果你是新入职场、转行升职、中高层管理者等急需提升能力的职场人；如果你是希望在人生中能够保持清醒并有所顿悟的人，那么本书就非常适合你阅读。

本书有先进、实用和系统三大优势。

一是先进，本书融入了最新的培训技术。如果说以往你在单兵作战，那么本书将助你集团军附体。

虽然近几年随着知识付费的盛行和学习社群的推动，国内学习、阅读的方法大有更新，但运用于企业管理的先进培训技术之光，仍未能照进个人学习之境。而得益于丰富的培训、演讲等经验，我能将与一线培训"大咖"深入交流的内容，如绩效改进技术、教练技术、培训师培训技术、教学设计技术等，融入本书。正如 Jack 船长所说，有几千名员工，甚至上万名员工的大公司（的培训与学习需求）都能搞得定的培训技术，还搞不定一个人的学习和成长问题吗？

二是实用，本书给出了落地的练习指导。如果说一般书是给你一堆食材原料，那么本书就是为你奉上一桌饕餮盛宴。

为什么有同样的知识内容，《高效能人士的七个习惯》这本书在网上能用不到 65 元钱就能买到，但同主题的 2 天培训课程需要 6500 元？书和课程的区别是练习。每个人都能告诉你要"积极主动",但真正的老师能给出指导,让你通过练习,一步步实践"积极主动",这才是最有价值的部分。本书在写作形式上,模仿了版权课程的练习内容,帮助大家实现赵周老师所说的"读几十元钱的一本书,达到参加价值几千元钱培训课程的价值效果"。

三是系统,本书涵盖了全面的学习要素。如果说通常的书是功能机,那么本书就是 iPhone。

除三种学习方法以外,本书还涵盖了学习的三项资源,即信息、动力和计划,形成了"全面学习金字塔"系统,可以帮助你查漏补缺,全面提升学习能力。有了这套参考"吉尔伯特行为工程模型"的底层操作系统,你今后还可以随时将新的学习技巧添加到该系统中,犹如给智能机安装新 App。

本书共有七章。

第一章,解释"全面学习金字塔"系统,包含三种学习方法简介、学习能力测评、学习问题索引和本书阅读练习建议。本章像一张地图,让读者能纵观全局,轻松阅读。

第二、三、四章,依次介绍了觉察、致用、分享三种学习方法。每一种学习方法,各有四个要素或步骤,对应每章的四个部分。只要你边学边用,一定能成倍地提升学习效能。

第五章,博采信息。除图书以外,又想了解其他学习信息形式怎么办?本章将介绍图书、培训、请教、社群四种形式,帮助读者博采信息,实现全面吸收。

第六章,激发动力。如何更有动力地学习?本章将解答学习有什么价值、如何更轻松地学习、如何更快乐地学习、什么学习信念更能助你成长四个问题,帮助读者激发动力,爱上学习。

第七章,制订计划。每天工作太忙,不知道何时、何地、借助什么工具学习,并养成学习习惯。本章将从时间安排、氛围营造、工具配置、习惯养成四个方面,为读者的学习之旅提供系统支持,实现永不止步的学习。

学习的答案

郝明义老师在《如何阅读一本书》的译序中写道，"我是个做出版工作的人，成日与书为伍，结果……到自己 44 岁这一年才读这本书……不免深感懊恼：如果在我初高中青少年时期，就能读到这本有关如何读书的书，那我会少走多少阅读的冤枉路"。回首过去，我也对自己浪费在无效学习上的生命感到痛心疾首，要知道一个人的一生也许不过短短 900 个月。而现在，我感恩自己已走在不断发现学习真相的路上，活得愈加丰盛、喜悦！我希望能将本书献给正看到这段话的你，期待与你结缘，让你少走一些学习的冤枉路，多收获一些成长的喜悦。

我为我们即将开始的学习之旅，感到十分激动。未来，与你同行。

学习家何平

午后艳阳的成都家中

2018 年 11 月 22 日感恩节

目 录

第一章　重新定义学习 1
　　读书三大门派：如何全面地学习 2
　　能力测试：你的学习水平如何 6
　　问题索引表：如何快速解决学习问题 9
　　升级攻略：如何使用本书提升学习能力 16

第二章　觉察学习——"认识自己"的 4F 学习法 20
　　看见事实（Fact）：如何真实地观察事物 22
　　说出情绪（Feel）：如何细腻地感受自己 33
　　记下想法（Fantasy）：如何发现自己看待事物的角度 ... 38
　　觉察真我（Finding）：如何认识自己并成长 44

第三章　致用学习——"达成目标"的 GEAR 学习法 61
　　瞄准目标（Goal）：如何设定精准的学习目标 63
　　萃取方法（Extraction）：如何快速找到知识精华 76
　　模仿行动（Action）：如何高效学以致用 93
　　反思优化（Review）：如何达成目标并让学习持续有效 ... 103

第四章　分享学习——"赋能他人"的 TREE 学习法 110
　　主题阅读（Theme reading）：如何收集主题知识 112
　　重述方法（Reword）：如何结构化掌握知识 128
　　构建模型（systEm）：如何打造知识体系 142
　　多元分享（sharE）：如何"读画写讲"分享知识、赋能他人 152

学习的答案

第五章 博采信息——从单一到全面输入 180
　　图书：如何选到五星级好书 181
　　培训：如何值回票价地参加好培训 190
　　请教：如何专业地向"大咖"咨询 201
　　社群：如何借助社群成长 211

第六章 激发动力——从"懒癌"到沉迷学习 215
　　挖掘价值：如何找寻学习意义 217
　　发挥特长：如何找到适合的学习方式 220
　　驱动兴趣：如何快乐地学习 223
　　重塑信念：如何面对学习中的失败 230

第七章 制订计划——从随意到系统支持 238
　　时间：如何安排学习时间 239
　　地点：如何营造学习氛围 246
　　工具：如何配置学习工具 251
　　习惯：如何养成学习习惯 257

参考文献 264

后记：愿你好好学习 265

致谢 267

第一章

重新定义学习

读书三大门派：如何全面地学习

> 今天，我们要推出三款世界水准的革命性产品：一是触控式宽屏iPod，二是一款革命性的手机，三是具有突破性的互联网通信设备。一台iPod，一款手机，一个互联网通信设备……你们明白了吗？这不是三台独立的设备，而是一台设备，我们称它为iPhone。今天，苹果要重新发明电话。
>
> ——乔布斯

有人的地方就有分歧，也许三个读书人就可以分成三个门派。

A："你这样读书，非常功利，把一本书分解，太碎片化！"

B："你以为你就好吗？只停留在感官体验上，非常浅薄，读了就忘！"

C："哈哈，我这样读才是最正宗的，你看看我那么多本笔记心得，你们都要向我学习。"

A、B："没你的事儿，你这个老学究！"

难道必须争个高低吗？我们都听过"盲人摸象"这个成语，不同的人看待问题的方法不同，如果能综合三大门派看待学习的角度和优势，那么就能得出更好的"学习"方法，化解大家的分歧。

你熟悉读书三大门派吗

A："体验派"，该门派的人追求体验觉察，以获得更丰富的感受和对世界及自身的感悟，喜欢看游记、小说等体裁的书。

B："行动派"，该门派的人重视读以致用，以学习前人针对问题的解答思路并加以运用，喜欢看实用类图书。

C："学术派"，该门派的人追求知识体系，以构建一个领域或主题的详尽知识体系，喜欢看教科书、文献，以及进行主题阅读。

虽然他们读的都是书，甚至会看同一本书，但各自的学习目的和方法完全不一样。

看似水火不容，实则都是常态

表面看起来三大门派的人截然不同、水火不容，他们为彼此冠上"浅薄""功利""老学究"的绰号。但他们其实并没有优劣之分，只是追求不同而已。这三大门派我们在一生中会一一经历。

年少时，父母为了让我们爱上阅读，就给我们讲故事；为了让我们更快了解世界，就会为我们播放感官性强的电影、短视频。所以我们开始师从体验派。

而在生活、工作中遇到难题，自己百思不得其解时，我们就开始投入行动派，模仿前人的做法去解决问题，不求输入知识多，但求问题得以解决。

有了一定量的知识积累后，我们开始步入学术派，如会按主题阅读几百本好书，再用一张大的思维导图去系统地梳理知识与经验，然后用文章、演讲等多种形式进行分享，让他人少走一些弯路，多得一些喜悦。

这三个门派甚至还会交替出现。例如，在学生时代我们也会采用学术派方式学习，接受老师集中传授的知识，期望建立完整的知识体系；到了老年，我们会进行觉察学习，抛开对外在物质的追求，回归内心，去咀嚼和觉察以往的经历，从中发现一个真实的自己。

联合三大门派，形成"全面学习金字塔"

本书将学习定义为：通过觉察、致用、分享等方法，产生新行为，从而让我们更清晰地认识自己、更快速地达成目标和更多元地赋能他人的过程。

觉察对应"体验派",致用对应"行动派",分享对应"学术派",三者缺一不可。缺少"觉察",我们会感到无趣,缺乏发现美的眼睛,也会盲目,因为不知道自己需要学什么。缺少"行动",我们会在问题面前停滞、会在行动上拖延。缺少"分享",我们会难以形成系统经验,也就无法高效地持续行动和赋能他人。

三者也不可混淆。如果用"致用"方法去觉察,就像让商人读小说,可能他总想翻到最后一页看结局,因此错过很多丰富的体验;如果用"分享"方法去致用,就像让教授去经商,可能他会想得太多、决策太慢,因此错失商机;如果用"觉察"方法去分享,就像让摄影家教地理,也许他并不知道该怎样讲,或者会絮絮叨叨、逻辑不清。

除了正确地使用以上这三种学习方法,我们还要借助博采信息、激发动力与制订计划三项工作,让学习有更全面的输入手段、更强劲的动力和更系统的计划。将以上六个部分融合在一起,就构成了"全面学习金字塔",如图1-1 所示。

图 1-1　全面学习金字塔

2001 年,管理学家吉姆·柯林斯与《高效能人士的七个习惯》的作者史蒂芬·柯维见面时问:"您是怎么想到'七个习惯'的呢?"

柯维回答:"不是我想出来的……是的,确实是我写的这本书,但是这些准则却早在我写出这本书之前就广为人知了,这更像是自然法则,我只是把它们整合在一起,使其通过梳理分析后能为人所用。"

第一章 重新定义学习

希望我精心梳理的"全面学习金字塔"能够为读者所用,也祝愿读者能运用这套学习上的自然法则,终生学习、终生成长。

【付诸行动】

注:我们会用练习来结束每个小节,因为对于在学习中学到的知识,如果你没有(使)用,那它就没有(作)用。完成后,请关注微信公众号"永不止步的学习家",查询最新答案,以及大家的精彩见解。

(1)请挑选括号中你认为正确的答案:在本书看来,学习有三种目的,分别是(增进学识、认识自己、取得高分、达成目标、赋能他人、体现优越)。

(2)请在表1-1中填入三大学习目的,与对应的学习方法相匹配。

表1-1 练习

学 习 方 法	学 习 目 的
觉察学习	
致用学习	
分享学习	

(3)请手绘"全面学习金字塔",并思考你的学习瓶颈可能出在哪个方面。

(4)你是否有用错学习方法的经历?比如,当遇到实际问题时,选择上网搜索答案,原本应该采用"致用学习"(查到方法后赶紧实践),结果却陷入"分享学习"陷阱,搜索并下载了一大堆资料,花了很多时间梳理,却没有实践,对解决问题无益。你现在对此有什么反思呢?

(5)你现在在运用哪些学习方法?如果将使用心得总结成3个要点,那么会是什么呢?

(6)你身边的伙伴在运用什么学习方法?他们是如何接触到相应的方法的?这些方法有什么优、劣势,分别适用于什么情况下的学习?

(7)对于新的理念和方法,你通常的学习态度是接受或批判,还是不着急下结论而深入探究与实践呢?为什么?

能力测试：你的学习水平如何

你如果无法度量它，就无法管理它。

——德鲁克

你是哪种学习者？你学习的长处和短板分别是什么呢？

想要了解这些问题的答案，请填写表1-2。

指导语：请回忆你最近学习（或读书、参加培训、游学……）的经历，并按照实际情况作答（1分代表该项行为很不符合你的情况，5分代表该项行为非常符合你的情况）。

表1-2　能力测试表

序号	行为描述	勾选得分	对应章节
1	我有写日记的习惯，会把重要的经历用文字客观地记录下来	1 2 3 4 5	第二章的"看见事实（Fact）：如何真实地观察事物"
2	我能觉察出自己或他人的情绪，并细腻地表达出来	1 2 3 4 5	第二章的"说出情绪（Feel）：如何细腻地感受自己"
3	我能站在旁观者的角度，观察自己的想法，并判断它是事实还是想象	1 2 3 4 5	第二章的"记下想法（Fantasy）：如何发现自己看待事物的角度"
4	我能说出自己的价值观、特长、兴趣和信念	1 2 3 4 5	第二章的"觉察真我（Finding）：如何认识自己并成长"
5	我有当下的工作和生活目标，并知道在达成目标的路上，我需要做什么、学什么	1 2 3 4 5	第三章的"瞄准目标（Goal）：如何设定精准的学习目标"
6	读书时，我会首先阅读目录、前言等，找出哪些章节对我的学习目标最有价值，并且能快速找出书中的实用方法	1 2 3 4 5	第三章的"萃取方法（Extraction）：如何快速找到知识精华"

续表

序号	行为描述	勾选得分	对应章节
7	我能快速模仿他人的方法去行动,并得到实践成果	1 2 3 4 5	第三章的"模仿行动(Action):如何高效学以致用"
8	我能反思成果,并继续实践,从而有效地转化所学内容	1 2 3 4 5	第三章的"反思优化(Review):如何达成目标并让学习持续有效"
9	我能同时读两本及以上同主题图书,并将书中内容画在一幅思维导图上	1 2 3 4 5	第四章的"主题阅读(Theme reading):如何收集主题知识"
10	我能结构化地梳理知识点,并清晰地表达出来	1 2 3 4 5	第四章的"重述方法(Reword):如何结构化掌握知识"
11	我能构建出自己的主题知识体系	1 2 3 4 5	第四章的"构建模型(systEm):如何打造知识体系"
12	我能将所学、所知,输出成读书笔记、思维导图、心得文章和演讲等多种形式,与别人进行分享	1 2 3 4 5	第四章的"多元分享(sharE):如何'读画写讲'分享知识、赋能他人"
13	我有一套自己的挑选实用好书的标准,而不是只通过看广告或软文中的推荐买书	1 2 3 4 5	第五章的"图书:如何选到五星级好书"
14	在参加培训时,我会主动提问题,并和老师拉近关系	1 2 3 4 5	第五章的"培训:如何值回票价地参加好培训"
15	我认识专业"大咖",可以随时向他们请教	1 2 3 4 5	第五章的"请教:如何专业地向'大咖'咨询"
16	我会固定参与一个及以上学习社群,并在其中担任职务	1 2 3 4 5	第五章的"社群:如何借助社群成长"
17	当说到自己的人生目标时,我热血沸腾、心生使命感	1 2 3 4 5	第六章的"挖掘价值:如何找寻学习意义"
18	我清楚自己的学习风格,并能选取适合自己的学习方式	1 2 3 4 5	第六章的"发挥特长:如何找到适合的学习方式"
19	我能用向公众承诺、即时满足等方法,增强学习动力	1 2 3 4 5	第六章的"驱动兴趣:如何快乐地学习"
20	我能正确看待成长中的失败,不会退缩或停止学习	1 2 3 4 5	第六章的"重塑信念:如何面对学习中的失败"

续表

序号	行为描述	勾选得分	对应章节
21	每一天我都能抽出时间进行学习	1 2 3 4 5	第七章的"时间：如何安排学习时间"
22	我家里有一个精心布置的书架，在其他环境中也尝试营造良好的学习氛围	1 2 3 4 5	第七章的"地点：如何营造学习氛围"
23	我的手机屏幕的显眼位置放着常用的学习App	1 2 3 4 5	第七章的"工具：如何配置学习工具"
24	我养成了良好的学习习惯	1 2 3 4 5	第七章的"习惯：如何养成学习习惯"

得分解析如下。

关于你是哪种学习者：第1~4项得分总和对应"觉察学习"，第5~8项得分总和对应"致用学习"，第9~12项得分总和对应"分享学习"。请统计一下分数，总和最高的一大项，就是你当下最擅长的学习方法。此外，第13~16项得分总和、第17~20项得分总和和第21~24项得分总和分别代表你在"博采信息"、"激发动力"和"制订计划"上的准备度，提升它们能协助你发挥出更高的学习能力。

关于你的学习长处和短板：你在某一大项中得分总和越高，意味着对应的能力越高，这是你的学习长处；反之，你在某一大项中得分总和越低，意味着对应的能力是你的短板，可以特别留意该部分内容，从而有针对性地提高相关能力。

值得说明的是，你所得分值并不代表你注定是什么特长的学习者。它们仅表示你在做出判断的当下，给自己的学习行为做的一次度量。如果你认真阅读本书，并加以练习，你就可以提升自己的学习能力。

问题索引表：如何快速解决学习问题

> 没有商品这样的东西。顾客真正购买的不是商品，而是解决问题的办法。
> ——特德·莱维特

可以通过查阅问题索引表（见表 1-3）快速找到解决问题的方法，就像遇到生词查字典一样快。

表 1-3 问题索引表

问 题	本书观点及对应章节
有没有什么高效学习方法，1分钟就能学会	问自己"我下一步要做点什么新行动？"（见第七章的"时时挂念"）
购买的课程和书太多，不知从何看起/买书多又快，占地方、浪费钱/想学的东西太多，时间不够用，取舍难	• 先瞄准一个学习目标开始学习，注意戒贪（见第三章的"缺啥学啥，确立学习目标"）。 • 将新书存放在一个大小固定的地方，不允许超量（见第七章的"新书区"）。 • 限定学习时长，比如只花1小时阅读一本书，不超时。你永远不可能完全读透一本书，正所谓"一花一世界，一叶一菩提"，更何况那么多字的书。与其在一本书上纠结，不如多读几本书。当然并不是说经典的书不能多读几遍，而是指对于大部分书，你抓住几个重点就已经值回书价了，"敲骨吸髓"效率太低
没时间学习	• 从简单的学习开始（见第七章的"时时挂念"）。 • 从随时随地都可以练习的技巧开始（见第一章的"正念呼吸"）。 • 加强对学习的重要性的认识，从而主动挤出时间去学习（见第六章）。 • 规划时间，抛开不重要的事务；采用边做事边听音频方式的学习（见第七章的"提前规划"）

续表

问 题	本书观点及对应章节
看了书记不住、容易忘记	请先思考为什么你要去记住。 • 记住，往往是受在学校中学习习惯的影响给自己提出的要求，然而在职场里既不考试也不闭卷，那为什么要用大脑记？用笔记本或者用容量更大、搜索更快的电脑软件记不是更简单、更好吗？ • 如果你真的需要用大脑记住，则可以用以下方法来加强记忆。①立刻实践，运用了知识后再记忆［见第三章的"模仿行动（Action）：如何高效学以致用"］。②使用倒推式学习思维，在需要使用知识时再学习（见第三章的"人生目标，一切学习的目的地"）。③将知识进行结构化重述［见第四章的"重述方法（Reword）：如何结构化掌握知识"］。④将知识以多种形式分享出去［见第四章的"多元分享（sharE）：如何'读画写讲'分享知识、赋能他人"］
如何快速读懂并理解文言文	本书并没有分享针对语言学习的技巧，不过你可以尝试问自己两个问题以打开思路：①有哪些老师或图书可以帮助你。②为什么你要读文言文；读文言文可以帮助你做到什么(目标)；要实现这一目标，除搞定文言文之外，还可能有哪些方法
阅读抓不住重点	首先，思考什么是"重点"。我的观点是，重点是与你的阅读目标有关的内容，而并不是作者重点讲或讲得很精彩的内容。因此，请先确定你的阅读目标［见第三章的"瞄准目标（Goal）：如何设定精准的学习目标"］。不必在意你读的内容跟其他人读的内容不一样，因为每个人阅读目标是不一样的。 其次，思考什么样的是有价值的内容以及如何快速定位到相关内容［见第三章的"萃取方法（Extraction）：如何快速找到知识精华"］
无法很好地总结全文，思维逻辑不清晰/如何提炼精华	• 提炼一个知识点［见第四章的"重述方法（Reword）：如何结构化掌握知识"］。 • 总结一本书或多本书［见第四章的"构建模型（systEm）：如何打造知识体系"及"读：如何写出简约不简单的读书笔记"］。 • 加强思维逻辑类知识的学习，推荐阅读《金字塔原理》《结构性思维》《结构思考力》

第一章　重新定义学习

续表

问　　题	本书观点及对应章节
明明可以享受读书、学习，但就是很难开始	"天下难事，必作于易；天下大事，必作于细"，先从简单的事做起：①问自己"我下一步要做点什么新行动"（见第七章的"时时挂念"）。②从自己喜欢看的书开始阅读。③从每天花 5 分钟阅读开始，摘抄所读内容中最喜欢的一句话，发到朋友圈
想看又看不进去/懒/应用时缺乏足够的行动力/不想学习/很难提高阅读兴趣	• 找到提升学习动力的办法（见第六章）。 • 你最得意的成就或成绩是什么；在取得这一成就或成绩的过程中，你是如何学习的；用这样的学习方式，如何开启你的下次学习
只看自己喜欢的书	首先，一件事如果对你的目标有帮助，那么就去做；如果对你的目标没有帮助，那么不去做也无所谓，不要被他人所说的"应该做什么"所"绑架"。也许你的人生目标，就是看自己喜欢的书，那就去看吧，其他书不看也无所谓。 其次，如果你确实想尝试看自己不太喜欢的书，那可以去挖掘这些书的价值，从而激发自己的兴趣，比如设想一下看了这些书之后自己会有什么收获等（见第六章）
学习时注意力容易被分散	• 选择适合自己的学习方式（见第六章的"发挥特长"）。 • 布置好学习环境（见第七章的"地点：如何营造学习氛围"）
不够深入和系统	如果你的目的是分享或建立知识体系，那么深入和系统是有必要的［见第四章的"主题阅读（Theme reading）：如何收集主题知识"及"构建模型（systEm）：如何打造知识体系"］。 如果你只是想学以致用，那么不用追求深入和系统，只要能解决你的问题即可。因此，你重点要思考的是学习是否有效［见第三章的"模仿行动（Action）：如何高效学以致用"及"反思优化（Review）：如何达成目标并让学习持续有效"］。当你的实践经验多了之后，你自然就有独特见解了

续表

问　　题	本书观点及对应章节
虎头蛇尾/难以持之以恒/不能坚持	首先，对于你来说，做到什么样子或程度才能算"坚持了学习"？千万不要设定一个过高的标准，如每天都捧着书阅读，这一点我也做不到。 其次，坚持其实不重要，重要的是你是否实现了你的学习目标［见第三章的"反思优化（Review）：如何达成目标并让学习持续有效"］，就像我们不必坚持每顿都吃固定分量食物一样，只要吃好了、吃饱了就行。 最后，坚持并不是你持续了多久，而是你中断了无数次，但又无数+1次打起精神、重新坚持起来（见第六章）
如何在上班期间快速看完一本书/看书慢，会逐字阅读、回看/读的书少/如何实现跳读	• 将读书时间安排进每天的日程表（见第七章的"时间：如何安排学习时间"）。 • 学会高效阅读的终极秘诀［见第三章的"萃取方法（Extraction）：如何快速找到知识精华"］
如何利用碎片化时间进行学习	• 听音频学习，实现边做事边学习；进行耗时较少的学习，常见的方式有阅读微信公众号上的文章、正念呼吸、回忆旧知识（见第七章的"时间：如何安排学习时间"）。 • 练习各类基本功等（见第一章的"从基本功出发，进行'学习能力升级打卡'练习"）
读的书很多，但都觉得只是读读而已，不知道怎么用到生活或工作中	学会现学现用、活学活用［见第三章的"模仿行动（Action）：如何高效学以致用"］
实际操作时不达要义	• 花钱请专家教你（见第五章的"如何向'大咖'提问"）。 • 自己花力气琢磨［见第三章的"反思优化（Review）：如何达成目标并让学习持续有效"］
缺乏判断能力，容易尽信书	有效果比有道理更重要，先实践书中所讲，得到成果之后再反思效果，如果有效果就信，无效果就不信［见第三章的"模仿行动（Action）：如何高效学以致用"及"反思优化（Review）：如何达成目标并让学习持续有效"］

第一章 重新定义学习

续表

问　　题	本书观点及对应章节
理论多、技术或技能类的书看不进去，容易看不完/如何高效读完专业书，参加考试得高分	• 如果你是为了考试而看这类书，那不用看完，先做真题，找出自己的弱项，再有针对性地看书。 • 为了激发自己看进去、看完，可以思考"如果自己考出了好成绩，未来可以多赚多少钱?"等来激发自己动力（见第六章）。 • 学会高效阅读的终极秘诀［见第三章的"萃取方法（Extraction）：如何快速找到知识精华"］。 • 花钱报名辅导班，投入时间学习
如何记笔记	• 可执行行动知识是需要先记录的（见第三章的"找到可执行行动知识，学会萃取知识精华"）。 • 学会如何写读书笔记、画思维导图（见第四章的"读：如何写出简约但不简单的读书笔记"及"画：如何画出知行合一的思维导图"）。 • 模仿学习行家记笔记的方式（见第五章的"参加培训中：主动发声"）
如何分享读书心得	• 分享的形式可以是读书笔记、思维导图、故事文章和演讲（见第四章的"多元分享（sharE）：如何'读画写讲'分享知识、赋能他人"）。 • 如果你想开发培训级课程，而非简单分享，请学习课程设计、开发类知识，如"拆书帮拆书家训练"、四叶草导师培养计划等。另外，敬请关注我的下一本专业培训分享图书
如何形象化将知识输出	可以输出思维导图（见第四章的"画：如何画出知行合一的思维导图"）
如何选择适合自己的书/不擅长寻找学习资源	• 运用可靠的选书方法（见第五章的"图书：如何选到五星级好书"）。 • 在我的微信公众号上查询最新好书推荐
需要一个适合的环境才能好好学习	• 着手打造出适合你学习的环境（见第七章的"地点：如何营造学习氛围"）。 • 如果你是以环境不好为借口而放弃学习的，那就需要激发动力（见第六章）

13

学习的答案

续表

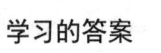

问　　题	本书观点及对应章节
希望能在某个方面学精	• 拜师学艺（见第五章的"请教：如何专业地向'大咖'咨询"）。 • 熟能生巧［见第三章的"模仿行动（Action）：如何高效学以致用"及"反思优化（Review）：如何达成目标并让学习持续有效"］。 • 以教促学（见第四章）
如何找到自己的短板	• 请高手指点（见第五章的"如何向'大咖'提问"）。 • 加强觉察与反思［第三章的"反思优化（Review）：如何达成目标并让学习持续有效"］
如何阅读小说、散文	• 如果你的目的是体验、娱乐，请参考第二章的"如何更有趣地阅读小说、观看电影"。 • 如果你的目的是致用或分享，请参考第三章及第四章。 • 如果你的目的是学习作者的写作技巧，请学习思维逻辑类知识，然后尝试解构出作者每一部分的写法和整体的搭配
如何阅读健身类图书	边学边做，思考下一步行动，而不是边看边记（见第七章的"时时挂念"）
如何在没有专家指导的条件下自学	• 读好书（见第五章的"图书：如何选到五星级好书"）。 • 付出不亚于任何人的努力，觉察觉察再觉察，行动行动再行动，分享分享再分享
不同的书适合用什么样的阅读方法	表面看起来是书的种类决定了书的阅读方法，比如小说适合用觉察学习的方法，电器说明书适合用致用学习的方法，教科书适合用分享学习的方法。但其实是你的学习目的决定了书的阅读方法。类似扳手不一定要用来拧螺丝，当你想敲钉子时，它就是一把"榔头"。 　　因此，想实现什么目的就用什么样的阅读方法。比如，同样是一本小说《红楼梦》，如果你想从中学习到管理知识，那就用致用学习的方法；如果你想获得体验，那就用觉察学习的方法

感谢 lina、mh13980765176、刘勇、Tracy 等伙伴参与调研。如果你还有其他学习问题，请关注我的微信公众号"永不止步的学习家"并留言，我会尽快回复。

也许你并不需要解决你的"问题"

你的"问题"很可能只是一种现状或现象,并不是你需要解决的问题。因为(真正的)问题=目标-现状。例如,"读的书少"就很可能只是你的一种现状,而只有你不满意你的这种现状时,这才是问题,即当前你一年只能读1本书(现状),而你想一年读10本书(目标),从而这9本书的差距就是你需要解决的问题。但如果提升阅读量不是你的目标,只是你的突发奇想或者受到他人诱惑而产生的想法,不解决这个问题也不会让你如坐针毡,那其实就没有问题,你只要接纳这种现状就好了。

答案仅供参考

在没有进行一对一调研的情况下,以上只是我根据自己的经验给出的参考答案。因为针对不同的有"读的书少"困惑的伙伴,解决问题的方法很可能是不同的。比如,一个人现状是一年能读100本书,但他的目标是像战隼老师一样每天读1本书;另一个人的现状是一年只能读1本书,但他的目标是一年读10本书,则针对这两个人的问题解决方法是不同的。如果你确实想改善你的学习能力,欢迎找我单独咨询。

学习问题自助提问

我坚信你有足够的智慧,可以找出自己学习问题的答案,加油!
(1)你期望达成什么样的学习能力或能解决什么学习问题?
(2)哪些人是你的榜样?
(3)你要如何找到你的榜样,并让他们愿意教你?
(4)你如何确保能把你的榜样教你的东西学到手?

升级攻略：如何使用本书提升学习能力

> 得之太易者必不受珍惜。唯有付出代价，万物始有价值。上苍深知如何为其产品制定合理的价格。
>
> ——佩因

虽然只花几十元钱就能买到这本书，但书中道理是我阅读了数百本学习、培训技术经典图书，加以 8 年深度实践后总结出来的。若你草草读完，虽有所启发，但一定会遗漏其中莫大的众人智慧。因此，本节提供一些升级攻略，帮助你慢慢领略在阅读本书这一路上的好风景。

从困扰出发，哪儿痛医哪儿

如果你的时间少，那么请直接查阅问题索引表（见表 1-3），针对自己当下的学习困扰，看是否能先抓药治急病。

从测评出发，缺什么补什么

如果你想全面提升自己的学习能力，那么请做一做能力测试表（见表 1-2）中的测试，找出你在学习上的长处和短板，然后重点阅读自己的短板对应的章节，并完成文末的"付诸行动"练习。

从学习主题出发，实践所学

利用文末的"行动表单"进行实践，协助你学习某个具体的学习主题。

1. 确定学习主题

首先，什么是当下最能帮助你达成目标的技能呢？什么技能能让你更快接近你心中更好的自己呢？好好思考一下这两个问题，一定会对你有所启发。再阅读致用学习——"达成目标"的4F学习法，找到精准的学习主题。

第二种方法，你可以在以下六大主题里任选一个："领导管理""目标效能""沟通性格""情绪心理""思维逻辑""婚恋亲子"。因为这几大主题适用于各行各业、各种身份的人。

第三种方法，思考一下什么是你擅长的主题，什么是你想进一步学习、构建自己的知识体系并分享的主题，从而确定你的学习主题。

2. 准备学习资料

可以通过购买图书、参加培训、结交"大咖"，或者加入社群等方式准备学习资料。甄选标准可参考第五章的"图书：如何选到五星级好书""培训：如何值回票价地参加好培训""请教：如何专业地向'大咖'咨询"。另外，你现在就能做到的简单办法是，打开我的微信公众号"永不止步的学习家"，查看"推荐好书"，选择3本书进行购买和阅读。

3. 制订学习计划

请思考将每天中的哪半个小时，从原来的低价值活动时间更换为学习时间。可以阅读第七章的"习惯：如何养成学习习惯"并从中找出答案。

制订好学习计划之后，给自己设定一个周期提醒闹钟，选择一个笔记软件（如印象笔记、思维导图），然后就可以开始学习了。

在时间分配上，可以花20分钟阅读学习资料，花10分钟将有必要记住的内容存入笔记软件，并填写"觉察学习日记"（见表2-5）、"致用学习表"（见表3-5）或"分享学习表"（见表4-5）等全书行动表单，从而实践本书学习方法并总结收获。

4．激发学习动力

如果你在学习过程中有所懈怠、无法坚持，则可以阅读第六章"激发动力——从'懒癌'到沉迷学习"，以获得持续前行的动力。

5．反思学习心得

最好的学习方法就是自己总结出的学习方法。请参考第三章的"反思优化（Review）：如何达成目标并让学习持续有效"的反思方法，对上述学习实践进行反思。保留本书中对你有帮助的学习方法，舍弃对你没有帮助的学习方法，不断优化，直到你总结出属于自己的学习方法及表单。

从基本功出发，进行"学习能力升级打卡"练习

你还可以进行打卡练习。初级练习，一共有 4 周，每周的周一到周五。你需要每天打卡，一共打卡 20 天。如果有漏打卡的情况，则可以在周末两天中补上。

打卡内容一共有 4 项，你可以一次都完成，也可以选择其中一项进行。还可以玩得趣味一点，如捏 4 个纸团，每天抽一个，抽到哪一个就完成对应的那一项内容。

欢迎你在我的微信公众号中找到"免费打卡"，我们一起来打卡。

1．动力日记

请抄写一句能激发你学习动力的话，如"每天你学了什么，决定了你后半辈子成为什么样的人"。也可以写如下 3 个问题的答案：

- 我为什么要学习？
- 通过学习，3 年后我会成为一个什么样的人？
- 更智慧的我，将会给这个世界留下什么？

此举目的是帮助你获得持续学习的动力。

2. "觉察学习"日记

- 在过去的一天中，哪件事情让我印象最深？
- 当时我有什么情绪感受或身体反应？
- 当时我有什么想法？
- 从这件事中我发现自己有什么样的价值观、特长、兴趣与信念？下一步，我可以做点什么？

此举目的是提升觉察能力，从而更深入地认识自己、发展自己。

3. "致用学习"日记

阅读你的学习资料，然后写以下日记：

- 我的学习目标是什么？
- 我学会了什么方法？
- 下一步怎么应用？

此举目的是快速学以致用，接近目标。

4. "分享学习"日记

摘抄学习中你最有感触的一句话或自己的学习笔记、心得，并将其分享到朋友圈。

此举可以让你轻而易举地开始分享，给身边朋友带去智慧。

经过以上4周的训练后，在最后一天请你为自己走过了这段学习之路庆祝一下，总结收获的同时思考一下"我敢不敢再来一轮"。

以上讲的都是一些坚实有效的基本功。那么什么是基本功呢？它是一种一般情况下人们看不见，看见了又看不起，看不起但又做不到，做得到但又很快放弃了的功夫。真正的高手正是因为天天练习它，才造就了杰出的自己。

祝愿你能天天练习这些基本功，加油吧，永不止步的学习家！

第二章
觉察学习
——"认识自己"的 4F 学习法

第二章 觉察学习——"认识自己"的4F学习法

我们要从何处开始认识自己？……事实上，生活完全是由关系构成的，我只能在关系的网络中观察自己，坐在一个角落里冥想是无济于事的。我无法独自生存，我只能活在与外在人、事及概念的关系之中，因此观察我与外在人、事及内心种种活动的关系，我才开始认识自己。

——克里希那穆提

为了认识当下的自己，我们可以运用4F觉察学习（见图2-1）。

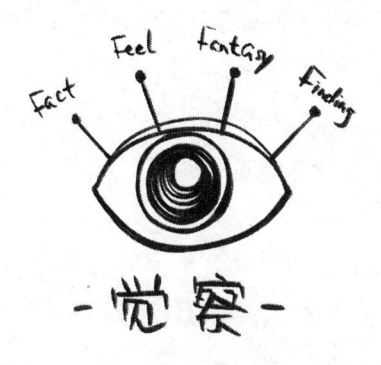

图2-1　4F觉察学习四要素

首先，看见事实（Fact）。在一件事中我们要注意自己看到了什么、听见了什么、触摸到了什么。我们需要借助身体的智慧，去看到底发生了什么真实的事及什么在变化，而不是急着用词语概括或者加以批判。

其次，说出情绪（Feel）。事情发生时我们感受到什么？我们需要细腻地说出自己的情绪，情绪是通往真我的高速路，因而不能对其视若无睹，或者模糊地以开心、不开心来统称。

再次，记下想法（Fantasy）。我想到了什么？我们需要留心记下自己的想法，这代表着事实经过我们大脑处理后的结果，往往是带有我们主观臆断的幻想。你能从记下的想法中发现你是如何理解世界的。

最后，觉察真我（Finding）。从以上观察中，我认识到我是什么样子的。我们不可能脱离世界去认识自己，只有通过与外界的碰撞，才能发现自己的形状。自己与他人的不同可以反映出自己的价值观、特长、兴趣和信念。

举例来说，有位伙伴很热情地帮助过他的朋友 A，但他发现 A 在朋友圈说到这件事时，丝毫没有提及自己的帮助。他当时觉得很不舒服。这时候，他就可以进行 4F 觉察学习。

"我看到 A 在朋友圈分享×××事情时，没有提及我的帮助。我感到十分生气，胃部都开始不适。以往我接受别人的帮助后，都会公开感谢对方，还会尽可能地回报对方。从以上的觉察中，我认识到自己是一个注重感恩的人，我的生气是因为这部分需求没有得到满足。"

从而这位伙伴就清楚地呈现了 4F 觉察学习的四要素。你也想像他一样认识当下真正的自己吗？欢迎你翻开本章。

看见事实（Fact）：如何真实地观察事物

不带评论的观察是人类智力的最高形式。

——克里希那穆提

你敢诚实地面对体重秤上的数值，或者镜子里裸露的自己吗？

答案是不一定，因为你可能觉得"哇，自己竟然那么重/瘦/臃肿/腿短……"，然后心情就不太好，那接下来你会怎么做呢？也许是不常称体重了，或者穿上漂亮的衣服来打扮自己，甚至换一面瘦身镜。

这些都是我们对自己的评判和不接受。我们从家庭、社会和学校中接收到了很多对我们的体型，乃至方方面面的度量，我们用它们来评判自己或他人，这样轻而易举下判断的做法会让我们看不见事实，就像戴上了放大镜，会放大我们看见的很多事情，这些都不是真实的。

看见事实，是指我们应该学会不带主观意见地去看发生了什么。否则，

第二章　觉察学习——"认识自己"的4F学习法

扭曲的事实会让我们无法认识自己，如一直使用自拍滤镜，久而久之连自己的真实长相都忘了。

放大镜中不是真实的世界

一个旅行者在一个遥远的小村庄遇见了一群大象，在经过象群时，他突然停了下来，因为他发现这些大象只被一条系在前腿上的小绳子束缚着，没有锁链也没有笼子。很显然，凭借巨大的力气，这些大象可以轻而易举地挣脱小绳子。但是它们并没有这么做。

旅行者询问驯象师："为什么大象只是站在那儿而没有逃走？"

驯象师说："在它们年幼的时候，我们使用相同的绳子绑住它们，它们根本无法逃脱。而当它们长大后，它们不但不会试着挣脱绳子，甚至认为绳子是它们身体的一部分。"

你的生命中有这样的绳子吗？

设想一下，一个刚出生的婴儿，瞬间暴露在无数信息当中，他要如何去认识这个世界？对于这个世界中的好坏、对错等的认知，他的父母又会给予他什么样的影响？

我们必须通过聚焦和概括去与世界互动，必须戴上一副放大镜才能看清无数信息中需要我们留意的信息。但久而久之，这副放大镜成了通往世界的入口，从小戴上它的我们甚至意识不到它的存在。

我们和放大镜一起长大，它帮助了我们，父母也是出于好意才透过他们的放大镜给我们提供支持。但放大镜中的世界是真实的吗？过去对我们有帮助的事物，未来也一定会对我们有帮助吗？

当然不是。

放大镜中可能是过去的看法。如果我们只活在过去的看法里，我们的生存就没有意义了，我们就变成了没有生命力的机器，按下一个按钮，就弹出一个结果。

放大镜中也可能是对未来的幻想。如果我们只活在对未来的幻想里，我们的生存也就没有意义了，我们就变成了白纸黑字的传记，翻开每一页，都是平面的。你身边有没有那种天天幻想中 500 万元大奖或者突然飞黄腾达的人？他们"勤勤恳恳""风雨无阻"地幻想：一旦中了奖，我就能……但如果你问他们，"截至目前，你为了你的梦想已经采取了哪些行动呢"，他们才会发现实际上他们什么都没做，甚至彩票都没买一张。

如何看见事实

我们主要通过眼看、耳听、手触观察世界，因此，看见事实就是问自己：当下发生了什么事情？我看到了什么、听到了什么、触摸到了什么？

我们不要带着以往的视角、成见或主观意见去评价，而要客观地去观察。例如，我们应该说"我看见一个人，他有时一整个下午都在睡觉"，而不要直接说成"我看见一个懒惰的人"。

为了培养这种客观的观察能力，我们可以做一种叫作"吃葡萄干"的经典练习。通过细心观察一件小事，放下放大镜，使自己的知觉回到当下的事实中。

你通常是如何吃葡萄干的呢？是胡乱、匆忙地抓一把，放在嘴里嚼，同时眼睛看着手机、玩着游戏，或者心里在想"周末要过去了，赶紧玩会儿""明天中午吃什么""上班真讨厌，不想见到某某同事""年底能不能加工资"等事情吗？这样你还能吃出葡萄干的滋味吗？你是戴着"葡萄干是甜的"这样的放大镜在吃葡萄干，就像"猪八戒吃人参果"一样错过了看见葡萄干。

不妨现在拿出一颗葡萄干，我们来慢慢知其味（见图 2-2）。

首先看见其形，感受其形；其次听其音；最后尝其味。

你手中这颗独一无二的葡萄干是什么形状的？大小如何？由哪些部分组

成？其褶皱是什么样的？放远一点看与放在眼前看有何不同？有哪些颜色？在光影下折射出怎样的效果？

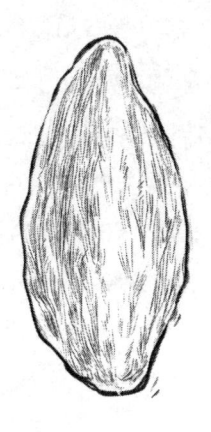

图 2-2 看见一颗独一无二的葡萄干

用大拇指和食指捏一下这颗葡萄干，感受到其软硬、干湿、回弹性如何？轻拨一下，它会如何滚动？把玩了一会儿，它是否变热了一点？

将其拿到耳边，用手指摩擦一下，能听见什么声音？将其拿到鼻前，闻一闻，有什么香气？将其放进口中，用舌头搅动一下，感受其形状，跟看到的有何区别？尝起来是什么味道？

当你准备咬下去时，是从中间咬，还是偏向一头？一口咬下去，浸润着你的唾液，什么样的味道漫延开来？吮吸一下，然后感受第二口跟第一口又有何不同？然后第三口……

每一颗葡萄干都是如此与众不同，吸天地灵气，经岁月打磨，现在和你成为一体，去滋养你的身体。

这样吃完一颗葡萄干，你有没有觉得自己心静下来了，活在了当下？有没有觉得自己的观察力敏锐了不少，看待世界的层次丰富了很多？可以说世间人人都想获得更多体验，却鲜有人做事时不从数量而从感知入手。仔细吃一颗葡萄干带来的愉悦感远超毫无知觉地吞下一把。此外，这样做不仅节省钱，还不会让你变胖。

当然，除了葡萄干，还可以选择其他食物。比如，我的好朋友、时间管理"大咖"邹小强老师在其《只管去做》一书中选择的是吃苹果；四叶草多元学习社群（以下简称四叶草社群）思维导图导师易萱老师则带领我吃了枸杞（咬开之后因为有籽，你会发现更多味觉层次）。总之，你可以吃任何你想吃的食物或拿起身边的任何物件去把玩，关键是慢和看见，要注意当下发生了什么，自己看到了什么、听到了什么、触摸到了什么。

我们每天都能有机会感受惊奇，但我们已经被哄骗着变得麻木——你曾开车从家里去上班，开了前门，然后问自己是怎么到那儿的吗？我坚信的是，我不想活出一种闭塞的人生——麻木到感受不到、看不到。我想要每一天都是新的开始，去探索一切的可能性，去体验每一种层次的快乐。

——奥普拉《我坚信》

祝愿你从吃一颗葡萄干开始，迎接崭新、惊奇、快乐的生活！

如何提升观察能力

我们的思想可能活在过去或未来，但身体都是活在当下的。因此，仔细感知身体可以帮助我们从纷扰的想法中走出，和真实的自己相处在真实的当下，逐渐提升自己对细微事物的观察能力。下面介绍3种方便、有趣的身体练习方式。

1. 正念呼吸

几千年来，不同民族、宗教，以及科学都发现了呼吸的神奇之处。

考古学家们曾在某个遗址上发现过一个一边做深呼吸一边做瑜伽的人像。佛教认为，得失就在呼吸之间，透过呼吸可观万物，可见天地无常。在情绪管理课程中，老师经常会让大家通过深呼吸来调整焦虑、紧张、生气等各种情绪。

在现代商业中，也不乏对呼吸的重视。乔布斯在其自传中说，他年轻时曾

第二章　觉察学习——"认识自己"的 4F 学习法

经花了一段时间去印度学习冥想，这对于重塑他的世界观，乃至对苹果公司的产品设计都有着重要的意义。而且苹果公司从 iOS 10 版本开始，新增了"正念训练"板块，使"正念"与"健身""营养""睡眠"并列成为其"健康四大支柱"。

呼吸看似容易，人出生后自然地就会了，也不需要学习，但其实呼吸并没有那么简单。我们可以从以下 3 点入手试试看：用鼻子呼吸、用腹部呼吸和随时随地呼吸。

你能够感知空气被你的鼻子吸入或呼出吗？把你的注意力放在鼻孔上，感受吸入时凉凉的风，呼出时暖暖潮湿的风。风是从哪个鼻孔吸入和呼出的？分别有多长时间？停顿时间有多长？它们在你的体内是如何游走的？

在呼吸的同时，你的胸部或腹部会随之扩大或缩小。这里建议使用腹式呼吸，因为胸式呼吸时胸部一起一伏，往往跟情绪激动时的呼吸很像，短、急、浅，不便于我们静下来。

如何练习腹式呼吸呢？大家可以寻求正念、催眠专家的辅导。我的经验是，稍刻意地把呼吸放缓、放长，或者在睡觉时将双手放在腹部并感受其运动。

随时随地呼吸，是指忽略外界冗杂的信息刺激，转而留心自己的呼吸：开车时呼吸，走路时呼吸，坐下时呼吸，呼吸时知道自己在呼吸。如果呼吸时，想到了其他的事情，从而没有留心自己呼吸了，就慢慢看着这些想法如云彩飘过天空一样飘出脑海，然后回去继续关注呼吸。

在当今世界上，每个人都非常繁忙，甚至常有人说"我现在忙得连喘口气的时间都没有了"。但如果你能感知你的呼吸，让心静下来，你就不算忙，然后你就会有很多发现。经过呼吸练习，我觉察到了很多以往没有察觉到的事情，比如我习惯用右边牙齿咀嚼食物，自己的咽喉不适，自己的能量下降，等等。

大家可以试一试，重新发现呼吸——一种你时刻都可以精进的练习。

行走时，修行者应当觉知到他正在行走；坐下时，修行者应当觉知到他正在坐下；躺下时，修行者应当觉知到他正在躺下……无论身体是何种姿势，修行者都应当对此有所觉知。如此修习，修行者才能观照内身，直入正念，安住其中。

——摘选自《正念的奇迹》

2. 全身扫描

在五维教练训练营中，高平老师带领我们闭着眼做练习，而我却状态不佳，不是坐着时差点睡着，就是站立时摇晃着差点摔跤，哈欠连天，颈椎还非常难受。那时候我才真正用心注意到了我的身体，其实它真的很疲惫了。长久以来，我都没好好爱惜它，都是用咖啡、不规律的饮食来让它强撑着前行。

全身扫描是一种聆听身体声音的好方法。请想象一束温暖的光，像CT检测一样扫描你的全身。可以躺着进行，如我往往会在入睡前进行；也可以舒服而挺拔地坐着进行，如我也会在理发时闭眼进行。有时为了有趣，我还会想象自己身处河岸，感受绿草、微风、蓝天、艳阳。

请想象那束光从你的脚部逐渐扫描到头部：脚底、脚背、腿、臀部、腹部、胸部、脖子、脸部、头部。同时保持缓缓地呼吸。

光照到哪个部位，就感受它，允许这个部位更加放松，并且感谢这些总是帮助我们的老朋友。如果某些部位有不舒服的感觉，我有时还会任由它留在那里。比如，理发时偶尔有落发或水滴会使耳朵很痒，我会选择不去挠，而是去体会这种感觉（有点像电视剧《西游记》里唐僧与妖怪比试坐禅时那个场景），往往痒一会儿就不觉得痒了。说起来，还蛮像心里的各种烦恼和杂念，过一会儿，它们就消失了。

在进行全身扫描时，我会感到颈部的僵硬，如果不静下来，我根本就意识不到这种不适的存在。通过全身扫描我逐渐提升了自己的观察能力。

3. 观察自己最满意的身体部位

想要一下子接纳自己的全部身体，不是一件容易的事。我们总是不喜欢自己身体的一些部位，如会觉得自己不够高大、不够苗条、不够丰盈等。我们就从最满意的部位开始慢慢观察。

你最满意自己身体的哪个部位呢？

如果你很喜欢你脸上的微笑，就像我一样，那么你可以去观察你的脸颊和微笑。不是简单地看一看，而是像从未见过一样仔细地端详，像要画出一幅精细的素描一样观察。然后把全然的爱给到它。

或者你还可以观察你最感恩的身体部位。当下我想到的是我的脚。如果没有它，我就不能享受踢足球的乐趣；它受过不少伤，却都很幸运地恢复了；我只是想着使唤它，却很少关心它。想着这里，我的眼睛都微微有点湿润了。

以上的正念呼吸、全身扫描和观察自己最满意的身体部位，或许在忙碌的你看来有些可笑，而且似乎没有可预期的成果，即使认真投入了，一时半会也不会有什么异常和惊喜发生，甚至当你抱有期望进行时，你的这种想法反而会带领你远离当下的身体。但只有在拥抱自己身体的时候，你才是和真正的你在一起的。其他时候，你不过是被广告、他人的劝说、业绩压力等驱使着不停地奔向下一个地点、时间点。这样即使活了一辈子，又能得到什么呢？也许临终一刻，才终于安静下来，内心告诉自己一些从未侧耳聆听的事，但你无法改变了，那多遗憾。

如何更有趣地阅读小说、观看电影

有朋友咨询我："我以前喜欢看一些类似心灵鸡汤的短文，这三五年却喜欢看小说了，您觉得到底怎样读书更好呢？"

其实读书方法并无好坏之分，只要不用错读书方法就好。例如，如果想学以致用，却用随意读小说的方法去读，收获便会很少；相反，如果期望体验，却用致用式的方法阅读，便了无生趣。

接下来，就介绍令人沉浸其中、扩大体验的阅读方法。人活一生不过百年，然而世间却有无数精彩的事值得我们去体验，幸好我们还有文字，通过别人的文章，我们也能环游世界，体验百样人生。

我爱极了在壁炉里生火。把木头准确地堆起来（像金字塔那样），一点着，火焰就升腾而起，完全不用引火木，那是何等的成就感啊！我不知道这为什么对我来说是那么值得做的事，但它真的是。我还是小姑娘时，总梦想着变成个女童子军，却永远也买不起那制服。

当外面下着倾盆大雨时，壁炉里的火就更美妙了。而当我结束了工作，查过了邮件，拔掉插头，准备好要阅读时，那就是最美妙的时刻。

我每天做的所有事情，都是为了阅读做准备。给我一本好小说或回忆录，一杯茶，一个舒服的角落让我蜷起来，我就如在天堂了。我爱极了活在另一个人的思绪中，我为自己与在纸面上栩栩如生的那些人建立的联系而惊奇，不管他们所处的环境与我的有多么不同。我不仅认识了这些人，也能更好地认识自己。洞见、信息、知识、启迪、力量——所有这些，还有其他的，都能从一本好书里读到。

我无法想象，如果失去了阅读这一根本的工具，我会是什么样。

——奥普拉《我坚信》

当你阅读以上片段时，你是否好像看到了在奥普拉家的壁炉中，火焰从金字塔般的木头堆里升起，伴随着"呲呲"声，殷红火苗不断地向上"噌噌"冒着，忽高忽低，忽大忽小，热气扑面而来。你是否能想象奥普拉从书架上拿了一本什么样的书，蜷缩在什么样的沙发里，旁边还放着一杯什么茶，带着什么样的表情开始翻开第一页（见图2-3）。

第二章 觉察学习——"认识自己"的 4F 学习法

图 2-3 美妙阅读时刻

好的小说、电影，会构造一个让人身临其境的场景和故事，让你沉浸其中并慢慢体会，可以通过画面让你看到，通过声响让你听到，你只需调动你的想象跟随即可。因此，如果你想让阅读过程更加有趣，那么可以主动调动自己的感官去想象。

以下这些积木要素，可以供你搭建场景。

（1）时：时间、时代背景。

（2）地：场景、地点。

（3）人：角色及其关系。

（4）物：影响故事发展的因素。

（5）事：背景、矛盾、经过、结果。

（6）如果你进入各个角色，你能感受到什么。

- 眼：看到什么？远近、色彩、大小、形状、亮暗、动静、位置……
- 耳：听到什么？内容、音量、声调、节奏、音质……
- 鼻：嗅到什么？浓淡、香臭……
- 舌：品味到什么？酸甜苦辣咸、软硬、干湿……
- 身：表情、动作、做了什么、服装感触如何……
- 意：心理感受、在想什么、想要什么……

（7）如果是你去替换各个角色，你的表现、对白和做法又会如何？

（8）从不同身份（如编剧、导演、观众等）、不同空间、不同时间等角度来看，有何区别？

这样阅读是不是更有乐趣、更有体验感？

最后，让我们回到现实，当下的你在做什么呢？你能细致地描述出来吗？

【付诸行动】

（1）请挑选括号里你认为正确的答案：看见事实，是指描述自己（看到的/推理的/听到的/假设的/触摸到的）。

（2）每天花1分钟进行正念呼吸或全身扫描，开始感知自己的身体，并逐渐增加时长。

（3）花1分钟尽量慢地在家里走路，去感觉脚底的压力、抬脚的动作、脚是如何放下的、呼吸是如何配合的，以及身体有什么感觉。

（4）看着镜子里的自己，微笑，然后感谢它。

（5）当你有了某种情绪，如狂喜、焦虑、生气等，你身体的姿势是什么样的？身体会有什么样的感受？

（6）你最常用的表情是什么？如果请人悄悄跟拍你一天，会得到什么样的照片？

（7）你最喜欢的一本小说或一部电影叫什么名字？其中用了哪些描述方法让你身临其境？

【行动表单】

看见事实日记如表2-1所示，拥抱身体表如表2-2所示。

表2-1　看见事实日记

觉察对象	自问问题	你的答案
事情	发生了什么	（1）时： （2）地： （3）人： （4）物： （5）事：

续表

觉察对象	自问问题	你的答案
事实	我实际看到了什么	
	听到了什么	
	触摸到了什么	
	身体有什么反应	

表 2-2　拥抱身体表

觉察对象	你的答案
不舒服的身体部位	
喜欢的身体部位	
感恩的身体部位	
各种情绪中的身体感觉	

说出情绪（Feel）：如何细腻地感受自己

你无法遏制波浪，但你可以学会冲浪。

——沙吉难陀

　　信任背摔是拓展项目里一个经典的地面项目，很多体验过这个项目的伙伴都会有这样的感受：上去前不怎么害怕，觉得自己完全可以做到，但摔下来那一刻就不自觉地恐惧，进而弯腿。那时候我们才发现恐惧的自己才是真实的。情绪是一面真实的镜子，它是通往真我的高速路。

　　说出情绪是指我们通过感知情绪、描述情绪、探寻情绪这三步去看见情绪及其背后的礼物。

感知情绪

当情绪高涨,特别是冲动、愤怒时,我们的理性思考几乎是停止的,事后我们都不知道发生了什么,以及为什么自己会有那样的举动。

因此,管理情绪的第一步就是感知情绪。大家可以站到旁观者的角度去观察一下自己有什么情绪、有什么表情或身体反应,将情绪实体化。

从小学开始,当长假或周末快结束时,我总会感觉很压抑,即使我已从事自由职业,第二天并不用上班也一样会产生这种情绪。例如,2018年国庆节假期的最后一天起床后,我便产生了这种情绪。当时我觉察到了,就尝试着说"我现在很焦虑",这样就慢慢走出了这种情绪,感觉就好多了。

我们还可以通过观察表情和身体反应去感知情绪。

因为行为或身体与情绪会相互影响。比如,根据美国心理学之父威廉·詹姆斯的研究,当身体产生(生理)变化时,我们感受到这些变化,这就是情绪,所以没有缘由的大笑最终也会让你开心。《黄帝内经》中提到"怒伤肝,喜伤心,悲伤肺,忧思伤脾,惊恐伤肾"。如果你感到身体的某些部位不适,你也可以考虑是否常常有对应的情绪。

把情绪实体化,能帮助你更好地看见情绪。有一本立体儿童绘本叫《我的情绪小怪兽》,作者耶纳斯将情绪拟人化成情绪小怪兽,黄色快乐、蓝色忧伤、红色愤怒、黑色害怕、绿色平静。如果你能看到你心里的情绪小怪兽,并按照作者的建议,把它们装进各自的瓶子里(见图2-4),相信你就不会感到很糟糕、很混乱了。我和Yavin给我们的孩子笑笑买了这本书,让他从小就学会感知并表达自己的情绪。当他生气时,我们会说:"是不是红色小怪兽出来啦?"而有一天,笑笑自己说了一句"我生气了",而不是只挥舞拳头发泄自己的情绪,我们都觉得他很有进步。

图 2-4　实体化情绪

描述情绪

感知情绪后，我们可以从广度和深度两方面去细腻地描述情绪。

广度是指能详细地表达出多种情绪。现在就试试，拿出一张白纸，将你知道的描述情绪的词一行一个地写下来吧。我自己试过，写到 10 个就已经有点词穷了：高兴、开心、郁闷、伤心、愤怒、生气、低落、嫉妒、平静、狂喜……

但你相信吗？萨提亚家庭研究院曾经提出了 500 个描述情绪的词。而下面列出了"霍金斯能量层级"里提到的 17 个描述情绪的词：开悟、平和、喜悦、爱、明智、宽容、主动、淡定、勇气、骄傲、愤怒、欲望、恐惧、悲伤、冷淡、内疚、羞愧。

现在，请你参照补充，写在纸上，同样一行写一个。

然后，在词语右侧，写出曾让你产生这些情绪的事件，并对当时的情绪从 1 分到 10 分进行打分，10 分表示强烈，1 分表示轻微。这个分值就代表情绪深度。这张纸现在就成为你的情绪档案袋了。

同时，除做情绪档案袋以外，我们还可以每天写情绪日记，详见本节的"行动表单"。

探寻情绪

通过不断对情绪进行感知和描述，你就会发现情绪按钮——通常会导致某种情绪的事件或信念。这些按钮将会帮助你了解自己。

比如，赵永久老师在他的《爱的五种能力》一书中提到了这样一件事。有一天，他和朋友谈完事回到家，他太太问了一句："你们刚才说了些什么？"赵老师忽然就感觉有一股无名之火从心里蹿出，大声地对她说："关你什么事！"于是他太太也非常生气。

幸好他有学习心理学的经验，从而觉察到太太普通的一句话其实是自己过往经历的一个情绪按钮。原来他小时候，每当从外婆家回来，腿脚不方便的母亲就会很仔细询问他："大姥爷跟你说了什么？""二姥爷跟你说了什么？""三姥爷跟你说了什么？"……于是他经常要把十几口人说的话，都汇报一遍。而且经常在汇报完正想着终于可以出去玩时，父亲又回到了家，又会一一问一遍。自己不能不回答或者发脾气，只好把自己的心烦压下去。

久而久之，他就形成一种潜意识模式：一旦有人问"谁跟你说了什么"，马上就会心烦，也因此造成了他与太太的冲突。不过如果你探寻到了情绪按钮，就能摆脱负面情绪对自己的控制，也就能更加了解自己。

情绪是一种信号，会告诉我们当下看待事物的方式，或者揭示我们自身的某些特质，并启发我们起身行动。

比如，赵永久老师对"谁跟你说了什么"这句话的自动反应，就随着长大成年已经变得没有必要了。如果他不耐烦回答别人，就可以和对方平等沟通，而不必像小时候一样只能选择压抑，或者不自觉地发火。

我们再列举一个情绪按钮。《我的情绪为何总被他人左右》里提到，如果你有一个非理性信条"太在乎别人怎么看待你"，那么"你就会四处讨好每个人，避免冲突，想办法让人家喜欢你，即使这意味着忽视你自己的需要和心理"，你就可能时常出现"恐惧、悲伤、内疚、羞愧"的情绪。而只有通过说

第二章 觉察学习——"认识自己"的4F学习法

出情绪并探寻内心深处的自己，我们才可以改变现状，从根本上调整自己。

这样说来，情绪是一个好信使。如果你感到愤怒、生气，那么沉挖导致这些情绪的事件，你也许就能发现你重要的价值观和喜好；如果你感到骄傲，那么也许你在这件事中展示出了你的特长；如果你感到恐惧、担忧、焦虑，那么它们也许是在提醒你要为未来的事做好准备，或者放轻松，你需要调整一下你对"失败"的看法和信念；如果你感到失落、失望，那么也许你该调整一下你的期望，或者继续努力不要放弃，或者跟让你失望的人聊一聊，也许对方是因为不清楚你的需求而不小心忽略了你。

你会发现在上面的解读中，我都用了"也许"二字，因为每个人、每个时刻的每种情绪都是不一样的。那么你从自己过往的情绪中学到了什么呢？你从中又看到一个什么样的自己呢？

最后讲一个故事结尾。

"咚咚咚"，外面又传来了熟悉的声音和响动："有人在吗？"

一个人躺在床上，充满了被吵醒的怒气："该死的，那个送快递的人又来了。每天早上都来，都连续一周了！不知道打手机吗？隔壁的人也真是的，一直不在家。"

"罢了罢了，我去看看能不能帮上什么忙吧。"

打开门，意想不到的事情发生了。这个快递竟然是送给自己的，里面是母亲寄来的自己儿时的照片。

"原来我小时候长这样呀。"

祝愿你未来也温柔地对待情绪这位快递员。说出情绪，找到自己。

【付诸行动】

（1）请挑选括号里你认为正确的答案：

① 坏情绪是一个（信使/灾难），我们应该（忍忍就过去了/找事做，转移注意力/好好觉察并说出来）。

② 情绪，可以用两个度来描述，分别是（广度/力度/深度/强度）。

（2）请给自己建立一个情绪档案袋，方法见上文。

（3）请写出一次你有复杂、强烈情绪的事件，格式参考表 2-3。

【行动表单】

说出情绪日记如表 2-3 所示。

表 2-3　说出情绪日记

觉察对象	自问问题	你的答案
事情	发生了什么	
情绪	我感受到什么？（备注：在一件事中你可能有多种情绪，可以多选，甚至标注比例）	□开悟（　　分）、□平和（　　分）、□喜悦（　　分）、 □爱（　　分）、□明智（　　分）、□宽容（　　分）、 □主动（　　分）、□淡定（　　分）、□勇气（　　分）、 □骄傲（　　分）、□愤怒（　　分）、□欲望（　　分）、 □恐惧（　　分）、□悲伤（　　分）、□冷淡（　　分）、 □内疚（　　分）、□羞愧（　　分）……
探寻	事件与情绪有何关联？对我有什么启发？我从中发现了什么	

记下想法（Fantasy）：如何发现自己看待事物的角度

　　我敢说在大多数人的思考中，有 80%~90% 都是翻来覆去、一无是处的东西……这种强迫性的思考，其实是一个瘾头。瘾头的特性是什么？很简单：你没有停止它的选择。它似乎比你还强。

——埃克哈特·托利

第二章 觉察学习——"认识自己"的 4F 学习法

你是否经常有这样的困惑：忙了一天，却不知道忙了什么；明明外出时关了房门，却不敢确定。这是因为你的大脑不停地在惯性思考，你已经陷入了自动化的思维模式。

如果你尝试过吃一颗葡萄干或进行过正念呼吸练习，你就会发现过程中你非常容易分心，你的大脑里有无数的想法穿来穿去。佛教中将这样的大脑比喻成时刻不停地抓耳挠腮、上蹿下跳的猴子。是不是很形象呢？

无意识的想法往往会牵扯我们的心，让我们成为它的"奴隶"。这些想法往往又是不真实的幻想（这是我用 Fantasy 来代表想法的原因），是我们不自觉地拿起的放大镜。

记下想法是指我们运用记录想法的两大方法并识别常见的三种放大镜，从而帮助我们清醒自知，并调整自己看待事物的角度。

如何记下想法

1. 回溯想法

在大学刚毕业的时候我讲话很没有逻辑，想到哪里讲到哪里，讲到后面忘记前面，最后你让我总结自己到底表达了什么，我也说不出来。自己仿佛是自己想法的"奴隶"。

后来，我找到一个办法来让自己清醒，就是回溯想法。当有很多想法升起，我不断被它们拖着飞奔时，我会刻意暂停一下，回溯一下我是怎么想到当下这个词或事情 C 的，它来自 B，那 B 又是从何而来，原来是从 A 萌生的。逐渐地，我知道了自己的思考路径。

打个比方，原来的我是被湍急的河水与旋涡一直冲向下游，一会儿就迷路了，不知道自己身处何方。而现在的我知道隔一段时间就上岸标记一下，根据标记我就可以知道自己在哪里，是从哪里来的，如此我就可以避免不自觉地被想法牵着鼻子走。

后来我又学习了逻辑思考与表达的规则，就变成朋友们口中"说话最有条理的人"了。

看到这里，你正在想什么呢？有多少个想法呢？你可以用什么关键词标记它们呢？在这些想法产生之前，你又在想什么或在观察什么呢？

2. 自由书写

以上回溯想法的方式，是刻意用意识来观察想法的，有两个局限性：一是更深层的想法因为被控制比较难以浮现出来；二是由于大脑在短时间内记不住太多东西，所以无法观察到比较多的想法。而自由书写，就能解决这两个问题。

其实跟我们小时候写日记一样，拿起笔，想到什么就记下什么，想到哪里就记到哪里，有什么情绪、感觉也可以一并记下。要不加思索，尽量快，快到没时间去加以评判，只是客观地记录下来。要把日记保管好，不用给其他人看。要放轻松，因为不是写作文，也不是考试，只是你和真实的自己在一起的记录。

写多长时间由自己决定，写了之后你可以当下看，也可以封存一段时间后再看。你会从中发现很多你平时意识不到的想法。

常见的三种放大镜及放下它们的方法

我们的想法和事实往往有很大差距，因为它们是经放大镜处理后的幻想。图 2-5 是常见的三种放大镜。

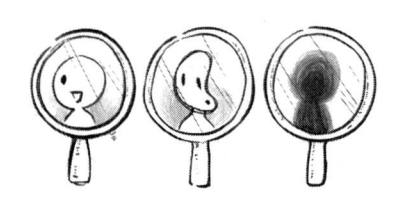

图 2-5　常见的三种放大镜：缺失、歪曲、模糊

第二章 觉察学习——"认识自己"的 4F 学习法

1. 缺失的放大镜

透过缺失的放大镜，我们只能看到事物的一部分。我们往往会因为专注或惯有的视角而忽视一些事物。

心理学专家克里斯托弗·查布里斯和丹尼尔·西蒙斯进行过一个有趣的"注意错觉"实验：让志愿者看一段打篮球视频，要求他们数出三名穿白衣者传球次数。视频播完后，大部分志愿者都回答出了正确的传球次数。不过实验者这时告诉他们，刚才的视频里走过了一只"大猩猩"：一个穿着黑色毛绒外套的人走到了传球人中间，并面对镜头捶打胸膛，停留 9 秒后退出。实际上，一半的志愿者根本没看见大猩猩登场，因此当他们看视频回放的时候，都不敢相信自己的眼睛。这一点我可以作证，因为我也看过这个视频，确实也没发现。

除这种刻意专注以外，其他时刻我们也会带有习惯性视角。例如，面对"你所在的城市是一座什么样的城市"这个问题，你的答案会不会只是你生活所在的街道的写照？又如，面对"你是一个什么样的人"这个问题，你是不是只看得到你比他人优秀的部分？

正如盲人摸象，你所了解的，不一定是大象本身。

为了放下这样的放大镜，我们可以"换道"去弥补缺失。上下班时换一条路去感知这座城市，从小孩子、2 米高的篮球运动员，乃至一个垃圾桶等不同于以往的角度去看、去感知。在你的优秀背后，可能又有什么短板？与你的意见不同的意见，到底出于什么不同的观察？看一本小说或一部电影，是否能从主角、主线之外的人或事去看？第一次的判断或当下的判断难道就一定是真的吗？

兼听则明，偏信则暗，我们要多看见一些事实，以便不会坚信自己看到的就是全部。当你太过局限在某一个角度时，你就会生出自傲之心，认为自己肯定是对的。就像因为古希腊数学家毕达哥拉斯凭借数学解决了许多问题，于是毕达哥拉斯学派就企图用数来解释一切，认为"数是宇宙万物的本原"。

2. 歪曲的放大镜

透过歪曲的放大镜，我们看见的是自己的想象。

在一个烟雾弥漫的早晨，有一个人划着船逆流而上。突然之间，他看见一只小船顺流直冲向他。眼看小船就要撞上他的船，于是他高声大叫："小心！小心！"但船还是直接撞了上来，他的船几乎就要沉了。于是他暴跳如雷，开始向对方怒吼，口无遮拦地谩骂。但是当他仔细一瞧，发现对面是一只空船，于是气也就消了。

一朝被蛇咬，十年怕井绳，一旦过去有一些类似的经历，就很容易过分简单、武断地去看待事物。"他总是……""一定是他的错""绝对是……""没有其他可能……"等都是常见的过于武断的言语。

我们可以利用"摄像机"视角去调整这个放大镜。因为目击证人可能会撒谎，自己的感观可能会欺骗我们，但客观的度量不会说谎。放下身份、立场，中立、客观地看待事物，甚至可以用仪器测量，如摄像机、体重秤等。

3. 模糊的放大镜

透过模糊的放大镜，我们看见的是马赛克。

好人和坏人、好事和坏事，真的界限分明吗？勇敢和鲁莽、坚持和死板，到底有何差别？

世界上没有两片完全相同的叶子，你有细心地观察过它们吗？

我们可以通过询问 5W1H，亲临现场去观察细微的差异。比如，当一个人被夸赞勇敢时，我们不要着急鼓掌；当一个人被批评鲁莽时，我们也不要着急鄙视。到底做出判断的人是怎么得出这些结论的？是因为他在什么时间（When）、什么地点（Where）、做了什么事（What）吗？那他是怎么做的（How）、还跟谁有关（Who）、为什么有此等举动（Why）？

往往这时我们才能发现真相。

对于名人的举动或者重大事件，网络上会有很多点赞、争吵、指责和评判，但很多论断都是透过无法验证其真实性的报道这层迷雾去下的，真相到

第二章 觉察学习——"认识自己"的4F学习法

底是什么样的很少有人清楚。

你看待别人的方式，也就是你看待自己的方式，你模糊了别人，你也就无法发现真实的自己。

以上三种放大镜，会把我们的思考变成不自知的幻想，但如果我们能觉察到它们的存在，我们就可以从中发现自己看待事物的角度：从我对这件事的看法中，我学到了什么呢？

【付诸行动】

（1）请挑选括号里你认为正确的答案：我认识的成都人都爱吃辣的食物，因此成都人都爱吃辣的食物，这是戴着（缺失/歪曲/模糊）的放大镜的结果。他上次欺骗了我，那么这次也一定是在欺骗我，这是戴着（缺失/歪曲/模糊）的放大镜的结果。听别人说这件事是A的错，我就认为是A的问题，这是戴着（缺失/歪曲/模糊）的放大镜的结果。

（2）请花2分钟进行正念呼吸，并写下你脑海里冒出来的想法的关键词，并用箭头标注前后顺序。

（3）请尝试花5分钟进行自由书写练习，特别是在自己有强烈情绪的时候。

（4）面对网络上的新闻报道，你是否有过对事情判断错误的时候？你是依据什么做出的判断呢？这些证据可靠吗？

【行动表单】

记下想法日记如表2-4所示。

表2-4 记下想法日记

觉察对象	自问问题	你的答案
事情	发生了什么	
想法	我想到了什么	
放大镜	想法是不是缺失/歪曲/模糊的，如何调整	
看待事物角度	从我对这件事的看法中，我学到了什么呢	

觉察真我（Finding）：如何认识自己并成长

> 真正爱自己，不是去牺牲掉所有的时间和精力，去打拼什么辉煌的未来，而是在当下，努力去做自己喜欢做的和有趣的事情，让自己的内心充盈着喜悦。
>
> ——摩西奶奶

我们太忙，身边有各种诱惑，我们越是想跟上世界的脚步，就越发忘了我们是谁、从哪里来、要到哪里去。

我们会活在对过去的回忆或对未来的幻想中，从而错过了真实的当下；我们会忽视身体发出的信号，持续地奔波，最终生了大病；我们会忽视情绪的信号，最终被卷入情绪的沼泽；我们会忽视内心的想法，最终使自己的人生留下遗憾。

前面三节为我们提供了事实、情绪与想法这三位帮手，接下来我们来了解真实自我的四个角度，以及解析出真我的方法。

真实自我的四个角度

我们不妨以乔布斯的人生经历为例，对真实自我的四个角度进行介绍。以下为他在斯坦福大学的演讲节选：

在17岁那年，我很愚蠢地选择了一个几乎和你们斯坦福大学一样贵的学校，几乎花光了我那蓝领父母所有的积蓄。但6个月后，我看不出念这个书的价值何在。

所以我决定退学，我觉得这是一个正确的决定。不能否认，我当时确实非常害怕，但是现在回头看看，那的确是我这一生中做得最棒的一个决定。在我做出退学决定的那一刻，我终于可以不必去读那些令我丝毫提不

第二章 觉察学习——"认识自己"的 4F 学习法

起兴趣的课程了。然后我可以开始去修那些看起来有点意思的课程。

但是这并不浪漫。我失去了宿舍,所以只能在朋友房间的地板上睡觉;我去捡可以换 5 美分的可乐罐,仅仅为了填饱肚子;在星期天的晚上,我需要走 7 英里的路,穿过这个城市到印度教的 HareKrishna 神庙,只是为了能吃上一顿好饭——这个星期唯一好点的一顿饭,我喜欢那里的饭菜。

我跟着直觉和好奇心走,遇到的很多东西,此后被证明是无价之宝。让我给你们举一个例子。里德学院提供的也许是当时全美国最好的美术字课,因为我休学了,可以不照正常选课程序来,所以我跑去上美术字课。我学了 serif 与 sanserif 字体,学会了在不同的字母组合之中改变空白间距,还有怎么样才能做出最棒的印刷样式。书写的美好、历史感与艺术感是科学所无法掌握的,这很迷人。

我没预期过学这些东西能在我生活中起些什么实际作用。不过十年后,当我在设计第一台麦金塔(Macintosh,简称 Mac)时,我想起了当时所学的东西,所以把这些东西都设计进了 Mac,那是第一台使用了漂亮印刷字体的电脑。如果我当时没有退学,就不会有机会去上这个让我感兴趣的美术字课,Mac 就不会有这么多漂亮的字体,以及赏心悦目的字体间距。

当然,我在大学的时候,还不可能把从前的点点滴滴串联起来,但是当十年后回顾这一切时,豁然开朗。

我再说一次,你在向前展望的时候不可能将当下的这些片段串联起来,但你必须相信你能在未来的某一天将这些片段串联起来。你必须要相信某些东西:你的勇气、目的、生命、因缘……这个过程从来没有令我失望过,只是让我的生命更加与众不同。

看到这里,你认为乔布斯是一个什么样的人?你如何描述他口中的自己?

学习的答案

以下是我的答案。

A. 他是一个认为意义、好奇心比金钱、温饱更有价值的人，看重自己内心的召唤而非世俗的标准。例如，即使饿肚子，也要选择退学去学他感兴趣的课程。

B. 他有过人的韧劲。例如，即使睡地板、饿肚子、长途跋涉，也会坚持自己的选择。

C. 他对艺术美的东西感兴趣。例如，选修美术字课，时隔多年也能细致地说出学到的美术字体，并让 Mac 成为第一台使用漂亮印刷字体的电脑。

D. 他坚信在未来的某一天，人们能将自己的点滴付出串联起来。用我的朋友刘婷婷告诉我的一句话来说就是，"你所经历的一切，一定不会毫无意义"。

以上是我对他演讲内容的觉察，你的想法呢？另外，如果是他自己，还可以从自己的身体细节加以觉察，如在演讲视频中，他刚上台时调整了矿泉水的放置，左手扶了一下演讲台，并且摸了一下鼻子；当讲到学习美术字体时，似乎语速加快了，神情更加坚毅。这些都说明了什么呢？

这四个答案代表了一个人真实自我的哪四个角度呢？

A、B、C 和 D 依次对应价值观、特长、兴趣和信念（见图 2-6）。如果你知道了自己的这四个角度，你就算活明白了；如果你知道了某个人的这四个角度，你就算走进这个人的心里了。那么，你知道你自己、你最亲近的人（如父母、伴侣、子女）的价值观、特长、兴趣与信念吗？

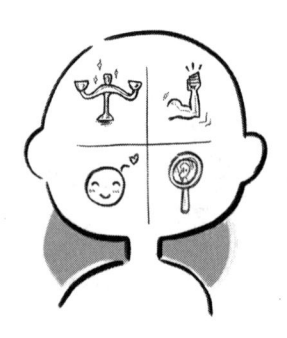

图 2-6　真实自我的四个角度：价值观、特长、兴趣和信念

第二章 觉察学习——"认识自己"的4F学习法

1. 价值观：什么是好的，自己认为有价值的、有意义的

人们所努力追求的庸俗的目标——财产、虚荣、奢侈的生活——我总觉得都是可鄙的。

——爱因斯坦

《适合比成功更重要》这本书里提到，价值观（Value）一词源自拉丁语词根 valeo，意思是"坚强起来"。你会为了什么坚强起来呢？你会为了什么甘愿奋斗，心生动力并愿意坚持呢？世间值得做的事情太多，哪些才是你认为有价值的呢？

乔布斯可以选择继续学习不感兴趣的课程，直到拿到毕业证；也可以选择追随直觉，学习自己感兴趣的课程。他最终选择了后者。

如果你中了500万元的彩票，你还会继续从事你当前的工作吗？如果不会，那么你也许只是为了钱才做的这份工作，而不是因为这份工作本身的价值与意义。

我们发现，往往在冲突中、纠结中、左右为难中，你最重视的价值才得以展现。在上一件让你反复权衡的事情中，你最终选择了什么答案？背后体现了你的什么价值观呢？

过去的经历会给你刻上烙印：你小时候第一个敬重的人有什么品质？未来的设想也会让你更加坚定你的价值选择：你最想为你的后代做一个怎样的榜样？

这里列举出一些常见的价值观词语，供你思考时参考：成就、家庭、自然、冒险、友谊、责任、接纳、开心、愉快、艺术表现、和谐、可预测、权威、健康、褒奖、自主性、有益、尊重、平衡、高薪、责任心、美丽、诚实、风险承担、挑战、谦逊、自我训练、团队、独立、自我控制、能力、影响、服务、竞争、正直、精神性、贡献、公正、稳固、控制、知识、结构性、协作、领导力、地位、创造力、学习力、团队合作、好奇、爱情、时间自由、多样化、忠诚、信任、职责、意义、变化、信任、自我节制、智慧。（摘选自《适合比成

功更重要》）

除此之外，大家还可以做一些价值观测评问卷。不过要小心，往往我们填写的答案所对应的自己，是声称的、期望中的自己，而非某件真实事情中展示出的真实自我。因此，仔细观察你自己所做、所感和所想，而非仅仅依靠所说。

2. 特长：什么是容易的、自己擅长的

世界上没有才能的人是没有的。

——苏霍姆林斯基

德鲁克的"怎样达到职场巅峰——管理自己"一文，是《哈佛商业评论》创刊以来多次重印的文章，其中提到了发现长处的方法，"要发现自己的长处，唯一途径就是回馈分析法（Feedback Analysis）。每当做出重要决定或采取重要行动时，你都可以事先记录下自己对结果的预期。在9~12个月后，再将实际结果与自己的预期进行比较。我本人采用这种方法已有15~20年了，而每次使用都有意外的收获"。"回馈分析法并不是什么新鲜的东西。我们只要持之以恒地运用这个简单的方法，就能在较短的时间内（可能是两三年）发现自己的长处，这是你需要知道的最重要的事情。在采用这种方法之后，你就能知道，自己正在做（或没有做）的哪些事情会让你的长处无法发挥出来。同时，你也将看到自己在哪些方面能力不是特别强。最后，你还将了解到自己在哪些方面完全不擅长，做不出成绩来"。

你擅长做事，还是擅长跟人打交道？你擅长在前线冲锋陷阵，还是擅长在帐内运筹帷幄？你学习时适合看书，还是习惯听讲？你善于坚持，还是总是第一个发现新事物？你可以在自己成功的经历中及自豪的心情中仔细找出你的长处。

再来看乔布斯，他的韧劲确实超出常人，不仅在其演讲稿里能找到证据，从大家熟知他所经历的重大失败中也可以看出，如被自己创立的公司解雇，

离职后创立的 NeXT 公司也遭遇失败等，都没能让他停下脚步。

假设当你离世后，人们拍摄了一部影片来纪念你，影片开头提到你发挥了上天赋予你的全部天赋，那么影片的关键词是什么呢？

如果你想通过测评去发现自己的特长，那你可以去看看技能测评，或者 DISC、MBTI、PDP，因为我认为一个人的某种行为倾向或性格会自然关联其某种特长。就像我是 DISC 里关注事情的谨慎型（C），这跟我善于处理事情的特长是一致的。

3. 兴趣：什么是愉快的、自己喜欢的

最成功的人是那些整天做自己喜欢做的事，并且搞得像在度假的人。

——马克·吐温

什么会让你开心一整天？什么是不用给你钱，你也愿意付出心力去做的事？

我们习惯用"重要"和"紧急"去衡量每天的事务，但忘掉了"快乐"这个很重要的动力。我们会在朋友生日时祝福他天天快乐，但忘记我们可以给自己写一张快乐事情清单。

"学海无涯苦作舟"等这样的信念，总让我们觉得快乐是不对的。但其实快乐却可能是我们的终极追求。快乐可以很简单，我们可以学学积极心理学家芭芭拉·弗雷德里克森。她在《积极情绪的力量》一书中介绍了"积极情绪档案袋"这一概念，"当你有喜悦、感激、宁静、兴趣、希望、自豪、逗趣、激励、敬佩、爱的感觉时，你想到了哪些记忆和画面？找到最合适的照片、文字和物品来创建每一个档案袋。也许一首歌曲或者一段视频能够唤起那种感觉，又或者是一种气味、口感或触觉。带着细心和创造性来组合，每一个都是你给自己的一份礼物"。

我也给自己写了一张简单版的快乐清单，如和 Yavin 拥抱、喝一杯热气腾腾的拿铁咖啡、吃一碗成都素椒炸酱面、参加一场学习沙龙、参加一场足球赛等，都是会让我感到幸福和愉悦的事情。

学习的答案

从今天开始就写下自己的快乐清单吧，你可能无法像乔布斯一样用兴趣改变世界，但你一定会更快乐。

4. 信念：什么是真的、自己认为正确的准则、世界观

每个人总以为自己的信念都是正确的。

——威·柯珀

信念是我们认为对的事情，是自己的主观判断。比如，我们可能在学校教育的影响下，形成了对读书的信念：看不懂就需要使劲看，逐页、逐字看完一本书，乃至读完书后写了一篇情文并茂的心得，就算是学习成果了。

这些信念在学校里是正确的，因为它们能帮助我们通过考试。但是现在它们还是对的吗？肯定不是，当你求职时，公司肯定不会考核你对一本书的记忆程度，而会看重你读完书后到底有多少成功实践的经历和经验。

因此，有些信念有时候有效，但不一定永远有效，或者不一定针对每个人都有效。比如，工匠精神一定是好的吗？不一定，精细管理会导致产品成本提升、生产时间延长，结果可能是消费者不买账、商家错过了商机。只有大学毕业才有未来吗？不一定，三百六十行，行行出状元，不能用学历衡量一个人是否成功。

当信念不能支持我们达成目标，而我们又无法觉察和调整时，它就会成为限制性信念，驱使我们做出无效行为，或者放弃行为。比如，很多人知道一本书里有很多内容其实对自己没有价值，但也要硬着头皮全部读完，否则总觉得少了什么或可能错过什么，这就像大象被从小捆住它的小绳子束缚一样。

请你想想，乔布斯的信念"一切努力都是有意义的"会带给他什么样的好处呢？这个世界很奇特，你怎样看待世界，你也就活在怎样的世界里。世界可以是游乐场，也可以是斗兽场，你要如何选择？祝福你能选择积极，因为《思考致富》里提到，许多人坚信自己"注定"会贫穷和失败，因为他们相信世上存在某种无法控制的奇特力量。他们的"不幸"是自己创造的，因为

他们的潜意识思维捕捉到了这种消极信念,并将其转化为客观对等物。

在第六章的"重塑信念:如何面对学习中的失败"中,我会给大家分享一个值得拥有的学习信念。

觉察、接纳、跃迁三步成长自我

上文讲解了真实自我的四个角度,那要如何一步一步地发现答案并有所成长呢?我们可以通过觉察、接纳、跃迁这三步实现自我成长。

1. 觉察

精神分析学说创立者弗洛伊德提出了冰山理论:人的意识犹如海上的冰山,露出海面的部分是我们的显意识,而隐藏在海面下看不到的部分是我们的潜意识。看似我们每个人每天都清醒地活着,好似每个决定都是我们自己做的,其实不然。要认识自己,首先要做到觉察。

前三节,看见事实、说出情绪和记下想法,就是教我们从三个方面去收集信息。细致来讲,觉察有三个层次(见图2-7)。

图2-7 觉察三层次:自己在看、看见自己、看见自己在看自己

第一层:自己在看。

第二层：看见自己。

第三层：看见自己在看自己。

第一层的看见，是看见事实与自己的身体反应。以吃葡萄干为例，当下我在吃葡萄干，我看到了一颗与小拇指指甲盖的形状与大小相似、布满褶皱、褐黄色的葡萄干，捏起来外硬里软，摩擦起来有极轻微的沙沙声，可以闻到果香味……

第二层的看见，是说出自己的情绪与想法。你能"分身"出一个自己，看见正在吃葡萄干的自己吗？在刚刚细心吃葡萄干的过程中，自己心中升起又消失了什么情绪与想法？是否想笑，觉得自己的举动很傻？因为挂念其他要做的事情而分心了？有了新奇的发现，这颗葡萄干好像从未有过的甜？葡萄干是从哪里买的？下次要不要再这样吃？吃其他食物时我又该如何？喜欢/不喜欢吃葡萄干？

第三层的看见，是看见自己在看见自己。请再"分身"出一个自己，去看着第二个你在观察第一个你吃葡萄干，此时你又有何想法？为什么第二个你想笑？分心是因为什么？视角又是在哪里？他有什么放大镜？为什么会特别留意一个想法？为什么会怀着一颗好奇的心？自己对事物喜欢与否的标准是什么？

此层觉察真我的问题还有以下几个。

（1）事情中各方的身体姿态、行为举动、情绪、看待事物的角度等，到底告诉了我们什么信息？

（2）我从最亲近的人中，看出了什么价值观、特长、兴趣和信念（因为我可能效仿对方，戴上同样的放大镜）？

（3）当下的挑战、挫败、冲突、成功、情绪和病痛，背后是什么？意味着什么？它们是一次性出现的事件，还是周期性出现的事件？对我有何启发？

（4）现在真实的自我是什么样的？我追求的价值、我突出的特长、我的喜好或厌恶是什么？我认为什么是正确的规则？

第二章 觉察学习——"认识自己"的 4F 学习法

比如，在过往人生中我遇到过多次被人误解的情况，现在反思起来，这跟我多关注事情、少关注情绪的特点有关。我很少在聚餐等非正式场合与人沟通，很少表达自己的情绪，原本我自认这是自己不说别人闲话和不传小道消息的优点，但殊不知也正因此缺少与他人的交流，从而为谣言的产生创造了条件。于是我从这些事情中认识到我是一个擅长处理事情，但在与人交流方面还可以做得更好的人。

2. 接纳

接纳非常重要，因为当我们不接纳自己时，我们就无法看清自己；当我们不接纳一件事时，我们就会与其对抗或忽视它。进而我们的能量会下降，我们会失去对自己的掌控感。

因此，**我们要允许一切发生，接纳自己和事情。**

我们就像一朵花一样，有自己的花期，春来草自青，无须用别人的标准来否定自己。我写了一首"接纳之诗"《我是一朵很特别很特别的花》，送给特别的你。

我是一朵花
一朵很特别很特别的花

也许这个世界上有千万朵花
甚至有些花跟我同一天出生
甚至跟我一样也有四片小叶子
但他们不是我
世界上只有我这一朵叫我的花

谢谢我的妈妈
我的妈妈给了我跟她一样淡粉的花瓣
我的妈妈教了我像她一样热爱太阳

不过她仍然也不是我

我是一朵很特别很特别的花
如果你细心看，你就会发现

我是一朵花
一朵很爱很爱自己的花

我承认，在清晨，我没有像有些花一样盛开
但这就是我
我有我自己的花期
我爱我自己

我接受，风来时，我没有像有些花一样舞得动人
因为这就是我
我有我自己的身姿
我爱我自己

我看见，溪水的倒影中，我的花蕊不像有些花一样火红
不过这就是我
我有我自己的微笑
我喜欢我自己

我是一朵很爱很爱自己的花
如果你耐心听，你就会听见

第二章　觉察学习——"认识自己"的4F学习法

我是一朵花
一朵不停长啊长啊的花

我曾经被暴雨吹落过两片叶子
瞧，不是又长出来了
我也曾在狂风中折弯了腰
看，我现在的腰板跟大树一样

我拥有我自己，即使某天我被孩子种到了他们的院子里
我决定我自己，即使一连几个月都没有大太阳

我也会孕育出一朵小花，我会告诉他
你很特别哦，要好好爱自己哟，对了对了不要忘记长身体呀

我的根永远不会枯萎，我永远可以生长
直到我重新融入世界，然后也许成为一头猛虎，谁知道呢
那我就会是一只很特别很特别的老虎了

另外，我的朋友无语老师，送了我一本珍贵的萨提亚所著的《尊重自己》，这本书很薄，但值得一读再读，你可以找来看看。

我允许任何事情的发生。我允许，事情是如此的开始，如此的发展，如此的结局。因为我知道，所有的事情，都是因缘和合而来，一切的发生，都是必然。若我觉得应该是另外一种可能，伤害的，只是自己。我唯一能做的，就是允许。

——海灵格《我允许》

在自我接纳中，有两个原则：正向和自主。

先说正向。在埃里克森教练五大原则中有"People are OK"的基本假设，古人也有"人之初，性本善"的说法，我们要正向看待自己和一切事情，因为负向很可能降低自己的能量。比如，你洗碗时打碎了一只碗，自己心里本就不好受了，如果被正向呵护，如"谢谢你愿意承担家务，碎了一只碗，其实是岁岁（碎碎）平安哦，我相信你下次一定会做得更好"，那么就会受到鼓励；如果被批评"你怎么尽添麻烦，一件小事都做不好"，那么可能就再不想洗碗了。

回到上一步我忽视情绪表达的案例，为什么我说自己"擅长处理事情，但与人交流方面还可以做得更好"呢？因为相对于指责自己"情商太低，木鱼脑袋"而言，用"正向的原则"对自己说"还可以做得更好"，会让我感受更好，更利于自己之后的成长。

再说自主。自主就是自己做自己的主人。很多时候我们会被关系困扰，但这是觉察、接纳自己的好机会。"五维教练领导力"课上介绍的"冲突觉察"，共有7步7个问题：

（1）当前最困扰你的冲突是什么？

（2）你的期望是什么？

（3）什么原因使你有这样的期望？

（4）这些都是你自己的卓越性，请你大声念出来"我是一个×××的人"

（5）让我们看一看现实，是不是世界上所有的人都具备这样的卓越性呢？

（6）你想开发你的哪个卓越性来为世人做贡献？

（7）为了发展它，你想要采取什么行动？

有一次我与一个朋友约定了一件事，是互惠合作，还约定了惩罚措施，我做到了我的部分，但对方却没有做到，几次协调都没有结果。我心生怨气，甚至出现了报复的想法。这时候幸好我记起了冲突觉察这个方法，我就逐步思考：

（1）描述冲突（略）。

（2）我期望对方遵守承诺，如果不能完成，就兑现约定的惩罚措施（这一步要利用正向原则思考，思考期望得到的好结果，而不是思考期望"对方遭殃"之类的负向报复）。

（3）因为我的信念是"人是互惠的""人应该遵守承诺""人应该为自己的行为负责"。

（4）我是一个遵守承诺、言行一致的人（之所以发生冲突，正是因为我的卓越性。这体现了我的价值观和特长，这一步运用了正向原则，发现了"我是谁"，提升了自己的能量）。

（5）不是（我的价值观和特长，并不一定是别人的价值观和特长）。

（6）遵守承诺（在这个冲突中我是没法控制对方行为的，这会使我产生无力感，但挖掘出我的卓越性，这是我能够控制的，这就体现了自主原则）。

（7）今后也坚持做一个遵守承诺的人（如果没有将冲突事件带来的"负向被动"调整为"正向自主"，我们很可能就会被他人影响，失去自己的价值观和特长，会产生如"既然有人伤害了我，我也要去伤害其他人，我今后做事也只说到但不努力做到"等错误想法）。

通过这7步，我就从负向、被动地接纳变为正向、自主地接纳，做回了掌控自己的主人。

总结一下，通过正向、自主地接纳，我们就能告诉自己"我接受我自己、我喜欢我自己、我决定我自己"，从而积聚起下一步跃迁的能量。

3. 跃迁

当我们认清当下的自己之后，就可以进行跃迁，有四大问题助你升级。

（1）我当下的价值观、特长、喜好和信念是否需要调整？

（2）我可以如何利用我独特的价值观、特长、兴趣和信念为世人做贡献？

（3）更好的自己是什么样子的？我要给自己定下什么人生目标？

（4）我要做什么、学什么，以便成为以上说的哪样的人、实现哪个目标？

虽然我们可以瞬间定下无数个小目标，但绝大多数小目标都是受欲望和外界诱惑驱使、经由大脑思考定下的，而不是根据内心的想法定下的。当你通过觉察学习找寻到真我之后，你定的目标也许不是很多，在别人看来也不宏大，但一定是支持你前进的源源不断的动力，是你此生不悔要追逐的梦想。

有了真我目标，才能更好地制定出致用学习的目标，才能决定从世间众多知识与能力中选择哪些去学习，而真我目标中又一定会有赋能他人的部分。因此，三种学习方法的内在关联是通过觉察学习找到真我，通过致用学习成长真我，通过分享学习贡献真我、赋能他人，赋能他人的同时自己与外界不断交流，又能更好地了解真我、成长真我。

在跃迁中，为你推荐一个信念，那就是相信，坚信自己可以成长为更好的自己。

如果你认为自己会败，那么你已经失败，
如果你认为自己不敢，那么你的确不敢，
如果你想胜利却又怕不能取得胜利，
那么几乎可以断定，你与胜利无缘。

如果你认为自己会输，那么你已经输了，
放眼世界我们会发现，
先有愿望，后才有作为——
一切均取决于精神状态。

如果你认为自己卓尔不群，
必然就认为自己会高人一等。
只有首先志存高远、相信自己，
而后才能获得胜利。

第二章　觉察学习——"认识自己"的4F学习法

人生赛场的比拼，
并非永远是力量和速度。
总有一天，
相信自己能力的人定能胜出！

——摘选自《思考致富》

你相信你自己吗？

【付诸行动】

（1）请挑选括号里你认为正确的答案：

① 在本书看来，描述真实自我有四个角度，分别是（目标/价值观/态度/特长/原生家庭/兴趣/信念/习惯）。

② 在理发店理发时，闭上双眼，"看见"自己在被理发，心中很平静，这是（自己在看/看见自己/看见自己在看见自己）。

③ 细细品味一杯茶，"看见"茶叶在水中一浮一沉，这是（自己在看/看见自己/看见自己在看见自己）。

④ 劳作了一天，躺在床上回忆一天发生了什么，有什么情绪思考，从中发现了什么样的自己，这是（自己在看/看见自己/看见自己在看见自己）。

（2）请朗诵本节里的诗和摘录名言，并写下你的感受和想法。

（3）请回忆一件与他人发生冲突或看不惯他人行为的事情，用7步冲突觉察来分析出自己的卓越性（如价值观、特长）。

（4）请分享一件让你印象最深刻、情绪起伏最大的事情，尝试思考自己从中学到了什么，看到自己什么样的价值观、特长、兴趣和信念，然后回答跃迁的四大问题。

（5）请分别用三个词描述当下真实自我四个角度：价值观、特长、兴趣与信念。每隔一个月进行一次修正和优化。

（6）从你身边最亲密的一个人开始，去了解其真实自我的四个角度，并支持对方，认同他的价值观、帮助他发挥他的特长、陪伴他做他感兴趣的事、理解他的信念。

【行动表单】

觉察学习日记如表 2-5 所示。

表 2-5　觉察学习日记

觉察要素	体验时自问问题	学习时自问问题	你的答案
看见事实	我经历了什么事情	学习中哪个内容，给我留下了最深刻的印象	
说出情绪	我感到什么情绪	我有什么感受	
记下想法	我有什么想法	我联想到什么	
觉察真我	我的价值观是什么	为什么我对这一点特别关注	
	我的特长是什么		
	我的兴趣是什么		
	我的信念是什么		
	下一步我可以如何成为更好的自己	我下一步如何做	

本章尾声

用一句话总结"觉察学习"，就是"上帝啊，请启示我真实地活在当下，请允许我欣喜地接纳我的昨天，请赐予我勇气去决定我的明天，请温暖鼓励我立即行动"。

当然如果你不信上帝，你可以换成佛陀、钢铁侠，甚至何老师，只要你能从中获得力量。因为信仰谁这个选择源自你自己的力量，要不就信自己吧，毕竟自己是如此独一无二！

祝愿你认识独一无二的自己，成为更好的自己！

那要如何快速跃迁、实现自己的小目标、成为自己想成为的人呢？请翻开下一章"致用学习"。

第三章
致用学习
——"达成目标"的 GEAR 学习法

学习的答案

知之真切笃实处即是行，行之明觉精察处即是知。知行工夫，本不可离。只为后世学者分作两截用功，失却知行本体，故有合一并进之说。

——王守仁

为了实现人生目标，我们需要转动 GEAR（齿轮）进行致用学习（见图 3-1）。

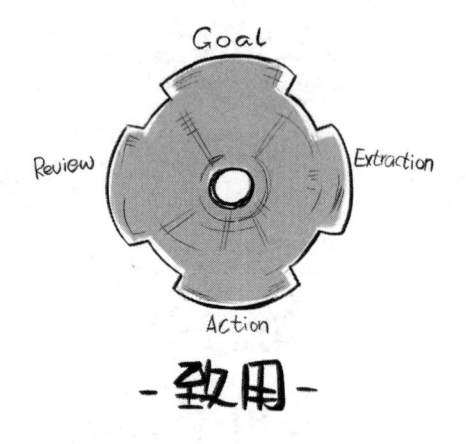

图 3-1　GEAR 致用学习四步骤

第一步，瞄准目标（Goal）。这里的目标，不是人生目标，而是能让你靠近人生目标的学习目标。就像我们用导航仪，输入目的地（人生目标），输入目前位置（现状），会出现一条路径，而顺利走过这条路，就是我们的学习目标。

第二步，萃取方法（Extraction）。如何能顺利走过这条路呢？书中、网络上、老师口中有无数需要我们学习的道理，但哪些道理才是真正能帮助我们的呢？这时候我们一定要萃取出成功前辈们的具体做法，而不要听信那些被包装出来的伪大师们的说法。

第三步，模仿行动（Action）。世界上最远的距离是从"我早知道"到"我已做到"，世界上最快的学习是边学边用。你是否能立即行动，实践前辈分享

第三章 致用学习——"达成目标"的 GEAR 学习法

的方法呢？

第四步，反思优化（Review）。失败可能是因为半途而废；而成功则需要坚持做对的事、不断改错的事。我们对实践后的成果进行优化，最终形成我们自己的经验和新习惯。

举例来说，有位伙伴想变得更加有活力，接着他想到了减肥。这时候，他就可以进行致用学习，"我的人生目标是什么呢？减肥。那我的学习目标是什么呢？是学习减肥知识？不着急下结论，我先来看看现状。嗯，我其实知道减肥不等于节食，而应该叫减脂。而减脂与下定决心、迈开双腿、吃好食物、休息充分这 4 项都有关，那目前我最大的差距是在哪里呢？仔细想想其实是缺乏决心，那我的学习目标就是如何增强决心"。

接下来，他请教一个减肥成功的前辈，对方说"没什么，就是押了 10 000 元在朋友那儿，每天没做到减脂计划就扣 100 元"。他默默拿出手机并问，"前辈，你的支付宝账号是多少"，接着给对方转了 20 000 元，这样交了承诺金之后，他便开始了减脂计划。虽然之后有几次他想放弃，但因为扣了几次惩罚金，并且主动增加了承诺金，所以他最终坚持了下来。

"真是很神奇，之前减肥一直不成功，现在怎么就轻而易举做到了呢？" 3 个月后，舞台上"瘦成闪电"、神采飞扬的他，在演讲中以这句话博得了听众一阵欢笑。

你想跟这位伙伴一样，通过 GEAR 转动自己的人生齿轮，从而实现自己的目标吗？那就翻开本章吧！

瞄准目标（Goal）：如何设定精准的学习目标

成功就等于目标，其他的一切都是这句话的注解。

——伯恩·崔西

搞懂"学习"二字，开启高效能学习

说到"学习"二字，我们绝对不陌生，因为一般来说如果你读完了本科，那就已经全职在学校读了 16 年的书，这还没算上幼儿园和早教的时间。但其实你可能还不懂什么叫"学习"。

"什么！如果我不懂学习，我怎么能一路过关升级，通过一场又一场的考试，考取一个又一个的证书呢？"

不要激动，你能不能先写下学习的定义，对于你来说，学习是什么？

在多次调研中，大家通常会写下这样答案：

（1）有选择性地不断输入自己感兴趣或者用得上的知识。

（2）了解这个多元的世界，拓展自己的眼界。

（3）丰富自己的思维方式，拓宽自己的知识体系。

（4）学习自己不知道的，并内化为自己知道的。

（5）将别人的经验和方法转化为自己的能力。

在这个获取信息极度便利的时代，如果你想知道一个概念，有个非常简单的方法，就是百度一下。

那么百度一下"学习"，我们就会得到学习的广义定义：**人在生活过程中，通过获得经验而产生的行为或行为潜能的相对持久的行为方式**。虽然各种学习理论，如行为主义、认知主义、有意义学习等，对学习的看法有不少差异，但这个定义是被公认了的。

让我来解析一下这个定义，首先，"人在生活过程中"是一句废话，因为人的一生都是在生活过程中的，可删去。

第三章 致用学习——"达成目标"的 GEAR 学习法

其次,"通过获得经验而产生的"这句话说明学习的方式不仅限于看书、上课或游学,只要能通过某种活动获得经验即可,如看电影、跟人聊天,乃至反思过往经历等。因此,不要纠结于自己喜不喜欢看书。

获得了经验,就算是一个人"学习"了吗?其实不然,有 1 个词出现了 3 次,非常重要,那就是"行为"。

首先,"行为方式"意味着学习的输出是行为,因为只有行为才是可以被观察到的。我们验证一个人是否真的懂学习的唯一科学方式是,让学习者以某种行为展示他们学到了什么。同时,这个行为必须是与经验相关的,不能说发一条类似"这本书真好啊"的朋友圈这样的行为是学习。

其次,行为必须是"相对持久的",不是一次、两次,而是持续的。例如,假设我某天讲完课在回家的路上,遇见了一条疯狗,我夺路狂奔,不小心走到一个死胡同,情急之下窜上了 3 米高的墙头。这种跳跃行为,就不能算学习,因为之后我再也无法做到了。

虽然我解析了一遍"学习"的定义,但其还是有些复杂?因此,**我经常会用三个字来概括什么是真正的学习,那就是"新习惯"**,即相对持久的新行为。因此,套用一句网络用语,"凡是不养成新习惯的学习,都是耍流氓"。

试问,你平日的学习养成新习惯了吗?

当初我开始这样反思我的学习,发现真的没有养成新习惯。而从大家的答案中也可以看出误区。答案(1)(2)(3),只注重了信息的输入,通常的恶果就是"买书如山倒,读书如抽丝",其实跟真正的学习还差得很远。答案(4)(5),虽然讲到了学习的输出,但"自己知道的""自己的能力"都不够明确,如怎样才算知道、怎样才算是"能力转化"成功了呢?通常的恶果就是学习了一段时间,觉得自己没有明显改变,从而放弃学习。

而"学习(成功的标志)=(养成了)新习惯"这样的定义就十分简单,足以帮助自己判断学习成果如何。

当我们对"学习"的定义达成共识之后,可以看一下以下这些做法:

学习的答案

（1）一场学习沙龙结束后，一个人找到分享者，然后对他说，"你好棒！我要向你学习"。

（2）拿起一本书，翻上几页，努力搞懂作者讲了什么，还勾画了重点。

（3）拍一张自己拿着书看的照片，发到朋友圈。

（4）转发一篇文章，然后备注"深度好文、值得收藏"。

（5）读完书，画了一张五颜六色的思维导图。

（6）写出一篇充满感叹和启发的读书心得。

（7）在学习沙龙中带领伙伴们阅读一本书。

它们算不算真的"学习"呢？

严谨地说，我们不知道答案，因为我们没有去调研、核实。如果核实后发现这个人确实养成了新习惯，我们就可以说他"学习"了；但如果这个人只是停留在了"我知道了"的层面，我们就只能说，真正的学习尚未发生，这个人只是一个"知道分子"，而非"做到分子"。

说来惭愧，在大学里，我就是这样一个"知道分子"。我的大学时光，除了在足球场飞奔，就是泡在学校的图书馆，但最后除进出刷卡、每周一本书借阅的记录和积攒了几十本密密麻麻的读书笔记之外，并没有什么新习惯的成果。后来搬家，我把读书笔记全扔了，只留下一本，作为当年学习热情很高涨的证明。

希望你我都牢牢记住，验证学习是否成功的唯一标志是自己是否养成了新习惯。

【付诸行动】

（1）请挑选括号里你认为正确的答案：学习=（新习惯/不断输入新知识/模仿标杆/付诸实践）。凡是不形成（新习惯/读书笔记/分享）的学习，都是要流氓。

（2）请回忆一次让你养成了新习惯的学习经历，思考与你平日的泛泛读书有何区别？

第三章 致用学习——"达成目标"的 GEAR 学习法

人生目标，一切学习的目的地

当我们认同"学习=新习惯"后，第二个问题就来了，世间有那么多习惯值得去养成，你要选择养成什么新习惯呢？

李嘉诚曾经在一次演讲中问道："开车进加油站最想完成什么？"如果你在现场，你会怎么回答呢？

当时，有人回答"加油"，李嘉诚略显失望，而后有人补充"休息""喝水""上厕所"等。李嘉诚都不太满意，他说："开车进加油站的人，最想做的是早一点离开，朝着目的地继续他的旅程。"他补充："人做事当然有具体目的，但它们必须从属于一个远大目标"。

不知道这个故事对你有何启发？我的总结是"学习是我们的目的，但它们必须从属于一个远大目标"，那是你的工作目标、生活目标，也就是你的人生目标。

学习之前，先问自己，我的人生目标是什么？

学习之前，先问自己，我的人生目标是什么？

学习之前，先问自己，我的人生目标是什么？

重要的事情，必须要说三遍。到这里，我们可以给出本章"致用学习"的定义：（养成了）帮助自己实现当下人生目标的新习惯。这种学习不是为了娱乐消遣，也不是为了写文章，更不是为了学到某个很有价值但跟自己目标无关的知识。这个定义很简单，但要理解它，**我们需要转变学习思维，从批量式学习思维到倒推式学习思维**（见图 3-2）。

学习的答案

图 3-2　转变学习思维：从批量到倒推

什么是批量式学习思维？就是像上学时一样，企图先死记硬背大量知识，妄图未来有一天能用得上。就像福特发明的批量生产一样，以汽车为中心，只大量生产黑色的汽车，不管是否卖得掉。其实批量记住的知识很多时候用不上，能用上时也过时了。批量记住知识是低效的，未来并没有一场考试，会考到你读的书里的重点。

什么是倒推式学习思维？真实世界强调即学即用，思考我当下要实现什么目标（或解决什么问题），然后对症下药地去学习。就像丰田准时化生产，以消费者为中心，先了解客户需要一辆什么样的汽车，然后倒推出需要什么样的零部件、数量是多少，再生产和组装，肯定卖得掉。在企业人才培养里，有著名的"721"学习法则为佐证：成人学习中70%的成长来自真实生活和工作经验，是在完成工作任务与解决实际问题中收获的。

你是想将大量时间浪费在记各种学习笔记上，还是想收获可以写在简历上的项目成果呢？

我们结合一个案例来体会一下。某天，我的微信上弹出了一条消息，一个朋友问我，"何老师，你知道哪些沟通、表达培训课程或老师比较好吗？"原来是她想为家人报名去学习。

如果你是我，本身接触了很多培训机构，身边也有不少朋友在讲这门课，你会如何回复她呢？"借问培训何处有，立马遥指×××。"如果这样的话，我就是在运用批量式学习思维，让对方先学了再说，不管他最终想实现什么人生目标。

第三章 致用学习——"达成目标"的 GEAR 学习法

当天我运用了倒推式学习思维，回问了一句："假设你家人的沟通能力已经得到你期望的提高，他可以做什么现在做不到的事？"

不问不打紧，一问她便竹筒倒豆子般和盘托出："得到更好的职位，会有更好的职业发展。现在阻碍他发展的原因有很多，其中沟通是我觉得比较严重的方面。此外，还有缺乏提升自己的动力，这也是比较严重的方面，就是不知道如何解决。"

这时，我们发现其实她的期望是她老公得到更好的职位或职业发展。而提升沟通能力只是她想到的手段之一。如果我不加分析，就推荐她老公去上沟通课程，他很可能学不好，因为他没有学习动力，不是他自己主动要学，而是他老婆帮他问、要求他学，他缺乏提升自己的动力。而且即使他学好了可能也没用，因为他当前职业发展的瓶颈不一定就是在沟通技巧上。

柯维说，不要爬到了梯子的顶端，才发现搭错了墙头。这样先学了再说的故事，也曾发生在你的身上吗？

再举一个例子，我们经常犯一个错误，就是一心血来潮，就去学英语，翻出单词书使劲背。其实你要先问自己，为什么要学英语？是否跟自己的人生计划有关？

第一种情况，如果你是一个刚进入国企工作的大学生，环顾四周，发现你的领导、前辈和同事在工作中从来不用英语，你就不应该把过多时间用在学习英语上，因为未来很可能你也用不上，更好的选择是学习专业或者团队合作相关的知识，这是你当前急缺的。第二种情况，如果你说"我之后想考研，或者想休息时间出国旅游和外国人谈笑风生"，那学英语是可以的，但因为你的人生目标不同，学习的方式和内容也将迥然不同，如前者你要多看考研英语书，后者不妨从教外国人中文或当外国人的导游开始，效果都会比你去背单词好得多。但如果你回答不出来为什么要学英语，那也许是你仅想表明自己的上进心，那不妨去运动，因为至少长出的肌肉不会像单词很快被遗忘一样很快消失。

学习的答案

总结一下，学习只是协助你达成人生目标的一种手段，千万不要为了学习而学习，一定要搞清楚为什么要学习。

你当下的人生目标是什么呢？我们会发现很多人学习效果不佳，因为他们没有人生目标，只是听别人说什么知识有价值就去学什么知识，或者欲望太多，定下了太多人生目标，因此觉得什么知识都需要，从而什么都在学，但由于精力有限，每一项知识都只是"知道"，而远远未能"做到"，更不要谈养成对人生目标有价值的新习惯了。

无人生目标不学习，否则轻者你会越学越焦虑，没有目的地的旅行就像一场流浪；重者会如庄子几千年前就告诉我们的"吾生也有涯，而知也无涯。以有涯随无涯，殆已！"。

祝你从今天开始高效能地学习，别再生产出一大堆没有价值的笔记/思维导图了。

【付诸行动】

（1）请挑选括号里你认为正确的答案：

① "致用学习"=养成了（帮助自己实现当下人生目标/跟榜样一样）的新习惯。

② 学习之前，先问自己（我的目标是什么/这个知识有价值吗）。

③ 书到用时方恨少，因此学习知识要多多益善，总有一天会用得上（对/错）。

④ 大前研一在《即战力》里说，"外语能力，理财能力，解决问题的能力，是打开专业主义大门的钥匙，这是专业主义的最低要求"，因此我们应该好好学习这三项能力（对/错）。

（2）请写下一个让你心动的 3 个月可以实现的人生目标，然后思考并写出你要提升哪方面的能力，以实现该人生目标（制定人生目标，可参考第六章"挖掘价值：如何找寻学习意义"中的 5 个引导问题。也可简单地定为"做好当前你手中的事"）。

第三章 致用学习——"达成目标"的 GEAR 学习法

缺啥学啥，确立学习目标

当我们制定了当下的人生目标后，要学什么以协助自己达成该人生目标呢？换句话说，如何制定学习目标呢？

我们不妨举一个很多伙伴都会有的人生目标的例子来说明。它是你洗完澡后站在镜子前会思考的问题；它是你拍婚纱照前会思考的问题；它又是你看完《舌尖上的中国》就会彻底忘掉的问题。没错，就是减肥。

我们来做一道测试题。请勾选出以下的一项帮助，当你得到它的时候，你就能最大限度地实现减肥目标：

（1）制定了一个有截止日期的、明确的目标。比如，在 3 个月后，体脂率下降 3%。

（2）认同这件事对于自己的意义、价值。比如，减脂是我今年最重要的目标，而且成功后会奖励自己一个平日舍不得买的礼物。

（3）有导师指导或接受培训，身边的伙伴也全力支持你。比如，请专业教练当私教，请家人谅解早起锻炼噪音。

（4）拥有一套可行的行动计划，并且得到配套的工具。比如，6 点起床运动的日程计划，买齐哑铃、服装，下载 Keep 等运动 App。

（5）及时获得反馈、进行总结。比如，每周日总结一周成果，并与教练和同伴交流。

（6）建立具备"记录、检索与交流"的信息资料库。比如，印象笔记、Keep 数据库、蓝牙减脂秤、运动手环等。

你的答案是什么？

这 6 项帮助，其实代表了影响个人目标达成的六大要素：目标、动力、伙伴、计划、反思和信息。

我称它为"效能钻石"模型，这个模型是我 8 年来吸纳时间管理、个人效能、职业规划等领域的经典理论、工具的长处，不断与业界专家交流，在运营时间管理标杆社群——"幸福行动家成都"社群的经验下建成的。

简单来说就是，个人目标的成功实现，需要以上 6 项帮助协同作用。类似高考成绩，由所有主考科目的成绩相加而得。如果投入精力是一定的，怎么样才能最大限度地提升成绩呢？当然是将精力用于提升你成绩最差的一科的成绩，而不是用来提升你成绩最好的一科的成绩。

换言之，根据**缺啥学啥**，确立学习目标，从最差的一项开始学习最高效。

我们来分析你的答案。如果你选了（3），缺乏专业支持。那你就该去学减肥专业知识，去接触自己成功过而且能带领其他人成功的导师，而不是按照自己的旧习惯或臆想去行动，如去买一堆运动装备、自己去健身房乱练一阵。这个因素恰好是大多数伙伴减肥失败的原因。连减肥和减脂都没分清楚，也不知道体脂率跟什么因素有关系，就一味地依靠意志力去节食，结果只是减掉了身体中的大量水分，看着体重秤上的数值自我陶醉一下，几周后开始崩溃、狂吃、埋怨自己，然后放弃，接着某一天发现衣服好像又变小了，就再次下定决心、节食，陷入死循环。

第（2）项是动力，我认为动力不足也是大部分人达不成目标的原因。比如，一块巧克力放在面前，就足以击溃昨晚的雄心壮志。这时候，你看再多减肥专业书，报再多健身班，收藏再多深度好文，也没有用，专业知识早被你抛诸脑后了。

重要的事情再说一遍，缺啥学啥最高效！如果你最缺少动力的话，你要学的就是如何增强动力。比如，挖掘目标的价值，寻找到足以让你一早就起床运动的动力，这样才能帮助你高效地实现最终的减脂目标。千万不要以为所有达不成目标的情况，都只是因为没有找到专业知识。

第三章 致用学习——"达成目标"的 GEAR 学习法

当我们明确人生目标、工作目标之后,就可以分析现状,找到差距(差距=目标-现状)。接下来就要分析产生差距的原因及如何弥补差距,这就是我们的学习目标,即到底学什么才能最有效地帮助我们实现人生目标、工作目标。

总结一下,学习目标=弥补差距(见图 3-3)。如果你不对症地去学,只会事倍功半,甚至南辕北辙。

图 3-3 学习目标=弥补差距

我为什么能在 2018 年成功减脂十多斤(1 斤=0.5 千克)、练出六块腹肌呢,就是因为我仔细分析了原因,一是"计划"中缺少运动时间;二是"动力"中没挖掘出减脂的驱动力。因此,我首先把运动从"起码 2.5 小时的愉快踢球",调整为"1.5 小时的更减脂、不伤膝盖的游泳";然后,在好朋友朝阳发起的 DOS 大学社群里公众承诺,2018 年年底要"晒"腹肌。相反,如果我埋头去学习减脂方法,也许我现在已经成了减脂知识专家,但身上的肉可能一点儿都没少。

正如第一章中所说,如果你想全面提升学习能力,那么请做一做"能力测试",得出你在学习上的长处和短板,然后你可以将自己的目标定为先补齐短板。缺啥学啥,才能最大限度地提升你学习的效能。

如果你想知道除"效能钻石"外还有什么模型能帮助我们系统思考目标

的达成，找出差距产生的原因，你可以看看《高效能人士的七个习惯》里的"七个习惯"和《影响力大师》里的"影响力动力/能力矩阵"。如果你有时间和兴趣深入钻研"如何分析表现差距"，可以重点关注"吉尔伯特行为工程模型"，推荐阅读《从培训专家到绩效顾问》《绩效咨询》《从培训管理到绩效改进》三本书。当然，要想简单、快速得知自己的能力短板，你可以咨询专家或者教练。

综上所述，无论如何，请你在学习之前搞懂3件事：①你想通过学习达成什么目标；②要达成这个目标，你目前的差距是什么；③差距产生的原因是什么，有什么方法能弥补差距。最后的答案，才是你的学习目标。

【付诸行动】

（1）请挑选括号里你认为正确的答案：

① 当我的目标是一年后找到意中人并幸福地和他/她一起生活，而现状是"单身狗"时，我的学习目标就是多挣钱，或者提升恋爱能力（对/错）。

② 我们未能实现目标，是因为我们没有掌握最好的行动方法（对/错）。

③ 员工表现不佳，是因为他们知识、技能不足，需要进行培训，加强学习（对/错）。

④ 员工不遵守规章制度，是因为执行力不足，需要展开"执行力"培训（对/错）。

（2）请在每天工作结束后，思考今天的哪项工作可以如何改进，然后将此作为学习目标，在下班路上或回到家后，花半个小时加以学习，并在第二天进行实践。

（3）思考题：当找出了差距，是否一定要通过自己学习这条路去弥补这个差距？例如，你的目标是环球旅行，而最大的障碍是英语对话能力较弱，是否接下来就必须要自己学习好英语？

（4）请参考吉尔伯特行为工程模型，找出可能影响你减肥成功的因素。

① 数据：方法、反馈、信息。

第三章 致用学习——"达成目标"的 GEAR 学习法

- 你知道成功减脂的做法吗？
- 如果你做错了，会有人给你纠正吗？
- 如何提醒自己运动，以及监控运动数据？

② 环境：资源、工具、场所。

- 你有足够的运动、休息、进食时间吗？
- 你买了运动装、跑鞋或泳衣等运动装备吗？
- 你有运动的场地吗？

③ 激励：物质、精神、惩罚。

- 当你有了进步，你会得到什么奖励？
- 你身边的伙伴会鼓励你吗？
- 没做到计划，会有什么惩罚？

④ 知识、技能。

- 你知道减肥与减脂的区别吗？你知道什么叫低血糖指数食物吗？
- 你做的是真正减脂的有氧运动吗？

⑤ 天赋。

- 哪种运动、食物对你减脂的效果很明显？

⑥ 内驱力。

- 你想随性而为，还是追求自律？你决定成为美食家，还是窈窕淑女/性感男神？

上面哪一项是你成功的短板呢？你的学习目标就是去补齐短板。

（5）请找到一位主题专家、绩效改进专家或教练，协助你分析差距，制定学习目标。

【行动表单】

瞄准目标表如表 3-1 所示。

表 3-1 瞄准目标表

瞄准步骤	自问问题	你的答案
1. 确定人生目标	我的一个月、三个月、一年……目标是什么	
2. 明确现状	我做了什么努力；现在情况如何（客观地用事实描述）	
3. 找到差距（差距=目标-现状）	差距是什么	
4. 确立学习目标（学习目标=弥补差距）	是什么阻碍了目标的达成；当做到什么时，就可以弥补差距，实现人生目标	

萃取方法（Extraction）：如何快速找到知识精华

> 书是我的奴隶，应该服从我的意志，供我使用。
>
> ——马克思

萃取是化学实验中从混合物中提取所需物质的方法。我们用它来比喻在学习过程中从学习资料中或榜样身上找到知识精华的过程。本节主要以读书为例，对萃取章节和知识精华的方法进行讲解。学习本节之后，你的阅读速度将得到飞速提升，很快就能读完书架上堆积的图书。

第三章 致用学习——"达成目标"的 GEAR 学习法

匹配需求关键词，学会萃取章节

1. 高效阅读的秘诀之一：只读你需要的章节

我在阅读课上经常会问学员："你把一本书读一遍，需要花多长时间？"一般短则一周，长则一个月、一年，甚至一辈子。

但如果你掌握了萃取方法，你看完一本书花费的时间可以仅为一天、一个小时、半小时，甚至更快，你相信吗？

萃取方法很简单，首先你需要改掉一个旧习惯，那就是语文课阅读后遗症。这种"病"的症状是，读书必须要从第一页、第一个字开始，直到读完最后一页、最后一个字，否则就觉得不算读完一本书。如果没读全，就会担心漏掉什么重点。我们潜意识里认为那样读书才是真正的读书，不漏掉一字、一句，甚至还要归纳段落大意，分析作者原意。其实，那是识文学字的阅读方式，主要是为了提升我们的文化水平和文学素养水平，而不是为了致用。

打个比方，我们来到一个游乐园，有语文课阅读后遗症的人的表现是依次玩每个游乐设施，甚至还要研究其文化内涵和运作机理，最后写成一篇分析报告。这是脱产、致力于研究的学习方法。但你有没有发现，对于一般人来说，现在更重要的是在有限的时间内，玩到自己想玩的，争取多玩几次。这才是致力于自己目标的学习方法。

如果说有什么高效阅读的秘诀，只读你需要的章节就是其中一个。因为高效阅读，不在于效率（你读一页书多快），而在于效能（你读的都是你需要的）。

2. 如何萃取所需阅读的章节

一本书中一般会有目录、前言、附录等部分，而这些部分，就像游乐园的地图一样，可以给我们提供线索，让我们能快速挑选出最需要的内容。

我们以《影响力大师》的目录为例。对于这本书，你会先看什么章节，后看什么章节呢？

第一部分 领导变革的新科学

　　第 1 章 领导力即影响力 // 2

　　第 2 章 实现影响力的三个核心要素 // 9

　　第 3 章 发现关键行为 // 26

第二部分 利用六种影响力来源

　　第 4 章 帮助人们喜欢讨厌的事物：个人动力 // 56

　　第 5 章 帮助人们做到无法做到之事：个人能力 // 82

　　第 6 章 提供鼓励：社会动力 // 105

　　第 7 章 提供支持：社会能力 // 134

　　第 8 章 经济刺激：系统动力 // 158

　　第 9 章 环境刺激：系统能力 // 180

　　第 10 章 成为影响者 // 209

参考资料等

千万不要按照旧习惯，从第一页开始读，因为前面的内容，极有可能不是你需要的，读来索然无味，这也是为什么你每本书都只看了前面五分之一就看不下去了的原因。值得提醒的是，致用类图书的前几章，一般是作者的铺垫，如论述本书理论的价值或基础知识（如理论来源、发展历史等）。如果你已经有了一定基础并且想要掌握方法，那么前几章是不需要看的。中间的章节，一般就是作者的写作重点，也是需要我们关注的重点，那到底要选择中间的哪些章节来阅读呢？这就是跟上一节讲到的学习目标有关了。

假设你的学习目标是要提升自己的做事动力，请问你应该选择哪些章节

第三章 致用学习——"达成目标"的 GEAR 学习法

来阅读呢?

我的答案是第 4、6、8 章。为什么呢?很简单,因为这几章的标题中都有"动力"两字。也就意味着相比于其他章节,这 3 章出现提升自己的做事动力方法的可能性比较大。

这种萃取章节的方法就叫"匹配需求关键词",将自己学习目标/需求的关键词与目录里的章节描述进行关联,选出有最大可能性能解决你的问题的章节。类似于你现在上网查资料直接搜索关键词。

当然,很多时候,目录用词不会一字不差对应到你的关键词。这时你小学学过的近义词就能帮上大忙,如如果章节里写的是"意愿""决心""理由""愿望"等词,你都能理解它们是跟"动力"相关的词。

如果你看了目录仍一头雾水,那么你可以看前言。因为作者一般会在其中讲解全书的框架、逻辑关联,对章节内容进行简要介绍,还是以《影响力大师》为例,前言中有以下内容。

全面分析对变革造成阻碍的原因:

当我们识别出关键行为之后,我们要做的工作就是分析为什么这些人不去做这些关键行为。

……人们为什么不做关键行为,可能受到六个方面的影响:心理学家通过研究发现,人们做不做某项行为,是由"动力"(愿意不愿意)和"能力"(能不能做到)两个方面决定的。"动力"和"能力"又受到"个人"(就是当事人自己)、"社会"(和当事人相关的其他人)和"系统"(非人的因素)的影响,于是就有了这个六大方面的矩阵。

看到这里,你就会发现这就是你要看的(解决动力问题的内容)。

除了目录、前言，你还可以查看附录，有些贴心的作者还在书中对全书知识点进行了汇总，如《拖延心理学》的目录：

序言

第一部分 拖延 vs 行为

第二部分 拖延 vs 心理

第三部分 拖延 vs 大脑

第四部分 拖延 vs 征服之战

第五部分 拖延 vs 建议

后记

附录一 拖延研究 25 年

附录二 拖延处理技巧汇编

虽然这个目录很简洁，看不出具体要讲什么，但附录中有个拖延处理技巧汇编。这一点非常好，即使你只有 10 分钟时间，也可以通过看这个部分了解全书到底有哪些处理拖延的办法。

总结一下，萃取章节就是用"匹配需求关键词"的方式，首先阅读目录、前言和附录，判断哪些章节可能跟我们的学习目标有关联，再去深入阅读。类似地，我们来到一个小岛寻找宝藏，首先在高空用雷达扫描整个小岛，判断出宝藏的大致位置，再去挖掘（见图 3-4）。

如果你掌握了这种萃取阅读技巧，你的阅读速度将得到飞速提升。我们来简单计算一下，假设一本书有 5 章，那么按照二八定律得出，其中会有 1 章，虽然只占 20% 的篇幅，但有全书 80% 的价值。那么，传统语文课逐字阅读习惯，是花 100% 的时长阅读 100% 的内容，获得 100% 的价值，效能=100% 价值收获/100% 时长投入=100%。而萃取阅读习惯，是花 20% 的时长阅读 20% 最重要的内容，获得 80% 的价值，效能=80% 价值收获/20% 时长投入=400%。

第三章 致用学习——"达成目标"的 GEAR 学习法

图 3-4 萃取章节、鸟瞰宝藏

一个小小的改变，可以将效能提高到之前的 4 倍。实际效果其实还要更加喜人，因为现实很可能不是遵循二八定律，而是 95/5 定律。你将减少更多无用功，因为你没有读那些对你来说价值几乎为零的章节。

总之，开始阅读一本书时，千万别一头扎进正文，从第一个字开始看，一直看到最后一个字，那只能说明你是知识"受虐狂"、知识的"奴隶"。要选择做一个国王，书本就是你的臣子，当你有问题时，则召之来，当发现它解决不了你的问题时，则挥之去。只看书里对你来说有价值的内容，只问关键问题，而不是听臣子按照自己的想法絮絮叨叨，浪费你宝贵的时间。

3. 萃取章节时的常见问题

（1）无法从目录等中找出匹配章节。

以邹鑫老师的《小强升职记》一书为例，假设你当下事务繁多，经常忙了一天却没什么成果（关键词：忙碌、盲目），于是你拿起这本书。翻开目录，你就傻眼了。

打赌

惨不忍睹的结果

老付支着儿

小强第一次思考人生

打通"任督二脉"之后

从股票到时间的谈话

小强的魔鬼特训出问题了

在星巴克的长谈

以道御术

小强想当项目主管

机会眷顾有准备的人

老付真是一座宝藏

站在另一个高度看世界

小强发现了新问题

……

"匹配需求关键词"在该书中用不上,到底哪些章节能解决我的忙碌与盲目呢?

幸好该书还有另外一种形式的目录,如下所示。

第一章 寻找种子

一、你真的很忙吗

二、认识时间黑洞

三、如何避开时间黑洞

四、找到自己的价值观

第二章 让种子发芽

一、传说中的"四象限法则"

二、把时间看成一种投资

三、脑袋里只装一件事

四、时间管理绝招:衣柜整理法

第三章　致用学习——"达成目标"的 GEAR 学习法

第三章　长出主干和枝丫

一、制定目标让工作忙碌而不盲目

二、实现目标第一步：正确描述目标

三、向大树学习目标分解

……

这时候，相信你就可以用"匹配需求关键词"的办法，选出第一章的第一、三节或者第三章的第一节，将其作为重点阅读章节了。

因此，我将致用类图书的目录分为两种，一种是"小说式"目录，是出于文学修辞、有趣等目的写成的，或者是根本就写得很"臭"，你无法从中看出逻辑脉络和关键词；另一种是"论文式"目录，作者为了方便读者阅读，尽可能将目录写得很清晰。

如果阅读时遇到"小说式"目录，或者你确实从目录、前言、附录中无法将需求匹配到章节时，我个人建议就放弃这本书（除非这本书是专业人士专门推荐给你看的），否则你很可能遇见了一本不值得看的书。因为如果一个作者连短短的目录、前言或附录都写不清楚，那他的书的正文也会逻辑混乱、词不达意。好书那么多，看都看不完，何苦非看这一本。

如果实在想看，就看中间的一两章（通常一本书中最有价值的部分）。

（2）读完匹配章节后，发现看不懂。

一种原因是，前面章节中有重要铺垫或术语解读，如果没看到，后面章节理解起来会很困难。这时候只需倒回去，看一下前面的论述即可。类似于我们在看一篇英文文献时，如果遇到不懂的词，就查一下字典。切记千万不要又回到语文课阅读后遗症的老路，从头开始看。

另一种原因是，作者掉书袋，堆砌了很多高级词、专业词。我的观点是，如果在一篇文章里如果只有一两个你看不懂的词语，可以选择百度一下，但如果很多，就不要一一深究了，因为很可能是作者自己都没搞懂就拼凑上来的，或者这篇文章不适合你看。

头一次面对一本难读懂的书，从头到尾先读一遍，碰到不懂的地方不要停下来查询或思索。

只注意你能理解的部分，不要为一些没法立即了解的东西而停顿。继续读下去，略过那些不懂的部分，很快你会读到你看得懂的地方。集中精神在这个部分。继续这样读下去。将全书读完，不要被一个看不懂的章节、注解、评论或参考资料阻挠或泄气。

——摘选自《如何阅读一本书》

（3）还有什么办法，可以萃取全书？

可以借助得到听书、樊登读书等图书解读产品，看这本书是否适合自己阅读，哪些章节可以深入看。

如果这本书是他人推荐给你的，你还可以请教："请问，对于我当下的问题或学习目标，你觉得哪一章会特别有价值呢？"

你会发现有些人是乱推荐，而有些人是读懂了才推荐给你，并且很关心你的需求。

找到可执行行动知识，学会萃取知识精华

当我们萃取出需要的章节后，翻开该章，又应该读什么呢？什么是一篇文章里最有价值的知识精华呢？

1. 高效阅读的秘诀之二：只读可执行行动知识

首先，我们来做个测试。假设你们公司/学校新买了一台打印机，你需要用它来办公。当你翻开了配套的两本手册，你会更愿意看其中哪一本呢？

手册A

1. 如何开机

2. 如何复印、打印

3. 如何处理卡纸

第三章 致用学习——"达成目标"的 GEAR 学习法

4. 附录：显示面板图示

手册 B

1. 什么是打印机及其历史演变
2. 打印机的主要构造
3. 打印机运作的原理
4. 著名打印机厂商及其产品

相信你肯定会毫不犹豫地选择第一本，"第二本难道是写给打印机专业的学生，或者考古学家看的吗？难道我需要知道打印机是如何工作的吗？我只要知道按哪个按钮会得到什么就可以了。就像我现在也还不知道电是如何运作的，但我知道如何开灯就行了"。

不要激动，我先给你讲讲背后的门道：**做事情需要程序性知识（How）**

第一本手册关注"如何"，这种知识可以叫作程序性知识（How），是关于达成目标（或称结果）前的每一步如何做的知识，我们可以根据它来做事情。

第二本手册关注"什么"，即陈述性知识（What），我们用它来描述、陈述或理解事情。

因此，如果我们是想做事，想达成某个目标，我们一定要学习程序性知识（How），而非陈述性知识（What）。这并不是说陈述性知识（What）没有价值，而是指陈述性知识（What）应该从属于程序性知识（How），跟程序性知识（How）没关系的知识就不用学。例如，如果我只需学习如何开机（程序性知识），那么知道哪里是电源插头、开机按钮（与开机程序性知识有关的陈述性知识）就够了，至于是谁发明了打印机等陈述性知识，就不用了解了。

进一步说，如果一本书是为了帮助读者学习如何去做，那作者就应该多写程序性知识（How），缩短陈述性知识（What）概念讲述。把传授陈述性知识（What）的任务交给百度即可，因为它传递信息更快、更新。

换句话再解释一下，任何结果的产生，都是因为采取了一系列的行动（或称动作）。因此，如果我们要想得到同样的结果，只需知道成功人士采取的这一系列的动作是什么，然后模仿就可以了。

一篇文章里的知识精华，就是这样的程序性知识。我将这一概念升华为"可执行行动知识"。它有两个关键词：一个是行动，代表刚刚说明的程序性知识（How）；另一个是可执行，是指对于读者本人来说是有能力模仿的。

我们通过两道题来测试一下。

第一道题，以下两段沟通知识，哪一个是你可以模仿去"行动"的呢？

A：沟通，是人与人之间思想与感情的传递和反馈的过程。沟通按内容可分为信息、反馈、通道三个方面。沟通网络按结构可分为非正式沟通网络与正式沟通网络两种，前者有集束式、流言式、偶然式等典型形式；后者有链式、轮式、全通道式、Y式等形式。

B：非暴力沟通。首先，说出自己观察到的事实。其次，表达自己的情绪。再次，说出是什么需要导致了那样的感受。例如，一位母亲对儿子说："大卫，看到咖啡桌下的两只脏袜子，我不太高兴，因为我看重整洁。"最后，提出具体的请求："你是否愿意将袜子放进洗衣机？"

我的答案是B，因为A只是陈述式知识，对进行学术研究的人来说有用，对我们模仿行动没帮助。反之，后者是"行动"知识。对于大部分人来说，可以模仿非暴力沟通的4步，即观察事实、表达情绪、说出需要、提出请求，从而表达自己。

第二道题，同样是"行动"知识，哪一个更"可执行"呢？

C：为了就事论事，进行健康有益的辩论，尽可能避免矛盾演化为冲突，特别工作组必须做到以下几点：

（1）处理好各种个人态度问题。

（2）与公司员工建立良好关系。

（3）培养良好的谈话技巧。

（4）有效安排和进行谈话。

（5）学会求同存异。

第三章 致用学习——"达成目标"的 GEAR 学习法

D：为了拉近彼此的距离，闭上眼睛，想出一个健在的人，他多年前的言行曾让你的人生变得更美好。你的任务是给这个人写一封感恩信，并亲自递送给他。这封信的内容要具体，写 400 字左右。在信中，你要明确地回顾他为你做过的某件事，以及这件事如何影响了你的人生。

我的答案是 D，虽然看似 C 给出了行动方法，如要处理好各种个人态度问题，以便不发生冲突。但我们如果问一下自己"我知道如何处理好个人态度问题吗"，就会发现，我们并不知道。这就是《金字塔原理》这本书中提及的，如果你用模糊的措施表达一系列行动步骤，问题就严重了，因为人们无法理解你究竟想让他们做什么。简而言之，这只是一堆无比正确但无法做到的空话。

我们不妨想一想，在以往学到的知识中，有用的知识占了多大比例呢？你可以现在去看看你在微信里收藏的文章，或者翻翻你读过的书里画出来的内容。我不知道你的答案是多少，我只想说我观察朋友圈的结论：有价值的内容极少，大部分都是空话，让你觉得感觉很好，却没有价值。

在此，我们给可执行行动知识下个定义：对我而言，可以让我模仿着一步一步执行的知识（见图 3-5）。

图 3-5　沿着成功者的脚印通往成功

看似你今天学到的可执行行动知识是一个不常见的概念，但其实它随处可见。你可以看一下你们公司的规章制度，如果写得好的话，一定有可执行行动知识。比如，有个部分叫"流程"，员工可以一步一步按照要求做，最终实现规范管理操作和良好管理结果。当然，写得不好的制度就可能是不可执行行动知识，看似给出了指导，但100个人可能理解出100种意思，或者根本落不了地，只是一堆套话、空话。

请思考一下，为什么麦当劳能卖到全世界？是因为它的汉堡包最好吃吗？不是，是因为它有标准化手册并实现了严格的产品控制，每一家店的汉堡包味道都差不多。

专业的致用类图书作者还会把可执行行动知识写在目录中，让读者一目了然。比如，麦肯锡前战略顾问胜间和代所著的《时间投资法》中部分目录如下：

前言

基础篇

01 为什么高效管理时间这样困难？

02 为什么新行动总是难以坚持

03 黄金时间的5个原则

原则①不惜在任何方面投资以创造时间

原则②重视单位时间所创造的成果

原则③不要做没必要的"滥好人"

原则④优先做喜欢、擅长和赚钱的工作

原则⑤计划要安排得随性、宽松

04 增加黄金时间的5个步骤

步骤①——把握现在面临的问题

步骤②——选定不该做的事情

步骤③——选定可以委托别人做的事情

第三章 致用学习——"达成目标"的 GEAR 学习法

步骤④——提高非得自己完成的事情的效率

步骤⑤——综合实践新的行动方案

实践篇

05 实践事例分析①

06 实践事例分析②

请找找看,哪两章很可能是可执行行动知识?

（参考答案：03 和 04）

总结一下,既然我们看书是为了致用、达成目标,那我们就要快速找出可执行行动知识——书里的精华、"金矿"。做行动掘金者,不做知识收集狂、"受虐狂"。

2．如何快速找到可执行行动知识

是不是只有从文章的第一个字读到最后一个字才能找到可执行行动知识？有没有一些窍门呢？

我们先来做一道题：请找出以下段落里的可执行行动知识。

1 吃饭时,选择低血糖食物。2 身体几乎把所有种类的食物都转化为葡萄糖,只是转化速度不一样。3 转化得快的食物,血糖指数高,它们包括含淀粉的碳水化合物,以这些东西为主食,葡萄糖会在饭后迅速上升又迅速下降,结果就导致经常缺乏葡萄糖,进而缺乏自制力,难以抵制身体从甜甜圈等中再迅速补充一次葡萄糖的冲动。

4 为了保持稳定的自制力,你最好吃血糖指数低的食物：大多数蔬菜、坚果、很多水果、奶酪、鱼肉、橄榄油（这些食物也许还有助于你保持苗条的身材）。5 正确饮食的好处已经显现在对 PMS 女性的研究中,报告说,吃比较健康的食物,症状就还会减轻。6 对劳教所几千名少年的研究发现,把部分精制碳水化合物替换成低血糖食物后，少年的逃跑企图、暴力行为等问题就显著减少了。

——摘选自《意志力》

（参考答案：1 或 4）

（1）**注意首尾**。你有没有发现这两个可执行行动知识都在段首？你有没有联想起小学时学到的议论文结构，有三种分别是：总分、分总、总分总。这就是作者的写作套路，他们会在段首或段尾，文章开始或结束处，表明自己的结论和观点（通常也就是可执行行动知识）。

当时间有限时，我们要尽可能高效率地阅读，那我们应该如何做呢？相信你已经有了答案。我们传统的阅读顺序是 Z 形，即逐字阅读，从文章第一行开始读，然后读第二行第一个字，直到最后一行的最后一个字。而当我们知道这个写作套路之后，我们就应该斜 N 形阅读：首先读文章的首尾，接着读第一段文字的首尾，之后依次读下一段的首尾。

以上就是我们透视写作结构后得出的高效率阅读方法，如果你学习过思维导图技巧，相信会更有体会。另外，你还可以在第四章的构建模型"(systEm)：如何打造知识体系"中查阅另一个写作结构"Why-What-How"，也能助你实现庖丁解牛式的高效率阅读。

（2）**注意标注**。有心的作者会用特殊标注，如粗体、斜体、下画线或者其他颜色，提醒你关注，如上文中的句子1，就是用粗体标注的。同时，你可以发现我现在也在用粗体提醒你。

（3）**注意序号**。因为可执行行动知识大多数是流程或步骤，因此经常会用序号标明。阅读时，要特别关注序号。比如，古典老师在《拆掉思维里的墙》提及了一个恐惧保险箱知识，他是这样写的：

1）把你最恐惧的事情仔细写在一张纸上，至少要写 10 条，而且尽可能详细，要到挖空心思也想不出来再多为止！

2）找一个信任的人，或者一个很安全的地方，做你的恐惧保险箱。把这张纸叠好放到这个地方，确保没有其他人知道。

3）告诉自己，我担心的事情有可能发生，但是我要去做我自己的事情，所以我要先把我的恐惧安全地存在这里！等我做完以后，我会回来取走我的恐惧。

4）这个时候你会觉得心里舒服很多，然后大胆去做吧！

5）回到你的保险箱，看看有多少担心发生了，有多少没发生？

（4）**注意图表**。图片是高度提炼的精华，通常是可执行行动知识；表格则会留有空白，让你有冲动去思考和填写它。填写一遍，实际上也就完成了一次可执行行动。

《晨间日记的奇迹》的作者佐藤传在担任辅导老师时，会给小朋友出三种类型的题目，一是完全没有解答栏的，二是只画一条横线来当解答栏的，三是画一个方框来当解答栏的。那么，你猜小朋友最喜欢、最优先解答哪一种题目呢？没错，几乎所有的小朋友都优先解答有长方形解答栏的题目。因此，本书里的提问几乎都设置了长方形解答栏。

（5）**警惕故事、案例**。一般来说，故事和案例都是为佐证作者观点而使用的，看起来会比较有趣。如果你没有比较强的逻辑思维能力、概括能力，那么可能很难看出什么是可执行行动知识。因此，不如先看看故事前后的作者观点，从而帮助自己快速理解。

以上我们以读书为例讲解了"萃取五技巧"，那上培训课或向人请教时应该如何萃取呢？这就简单了，我们只需问老师："要实现我的学习目标，我需要如何一步一步地做？"然后确保答案是我们可以执行的就可以了。

说到这里，我必须请你恭喜一下自己，我们已经学到了本书里最重要的一

学习的答案

个概念：可执行行动知识。它需要读者自问"对我而言，什么内容是可以模仿着一步一步行动的知识"。注意是"对我而言"，可以说没有什么是适用于任何人的经典、有用的知识，只能说有适用于某个人当下的经典、有用的知识。

今后请你做行动掘金者，找出一本书里你能模仿的、对实现你的目标最有帮助的内容。一句做法抵得上一万句看法，哪怕只找到一句，也是很有价值的。

不要做知识"受虐狂"就是指，不要看到任何有道理的话都收藏，也不要看到书上写的知识就顶礼膜拜、誊抄、下载。请你想想，如果一个知识对于你行动没帮助，记下来又有何意义呢？

祝你很快"清空"书架上的待读书，找出你需要的知识精华。

【付诸行动】

（1）请挑选括号里你认为正确的答案：

① 我们学习的知识越全面、系统、专业、前沿越好（对/错）。

② 一篇文章字数越多、案例越多，意味着作者的水平越高（对/错）。

③ 最容易看出一本书结构和内容概要的部分是（目录/前言/附录）。

④ 可执行行动知识通常会出现在（段首/段中/段尾/文章开始/文章中间/文章结尾/特别标注的内容中/有序号标明的内容中/名言警句中/图表中/故事和案例中/文献引用中）。

（2）请简述或举例说明什么是匹配需求关键词。

（3）按照二八定律计算，选择最重要章节阅读的效能比逐字阅读效能要快（2倍/3倍/4倍）。

（4）翻开手机上收藏的文章，请找出一段无比正确，但对于你来说无法做到的空话，并回忆当初是什么打动了你去收藏，下一次可以如何避免。

（5）在生活和工作中，你有哪些经验是可执行行动知识？请写下来，形成自己的知识清单。对于其他人来说它们也是可执行行动知识吗？为什么？

（6）掌握萃取可执行行动知识的阅读方法，对于你来说有什么价值和

第三章 致用学习——"达成目标"的 GEAR 学习法

意义？

（7）请了解其他快速阅读的方法，然后与本节介绍的方法进行比较，写下各自的优势、劣势。

【行动表单】

萃取方法表如表 3-2 所示。

表 3-2 萃取方法表

萃取步骤	自问问题	你的答案
确定需求关键词	我学习目标/需求的关键词、近义词是什么	
萃取章节（匹配需求关键词）	通过查看目录、前言和附录，发现哪些章节最有可能与关键词相关	
萃取知识精华（找出可执行行动知识）	按照"萃取五技巧"，可执行行动知识关键词及页码是什么	

模仿行动（Action）：如何高效学以致用

学习的方法，只有一种，那就是模仿。

——何平

培训圈有句名言：哪怕是有用的知识，如果你没有（使）用，它就没有（作）用。那如何让有用的知识，被使用起来，并产生作用呢？本节就告诉你两种方法，帮助你高效学以致用。

现学现用，学会一项新能力最快速的方法

在 2018 年"我是好讲师"大赛成都赛区启动会上，2017 年的全国冠军张

学习的答案

家瑞老师上台做了演讲，并播放了他的决赛视频：开场时他请求全部学员起立，回答了3个问题。当时我觉得这一幕似曾相识，直到他揭秘是从金才兵老师在决赛开幕分享中照搬的，我才恍然大悟，当时金老师也是如此开场互动的。我心生感叹，虽然全国200多位培训师都看到了这一招，但比赛时又有多少人能像他一样用起来呢！

张家瑞老师的这种模仿，就是高效学以致用的第一招：现学现用。

1. 为什么要现学现用

我在头马俱乐部见过一个伙伴，他加入俱乐部有好几个月了，非常努力，参加了很多次活动，甚至主动担任了很多次点评员，就是没开启第一次演讲。

后来我才知道，他非常追求完美，从演讲稿到动作，从眼神到道具，无一不设计得完善了才上台。

结果入会几个月之后他的首次登台演讲并不像他预想的那样完美，看起来只能算比中等水平高一点。而相反，有些伙伴的策略是有机会就上台。将这两类伙伴进行对比，往往会发现后者的进步远远大于前者。

原因很简单，想象站在台上如何表现和在实践中积累经验完全是两回事，就像进行实战演练远比纸上谈兵有意义。

通常的学习方法，会让我们花大量时间在思考、记忆知识，或者对比各种知识的优劣上。其实这是一个很大的误区，因为本来大家就很忙，学习时间就少，自然花在实践上的时间就更少了。而实践才是学习里最有价值的部分。

试问，如果没有实践，你怎么知道这个方法对自己达成目标是有效果的呢？

如果没有效果，事前花了那么多时间记忆，不就白费了吗？

如果很少发生新行为，那怎么能实现"学习=新习惯"呢？

即使要记忆，你做了一遍之后，有了具体经历，难道还不容易记忆吗？

因此，我们要努力缩短从知道到做到的时间。可以说，**学会一项新能力**

第三章 致用学习——"达成目标"的 GEAR 学习法

最快速的方法就是现学现用。即学即用，不用不学，学了就用！

这时候可能有些朋友会奇怪，"学习时有部分知识我都还没听懂，怎么能去行动呢，得先去搞懂呀"。

我们画一个三个圈的同心圆来解释一下。最里面的圈为习惯圈，中间的圈为学习圈，最外面的圈为未知圈（见图 3-6）。我们可以把在任何一次学习中遇到的知识分到这三个圈中：把你知道而且持续做到了的知识分到习惯圈；把你弄懂了但还没做或还没持续做到的知识分到学习圈；把你没听懂的知识分到未知圈。

图 3-6 三个圈：习惯圈、学习圈、未知圈

请问，学习时你最该关注哪个圈？

答案是学习圈。 因为对于习惯圈的知识，你知道了并且做到了，所以没必要再花大力气。而对于未知圈的知识，即使你花时间弄懂了，将其变成了学习圈的知识，接下来你也是关注学习圈。况且很多时候你花力气也搞不懂未知圈，因为你没先把学习圈的知识变成习惯圈的知识，所以很难理解更深奥的知识。

我特别喜欢速赢商学院院长、导师廖衍明老师的一个观点，大意是"下课后就不要试图去弄懂你课上没听懂的知识"，初次听时觉得很奇怪，跟以往

学习的答案

老师们教导我们的"不懂就问"完全相反。但细细想一下就觉得很有意思。这里的弄懂指的是思维层次上的理解。当你阅历不够时，是没办法用大脑想清楚高于你思想层次的知识的。例如，一个小孩子不懂什么叫爱情，即使他背下了很多爱的箴言，也没有什么意义，只有当他长大后体会过初恋甜蜜、离别痛苦等情感之后，他才能逐渐明白爱情。

因此，学习知识，最该做的就是抓住学习圈，在实践上狠下功夫。然后你的习惯圈就会随之扩大，甚至未知圈里的一些知识也自然而然就懂了。如果你非要用大脑去弄懂未知圈的知识，就会耽误大量行动的时间。

况且，不是每个老师都"做自己所说，说自己所做"，如果他分享的知识仅是胡乱抄来、拼凑而成的，那你花大力气去理解只是在浪费时间。

2. 先自问，再做计划，学会"现学现用"

具体要如何做呢？我们来实践一下。从以下这段话中你学到了什么呢？

以什么样的方式提出请求，容易得到积极回应呢？

首先，清楚地告诉对方，我们希望他们做什么。如果我们请求他人不做什么，对方也许会感到困惑，不知道我们到底想要什么。而且，这样的请求还容易引起别人的反感。

在一次研讨班中，一位女士谈道："我请我先生少花一些时间在工作上。三个星期后，他和我说，他已经报名参加高尔夫球比赛。"这位女士说出了她不想要什么——她不希望先生花太多的时间在工作上，但没有说清楚她想要什么。于是，我们鼓励她直接说出愿望，她想了想，说道："我希望他每周至少有一个晚上在家陪我和孩子。"

我们提出的请求越具体越好。如果我们的意思含糊不清，别人就难以了解我们到底想要什么。

——摘选自《非暴力沟通》

第三章　致用学习——"达成目标"的 GEAR 学习法

几乎所有人都能答出"我们的请求要具体",还有些人的答案会更细致,比如"首先我们要了解自己的需求具体是什么,然后再具体地向他人提出请求"。

但这就够了吗?如果是在学校的话,这就够了,因为语文考试中,你已经将段落概括清楚并能得到相应的分了。但如果是在社会上,或者目的是学以致用的话,这还远远不够。

你有没有发现,我问的并不是"你学了什么",而是"你学到了什么"。怎样才算是学到了呢?概括了、记住了、有感悟这些都算不上,只有做到了,才能算是学到了。

以下是四叶草社群的会员邓邓的经历,看完之后你就会更有体会了。在四叶草社群的《非暴力沟通》读书沙龙上,我们一起研读了以上片段。结束时,已经快晚上 10 点了,天空中还飘起了毛毛细雨。

邓邓等了好一会儿,都没叫到出租车,焦躁之时,接到了老公打来的电话:"都什么时候了,你怎么还没回家!"老公劈头盖脸一顿指责,邓邓平时脾气也很火爆,眼看就要像往常一样开始吵架。不过就在这一刹那,她突然想起了刚讲到的"具体的请求",又拿出女人最厉害的武器——撒娇,"老公,外面下雨了,天又那么黑,我也想早点回来,但一直没叫到车。我肚子也饿了,你能不能给我弄点吃的?我会尽快坐车回来的"。

结局就是,她在微信群里留言,"我刚才用今晚学习的东西和老公进行了一次沟通,他破天荒地在家给我做蛋炒饭了。我是该开心呢,还是开心呢"。众人羡慕地回复,"哈哈,你这是秀恩爱"。

我想,现场肯定有人记笔记比邓邓记得更仔细,但相比较,你觉得哪一种学习才算学到了呢?虽然人们常说"知识就是力量",但其实知识本身并不是力量,只有在恰当时机被使用出来,转化为行动与结果时,知识才具备力量。

那要如何现学现用，将知识快速转化为行动呢？先自问，再做计划。

先自问：这个知识，能用在当下的哪件事上（以实现学习目标或解决问题）？然后输出 5W2H 计划，即 When、Where、Why、What、Who、How、How much，依次代表什么时间、什么场所、为了什么目的/目标、做什么事、和谁一起做、具体怎么做、投入多少资源（人力、财力、物力等）。

上文中的邓邓非常幸运，因为在她还没遗忘所学知识点时，可以应用的事情就自己出现了。而之后如果她要让这个知识持续发挥作用，形成新习惯，就需要主动地思考。例如，下周四四叶草社群活动结束后，她很可能又会叫不到车，那能不能提前提出具体的请求，请老公来接她，甚至还带着已经做好的蛋炒饭呢？

她可以写下如下的计划。

When：下周三 18:00 吃晚饭的时候。

Where：在家。

Why：为了尽快回家，不让老公担心，也为了吃到健康的夜宵。

What：提出"带蛋炒饭、接我回家"的具体请求。

Who：对老公说。

How：对老公说，"老公，明晚我又要去参加四叶草社群活动，但结束后我怕打不到车，回家晚又让你担心，你能不能 9 点半来接我？另外上次你做的蛋炒饭好好吃，能不能再宠我一次呀？带着蛋炒饭来接我嘛"。

How much：可以嘟嘴卖萌，或者送上香吻一枚。

写好了计划，再定一个下周三 18:00 的提醒闹钟即可。

这样学习是不是比学校里的死记硬背有意思、有价值多了呢？这样学习是不是很快就能从知道到做到呢？

在这里也考考你，你要不要也试着给另一半提一个小小的具体请求呢？你要准备什么时候实践"现学现用"呢？做一个 5W2H 计划吧！

第三章 致用学习——"达成目标"的 GEAR 学习法

活学活用，复制一项新能力最快速的方法

掌握了现学现用之后，再来看看高效学以致用的第二种方法——活学活用。

1. 一个抽象概念用在不同场景中

首先，请阅读以下材料。

一位将军计划占领一个乡村中部的要塞，有多条路通往该要塞，但都埋上了地雷，大队人马经过时会触发地雷，只有小分队可安全通过。因此，在没有排雷设备的情况下，大规模的直接攻击是不可行的。这位将军非常聪明，他将部队分成多个小分队，从不同道路进攻，最后在要塞会师。

其次，请尝试解决以下问题。

假设你是一名医生，面对一位胃部患有恶性肿瘤的病人，不能动手术，只能采用射线治疗。如果用一定高密度的射线照射肿瘤，是可以摧毁它的，但肿瘤周围的健康组织也会受损。而降低射线的密度，虽然对健康组织无害，但它们并不能摧毁肿瘤。那怎么办呢？

这是一个经典实验，如果不先提供第一段材料，并且不给予指导的话，很少有人能解决这一问题。然而，当明确被告知可借用第一段材料中的要塞进攻策略时，90%以上的人都能意识到解题思路：参照"将部队分成多个小分队"的策略，使用不同方向、低密度的射线，在肿瘤处汇总成高密度的射线，从而在不损害健康组织的情况下摧毁肿瘤。

这就是活学活用（或知识迁移）。请自问这个知识还可以用在（原例子之外的）哪些场景、场合中呢？这个知识对我当下要解决的问题/要实现的学习目标有什么帮助呢？

99

不同场景中的具体问题很可能在本质上都能由一个抽象概念解决，如果我们学会活学活用，那么就能快速地复制出一项新能力。

比如，亲子教育 vs 员工管理。《如何说孩子才会听，如何听孩子才肯说》里提到，赞赏孩子时可以"描述你所看见的、描述你的感受、把孩子值得赞赏的行为总结为一个词"，那你就可以将其迁移到明天的工作中，对下属说，"我刚知道你主动承担不归你管的工作任务，为团队项目加班，我很敬佩，这种团队合作精神值得我们每一个人学习"（见图3-7）。

图3-7 快速复制出新能力：知识迁移

比如，亲密关系 vs 职场沟通。《爱的五种语言》里提到要给予另一半精心的时刻，要做到"保持眼光接触，不要一边听配偶的话，一边做其他事情，注意听配偶的情绪，观察肢体语言，不要打断对方"，那你能不能将这种做法活用到今后的职场沟通中，全身心地去聆听你同事的话呢？

此外，网络购物的选择标准，是否能用在婚恋择偶中？时间管理的重要紧急四象限，是否可以用在财富管理中？等等。

以上讲的是将抽象的可执行行动知识应用到其他场景中，你还可以将具体的成功例子直接活学活用到其他场景中。

第三章 致用学习——"达成目标"的 GEAR 学习法

2. 一个成功例子用在不同场景中

富兰克林这位科学家、发明家、外交家和出版家，就采用过这种方法，让他成为另一个大家，就是作家。他当年是一个只读了两年书的童工，帮父亲做蜡烛。在这样的情况下，他能写出通顺的句子就不错了，况且那个时候也没有便宜的知识付费产品，也找不到老师教，该怎么办呢？

运气好的是，他接触到了《旁观者》杂志，上面的文章非常好，富兰克林就尝试模仿学习。他首先选了几篇自己喜欢的文章，摘录要点。过几天，在不看原文的情况下，将摘要扩写成文章。再将自己扩写的文章与原文进行对比，修正错误。逐渐地，他就可以成功运用好文章的要点写出自己的好文章了。

我的好朋友、21 天轻坚持写作帮创始人郭龙老师，经常写出令大家夸赞的好文章，比如在读书日他会文艺地发一条朋友圈，"今天是世界读书日，我没有读书，可是我过了这个'节'。生活也是书。每张脸就是一个字，每个经历就是一个段落，每个结识的人就是一个章节。只是这本书有人读懂了，有人读懵了。读书是学习，而学习不只是读书。一个终身学习者，可以时时无书而在读书"（每个逗号和句号后有一个回车符，格式是诗歌形式的）。

他蹭读书日的热点，而我去蹭他的，在劳动节时发了一条朋友圈，"今天是劳动节，我没有上班，可是我过了这个'节'。努力生活也是上班。早起读书就是打卡，参加沙龙就是参加会议，回家写文章就是进行总结汇报。只是上班，有人搞懂了，有人误会了。上班是追求梦想，但追求梦想不只是上班。一个永不止步追求梦想的人，可以没有上班而在上班"。

保留结构、句式，甚至回车符，再删除原文的词语，填进自己的话，将"读书日"换成"劳动节"，将"读书"换成"上班"，然后依次改改就可以发朋友圈了。这样是不是效率很高，学习立即出成效呢？

知是行的主意，行是知的工夫；知是行之始，行是知之成。在我看来，能否高效地学以致用，就在于你能否现学现用、活学活用。

学习的答案

【付诸行动】

（1）请挑选括号里你认为正确的答案：学习时最值得花时间投入的是（习惯圈/学习圈/未知圈）。

（2）请学习以下内容，并现学现用。

习惯的养成是另外一个课题，足以写一本书，我专门为此写过一本电子书。改变习惯并没有想象的那么困难，我在下面列举了一些养成正确习惯的方法，供大家参考。

① 坚持某个习惯30天。比如，每天阅读40页并坚持一个月，每天练习网页设计一小时。为你接下来的30天设定一个每天都要坚持的学习目标吧，30天的坚持会形成一种习惯。

② 坚持下去。每天坚持以同样的方式完成同样的习惯，今天阅读，明天听讲，后天练习的方式对于养成习惯来说太脱节了。

③ 享受这个习惯。假如你不能享受这个习惯，这个习惯就不牢固。用头脑风暴法列举出各种各样可以养成的习惯吧，我想在一大堆想法中找出一个让你享受的习惯（阅读、练习和目标设置）应该不难。

④ 寻找特殊时段。我喜欢晨读，因为这对于我来说是一段不受打扰、可以专心思考的安静时段。找到属于你的特殊时段有助于强化你的习惯。

——摘选自《如何高效学习》

（3）请你写出一个你活学活用知识的例子。

（4）请模仿郭龙老师的文案，写一首节日诗，并发布在朋友圈。

（5）人生中我们有时会受阻于某种似乎不可跨越的障碍，从而丧失信心，能量下降。但其实，我们是可以成功完成挑战，走出自己的路的。相信你有过这样的经历，并能从中得到对未来有帮助的收获。这其实也就是完成了一次迁移学习。现在请你写出一件带给你成就感的事件，并思考"你从中学到了什么，对于你当下的挑战或目标有什么启发"。

第三章 致用学习——"达成目标"的 GEAR 学习法

【行动表单】

模仿行动表如表 3-3 所示。

表 3-3 模仿行动表

模仿步骤	自问问题	你的答案
选择方法	我学到的（可执行行动知识）是什么	
现学现用	这个方法，能用在当下的哪件事上	
	请制订一个 5W2H 计划	
活学活用	这个方法，还可以用在哪些事情上（对你有何启发）	
	5W2H 计划是什么意思	

反思优化（Review）：如何达成目标并让学习持续有效

没有检视的人生不值得活。

——苏格拉底

管理大师查尔斯·汉迪在其自传《思想者》中说到，"回首以往，我发现原来自己所学到的东西，有那么多是来自在生活中遇到的事情，而非正规的学习课程。但是要想学到东西，仅经历过这些事情不够，还必须要对自己的经历加以思考"。

那么要如何对自己的经历加以思考呢？我们有两种选择：自己反思，或者请别人给你反馈。

"有无完美"自我反思，让你越来越好

在上一节中你已经完成了 5W2H 计划，接下来会有三种结果：你做了（发现）有效果，你做了（发现）没效果，你没有完成（计划）。概括一下，就是"有、无、完"。再加上你可以做得更好，甚至完美，这个是"美"，我们就得到"有无完美"反思模型（见图 3-8）。

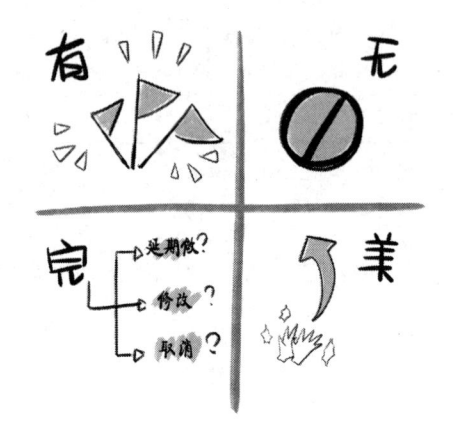

图 3-8 "有无完美"反思模型

接下来，针对这四种情况，你就可以进行反思。

1."有"（有效果）——继续做

有效果，意味你已经靠近乃至实现了你的学习目标。但这还不够，你还记得"学习=新习惯"吗，我们要继续践行，直到形成新习惯。那问题来了，要继续践行多少次呢？

有人说要践行 21 次；"五维教练领导力"课程基本功，需要打卡 23 次；在头马俱乐部成为 DTM（最高级别会员）需要演讲 50 次；战隼老师号召 100 天行动。你的经验呢？

总而言之，一两次的新行动，很多时候是看不到什么明显变化的，但如

第三章　致用学习——"达成目标"的 GEAR 学习法

果你做的是有效果的事情,你就要坚信,你在春天播下的种子,一定会在秋天收获,然后多做、重复做。接下来,给自己再制订一个计划并定个闹钟吧。

除了在行为上强化,我们还可以将知识显性化。例如,可以把公司层面的成果和经验,加到公司制度、流程、作业规范、作业标准卡、行业标准等文件中,让大家可以参考执行;把个人成果写入随身携带的知识清单,乃至用来构建知识体系(这部分具体可参考第四章二、三节)。

2. "无"(无效果)——停止做

书里的知识也不全是对的。我发现其实没有绝对正确的事,只有有效果的做法。

效果比道理更重要。没有效果,就证明这个方法或计划不对,就不要按照原样做了。说起来很简单,但实际我们经常与现实对抗,不承认事实。比如,你看了一本书,绞尽脑汁做出了一个自认为完美的计划,密密麻麻地在笔记本上写出要做什么、什么时候做,细致到分、秒。合上笔记本,闭上眼睛似乎已经看到梦想实现了。过了几天,你发现"梦想很丰满,现实很骨感"。你做出的计划自己根本做不到,或者做到了也没什么效果。于是,你非常泄气,就把笔记本扔在角落里,不再看它。直到过段时间,你又看了另一本书,于是又开始制订另一个自认为完美的计划。这时候我们要学会看见事实,接纳自己,停止再做所谓的完美计划。

比如,我们会按自己认为好的方式去对待别人,结果别人并不喜欢。但是我们会忽视这个事实,然后继续用这种我们认为好的方式做事。这时候我们应该看见我们行为的无效性,停止做相同的事。

3. "完"(没有完成)——延期做,修改,或者取消

没有完成计划的原因往往有两个。第一,你制订的行动计划太宏大了以致无法落地,不妨自问:如果先做一件小事,让我能完成一小部分行动计划,那会是什么?这样帮助自己先启动,再一步步完成计划。第二,驱动力不足,

你可以翻开第六章获得能量，或者直接大声念出耐克广告词"just do it"，激励一下自己。

4."美"（完美）——如何做得更好

无论结果是有效、无效，还是没有做，你都可以思考如何做得更好。比如，如果有效，如何让效果更好；如果无效，为什么无效，如何改可以有效；如果没有做，为什么没有做，如何可以开始做。

以上"有无完美"反思模型，不仅能用在学习中，而且能用在每天的生活、工作中。你今天的计划完成了吗？哪些有效果，哪些没有？接下来如何可以做得更好呢？

SRR 接受反馈，让你避免认知盲区

一个人反思，有时候会出现不自知的情况，就像我以为自己今天非常帅，结果照了镜子才发现脸上有一粒米。这时他人的反馈就非常重要了，可以像镜子一样，帮助我们看到自己的认知盲区。

不断改善的学习者，绝不会搞一言堂，认为自己肯定是无比正确的，而是愿意接收来自每个人的反馈，从而看到真实的自己和真实的结果。

1. 寻求反馈（Seeking feedback）

主动询问：有哪些做得好的地方，有哪些还可以做得更好的地方。有两件事给我留下了很深的印象。

Peri 是我在一次拆书分享后结识的好朋友，随后她加入了拆书帮，接着用 56 天成为全国晋级最快的三级拆书家（一般人花半年时间晋级都可以说是很快的了）。同时她还发起了一个新分舵，邀请到诸多"大咖"加入，完成自己从帮外人士到舵主的华丽变身。

在她受邀到"行知堂"进行线上分享时我发现了她这么厉害的原因。活

第三章 致用学习——"达成目标"的 GEAR 学习法

动结束后,在大家的掌声和红包中,她却留下一句话,"麻烦大家针对我今天分享的内容给出苹果(分享好的地方)和洋葱(可以改进的地方),谢谢大家"。

另外,有一次我受邀去"赢在青年"理财社群进行晚上 2 小时分享,这种简单的沙龙结束之后,惯例就是合影、加微信,然后回家。结果当时的组织者,后来担任了 CEO 的 Meow,竟然拉来 2 把椅子,"来,坐,我们一起复盘一下今天的活动"。

优秀的人果然有不一样的优秀做法,这些事对你有什么启发呢?请各位务必也给这本书以苹果和洋葱的反馈,谢谢。

2. 接收反馈(Receive feedback)

在接收反馈时,仔细听反馈者讲完,别猜测、别反驳、别当耳边风。如果你按捺不住想回应,那就动笔把对方的话记下来。

3. 回应反馈(Respond to feedback)

(1)表示感谢。无论别人说了什么,你都可以正向理解为对方愿意理你和帮助你。即使他们说的不是事实、没有价值,你都可以说,"特别感谢你的反馈,让我多了一次认识自己的机会"。

(2)澄清。重述对方的话:"你是说……对吗?"加深理解。

(3)回应。有(错)则改之,"我特别赞同你的说法,今后我一定会注意提升这方面的能力,再次感谢你的反馈,稍后我们加个微信吧"?无(错)则加勉,要允许别人说错话,这是一种修养。

最后,以一则寓言故事结束本节,就是你知道的《小马过河》:小马终于明白,河水既没有牛伯伯说的那么浅,也没有小松鼠说的那么深。只有自己亲自试过才知道。

别人说的都不一定是对的(包括这句),自己反思过才是对的。我们永远是一匹要自己过河的小马。

【付诸行动】

（1）请挑选括号里你认为正确的答案：

① 有道理和有效果，哪个更重要（道理/效果）？

② 你平常在生活、工作中，是看重行动的效果，还是经常坚持无效的道理（效果/道理）？

（2）你最得意的一个好习惯是你花了多少次训练养成的？这对于你的学习有何启发？

（3）请利用"有无完美"反思模型，对你上一周的工作任务、生活计划进行反思。

（4）你以往复盘、反思或总结的方式是什么？与本节介绍的方法相比，各自有何优、劣势？

【行动表单】

反思优化表如表3-4所示。

表3-4　反思优化表

反思步骤		自问问题	你的答案
自我反思	有：有效果如何	继续做的计划是什么（可参考表7-4）	
	无：没有效果如何	停止做什么	
	完：没有完成了如何	延期做/修改/取消	
	美：如何做得更好	我如何才能做得更多、更快、更好和更省呢	
他人反馈	S 寻求反馈	哪个客户或专家，可以给我反馈	
	R 接收反馈	做得好的地方；可以做得更好的地方；其他	
	R 回应反馈	表示感谢；澄清；回应；下一步行动	

第三章 致用学习——"达成目标"的 GEAR 学习法

致用学习表如表 3-5 所示。

表 3-5 致用学习表

致 用 步 骤	自 问 问 题	你 的 答 案
瞄准目标	我的学习目标是什么	
萃取方法	我学到了什么可执行行动知识（对我而言，什么内容是我可以模仿、一步步执行的）	
模仿行动	我的行动计划是什么	
反思优化	我如何做得更好	

本章尾声

用一句话总结"致用学习"，就是"只要走在学习的路上，就没有到不了的梦想远方"。祝愿我们永远行动在实现一个又一个梦想的路上。

如果实现了梦想，身边却没有可以分享的朋友，或者这个世界并没有因为你而变得更美好，那这个梦想又有什么意义呢？请翻开下一章"分享学习"，让你的学习更有意义、更有效果，为他人赋能，帮助他们圆梦。

第四章
分享学习
——"赋能他人"的 TREE 学习法

第四章　分享学习——"赋能他人"的 TREE 学习法

你想得到什么，就必须先付出什么，进而你将得到你奉献的东西。

——李嘉诚

如果说"致用学习"像是我们生病之后，先搞清楚需要吃什么药，然后去药店找，接着吃了治病。那么"分享学习"则像是我们要建一个药店，分享齐备的药品，方便顾客找到相应的药治病。

为了赋能他人，我们可以通过 TREE 进行分享学习（见图 4-1）。

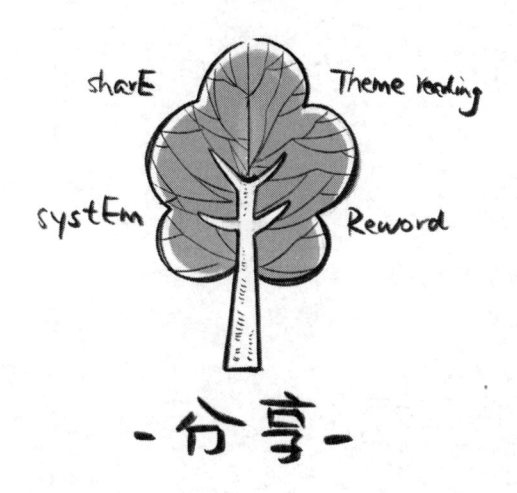

图 4-1　TREE 分享学习四步骤

第一步，主题阅读（Theme reading）。按照一个主题、问题或关键词，收集并梳理资料。就像我们拿着采购清单去各大药厂买药材一样。

第二步，重述方法（Reword）。将知识重构，让知识更加条理化。就像有些药可以直接摆上药架，但有些药却需要重新包装、贴上标签，甚至调整药方才可以摆上药架。

第三步，构建模型（systEm）。对有效的知识进行分类、排序和精简，形成思维模型。类似我们布置药架，将所有的药按照一定种类或顺序有序地摆放在药架上。

第四步，多元分享（sharE）。通过读书笔记、思维导图、写作或演讲等多种形式将知识分享出去。就像我们或直接开药，或综合治疗，为顾客提供不同形式的治疗。

通过这四步，我们就能设计出一个不错的分享方案。在赋能他人的同时，我们也会收获颇丰，对知识有更深入、更系统的认知，还方便自己今后运用。接下来我们就一起种下知识 TREE 吧。

主题阅读（Theme reading）：如何收集主题知识

看书不能信仰而无思考，要大胆地提出问题，勤于摘录资料，分析资料，找出其中的相互关系，是做学问的一种方法。

——顾颉刚

在《如何阅读一本书》中，"主题阅读"被归为第四个层次，排在"基础阅读"、"检视阅读"和"分析阅读"之后，这曾让我误认为只有完全掌握了前三种阅读法之后，才能学会它。但其实不然，接下来我们就来聊聊主题阅读。

定义与价值：建立清单、索引，开启全面认知

上（唐太宗）问魏征曰："人主何为而明，何为而暗？"对曰："兼听则明，偏信则暗。"

同时，我也特别喜欢《王者速读法》中对读书者的比喻，我们学习者其实也像是一国君主，统帅自己的思想和生活，那么我们理应也听取各方书籍大臣的意见，才能明辨是非，主宰自己的生活。

第四章 分享学习——"赋能他人"的 TREE 学习法

因此，主题阅读的意义，便不言自明：开启全面认知，避免孤陋寡闻。

对我来说，什么是主题阅读呢？就是通过阅读 2 本（或以上）图书，建立起一类主题知识的问题清单和内容索引的过程（见图 4-2）。

图 4-2 主题阅读：从图书到问题清单和内容索引

如果说"致用学习"是实践一个知识点并去反思成果，就像听取某个大臣的意见后去治理天下，那么"主题阅读"就是听取众多大臣的治国良策，然后编写出一本治国宝典。前者注重实践，看行动是否达成目标；后者注重梳理，看知识点是否全面。严格说来是两类做法，是可以分开、分别进行的。

前提能力：逻辑思考与人生阅历

要想做好主题阅读，需要具备两种能力：一种能力是结构化思考。因为需要你处理大量纷繁复杂的信息，快速浏览、抓取关键信息等能力非常关键。稍后，我们会使用"思维导图"这个结构化思考工具来帮助我们。同时，最好掌握几个经典思维模型，否则，你会越读越晕。本章会介绍"Why-What-How"等模型。

想系统提升这种能力的话，推荐阅读《金字塔原理》《思维导图》《结构性思维》《结构思考力》。

另一种能力是具备一定的生活、工作经验。因为即使是阐述同一件事，每个作者的语言风格、用词方式或看待事物的角度也可能是不同的。你必须要有类似的阅历，才能分辨出相同或差异，理解作者想表达的含义。

例如，《如何阅读一本书》里提到的不同的爱，当第一个人说"我爱起司"，第二个人说"我爱橄榄球"，而第三个人说"我爱人类"时，他们所用的同样一个"爱"字代表着不同的意义。毕竟，起司是可以吃的，橄榄球或人类是不能吃的；一个人可以玩橄榄球，却不能玩起司或其他的人；而不论"我爱人类"是什么意思，这个"爱"都与起司或橄榄球之"爱"不同。

因此，你看不懂一本书，问题可能不是出在学习方法上，而是出在你的阅历太少上。

步骤：主题书单、问题清单、内容索引

1. 收集主题书单

根据经典书单、专业人士推荐，找出 2 本（或以上）同主题的经典图书。例如，如果你想阅读"时间管理"主题的图书，就可以百度"时间管理 经典书单"，从而快速收集到不少书名。关于好书的甄别办法，可参考第五章中的"图书：如何选到五星级好书"。

接下来我们以时间管理主题的图书《小强升职记》和《哪儿有没时间这回事》为例，展示主题阅读步骤。

2. 建立问题清单

阅读图书目录，将章节标题转化为问题，并取并集，形成问题清单。这时最好用思维导图软件记笔记，以方便调整笔记的顺序与层级。

第四章 分享学习——"赋能他人"的 TREE 学习法

通常的问题有 5W2H，即 Why、When、Where、What、Who、How、How much，而最清晰易懂的目录，就是"问题—答案"式的目录，如《小强升职记》（新版）的目录：

第一章　你的时间去哪儿了？/1

一、你真的很忙吗？/2

　　认识时间黑洞 /8

二、如何记录和分析时间日志？/14

三、如何找到自己的价值观？/29

　　价值观没有对错 /30

　　如何找到自己的职业价值观 /32

第二章　无压工作术 /41

一、传说中的"四象限法则"/42

　　将事情放入四个象限 /49

　　应用"猴子法则"走出第三象限 /53

　　第二象限工作法 /57

二、绝招：衣柜整理法 /61

　　做事靠系统，不是靠感觉 /61

　　捕捉：清空衣柜 /67

　　明确意义：为衣物分类 /75

　　脑袋里只装一件事 /82

　　脑袋里只装一件事的好处 /84

　　脑袋里只装哪一件事？/86

　　行动、任务、项目的区别 /90

　　组织整理：将分类的衣物重新储存 /97

　　深思：对衣物做到心中有数 /100

　　行动：选择最佳方案 /105

第三章　遇到问题怎么办？／113

一、臣服与拖延　／114

二、如何做到要事第一？　／136

三、如何应对临时突发事件？　／149

第四章　如何养成一个好习惯？　／159

一、培养习惯首先找到驱动力　／166

二、再微不足道的成就都要大肆庆祝！　／168

三、培养习惯不是一个人的事！　／169

第五章　如何让想法落地？　／173

一、用S.M.A.R.T法则厘清目标　／174

二、用思维导图梳理计划　／181

三、用甘特图掌控进度　／185

四、用九宫格平衡人生　／188

第六章　建立高效办公区　／197

花半小时彻底清理办公环境　／200

附录　／204

阅读主要章节后，我梳理出以下问题，并做成问题清单（见图4-3），作为一级分支：

1 什么是时间黑洞

2 如何记录、分析时间日志

3 如何找到价值观

4 四象限法则是什么

5 如何做到衣柜整理法

6 如何解决问题

7 如何养成好习惯

8 如何落地想法

第四章 分享学习——"赋能他人"的 TREE 学习法

```
                    ┌── 1 什么是时间黑洞
                    ├── 2 如何记录、分析时间日志
                    ├── 3 如何找到价值观
                    ├── 4 四象限法则是什么
        时间管理 ───┤── 5 如何做到衣柜整理法
                    ├── 6 如何解决问题
                    ├── 7 如何养成好习惯
                    └── 8 如何落地想法
```

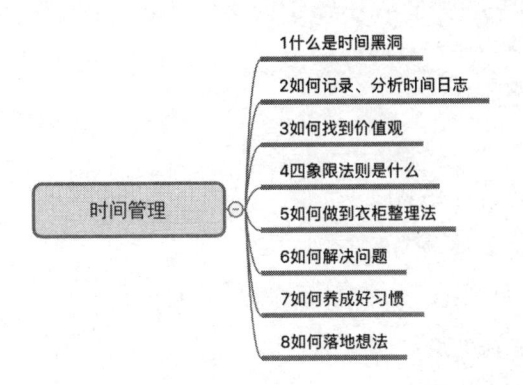

图 4-3 《小强升职记》（新版）问题清单

如果你仔细对比图 4-3 和目录就会发现，我并没有把所有章节都转化为问题，那么到底要选择将哪些章节转化为问题呢？

这就跟你的学习目标有关了：如果你目的是解决自己的问题，那就选择跟自己的问题有关的章节；如果你目的是帮助解决他人问题，那么你就要根据对方的问题去选择章节；如果你想了解某个作者或理论，那么你就只选择与该作者或理论相关的章节。当然，如果你的目的是全面收集，那就尽量涵盖所有章节。

接下来我们加入第二本书的问题（见图 4-4），纪元老师的《哪儿有没时间这回事》一书的目录如下：

前言 碎片化时代的碎碎念

第 1 章 让 1 天变 28 个小时的初级技能

从安排日程开始，也许你就错了

  先整理心情，再整理事情

  只有超人和傻蛋才用严格的日程表，我们用时间段

  不断改进的是规划，墙上一挂的是鬼话

早起的鸟儿养成计划

  你的早上都丢了

  赖床是个伪命题

学习的答案

可以偷回来的时间

晚间时间争夺战

就不加班

没劲儿又没劲的晚上

晚上根本停不下来

第 2 章 不用专注也能完成 80%任务的进阶技能

帮你告别无所事事的碎片清单

贵人多忘事，只因记心中

用碎片时间处理碎片清单

你的计划总完不成，对吧

任务粉碎程序

明明 20 分钟就能做完，干了一个半小时

任务优先级，你是机器人吗

碎片化专注

把自己捋清楚

小红花，大力量

碎片化日志

未经反思的人生不值一过

第 3 章 让高效毫不费力的高级技能

逆"习"思维

为什么我们坚持不下去

从 3 分钟热度到持之以恒

找到最适合自己的习惯

我们到底在坚持什么

进雷区之前先排雷

习惯多米诺

第四章 分享学习——"赋能他人"的 TREE 学习法

阅读主要章节后，我梳理出以下问题：

a 如何安排早上

b 如何安排晚间

c 碎片清单是什么

d 任务粉碎程序是什么

e 碎片化日志是什么

f 如何找到习惯

时间管理
- 1 什么是时间黑洞
- 2 如何记录、分析时间日志
- 3 如何找到价值观
- 4 四象限法则是什么
- 5 如何做到衣柜整理法
- 6 如何解决问题
- 7 如何养成好习惯
- 8 如何落地想法
- a 如何安排早上
- b 如何安排晚间
- c 碎片清单是什么
- d 任务粉碎程序是什么
- e 碎片化日志是什么
- f 如何找到习惯

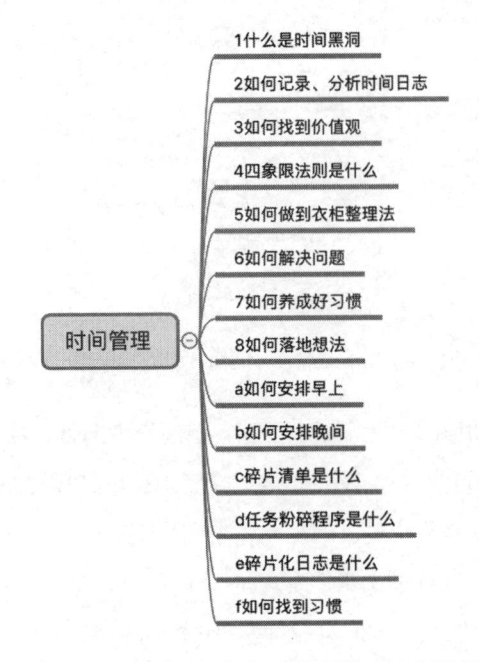

图 4-4　《小强升职记》（新版）、《哪有没时间这回事》问题清单

这时你发现有些内容好像可以合并，如可以将 a 和 b，提炼成一天的安排，取名为"一天"；可以将 2 和 e 合并为"日志"；可以将 7 和 f 合并为"习惯"（见图 4-5）。

```
                    1 什么是时间黑洞
                           2 如何记录、分析时间日志
            日志 ─┤
                           e 碎片化日志是什么

                    3 如何找到价值观
                    4 四象限法则是什么
                    5 如何做到衣柜整理法
                    6 如何解决问题
时间管理 ─┤         7 如何养成好习惯
            习惯 ─┤
                           f 如何找到习惯
                    8 如何落地想法
                           a 如何安排早上
            一天 ─┤
                           b 如何安排晚间
                    c 碎片清单是什么
                    d 任务粉碎程序是什么
```

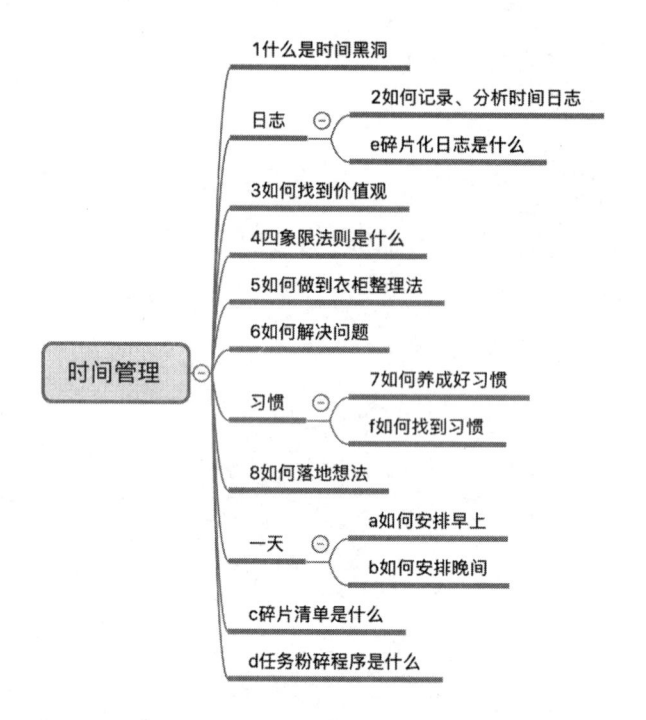

图 4-5　《小强升职记》(新版)、《哪有没时间这回事》问题清单(整合)

这一做法在《如何阅读一本书》里叫"引导作者与你达成共识"。那如何给合并后的分支取名呢？我的观点是能用作者原词的，就尽量用作者原词。

当然，不同分支是否真的讲的是同一个问题/同一件事，需要深入文章加以验证。比如，你仔细读过文章才发现 5 中"衣柜整理法"里的收集篮，和 c 中"碎片清单"其实是一回事，只是两个作者用的词语不同而已。那么怎么办呢？你可以用老词语，顺承经典，比如你发现它们都是源自经典时间管理理论 GTD，该理论中这个方法叫"收集"，那你就用"收集"，这还顺带帮助你的听众追根溯源，不会被生造词搞得晕头转向。当然，如果你的听众喜欢时下新词语，你也可以用"碎片"，这样更便于分享、获得关注。

在这个建立清单的过程中，有以下 3 种做法。

（1）从零搭建。如果你结构化能力强、对主题知识熟悉，就可以像上述

第四章 分享学习——"赋能他人"的 TREE 学习法

例子一样从零开始构建。

（2）借助"主咖"。如果你想要省力，就可以将一本经典图书的目录作为一级分支，再适当添加其他的内容。类似主要听一个大臣的意见，其他智囊补充说明。比如，以提出 GTD 思想的《搞定Ⅰ：无压工作的艺术》里的"横向管理工作流程的五个阶段"为一级分支（见图 4-6）。

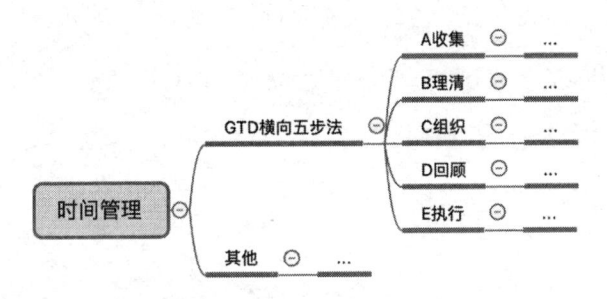

图 4-6　GTD 五个阶段问题清单

就知识全面性来说，借助学科经典教科书的目录会比较好。

（3）借助模型。我们还可以将通用模型作为一级分支进行构建收集，比如"Why-What-How"（以下简称 WWH），然后抓取目录中的字或词作为二级分支。

通常一本致用类图书会按照 WWH 这个模型写。以时间管理主题为例，可以是为什么时间管理重要？时间管理是什么？如何管理好时间？对应换成陈述句，就是时间管理的价值、时间管理的定义、时间管理的流程或原则。比如，你能看出《时间投资法》目录里的 WWH 结构吗？

01　为什么高效管理时间这样困难？

02　为什么新行动总是难以坚持

03　黄金时间的 5 个原则

原则①不惜在任何方面投资以创造时间

原则②重视单位时间所创造的成果

原则③不要做没必要的"滥好人"

原则④优先做喜欢、擅长和赚钱的工作

原则⑤计划要安排得随性、宽松

04 增加黄金时间的 5 个步骤

步骤①——把握现在面临的问题

步骤②——选定不该做的事情

步骤③——选定可以委托别人做的事情

步骤④——提高非得自己完成的事情的效率

步骤⑤——综合实践新的行动方案

（答案：01、02 是 Why、03 是 How 原则，04 是 How 步骤）

《时间投资法》问题清单如图 4-7 所示。

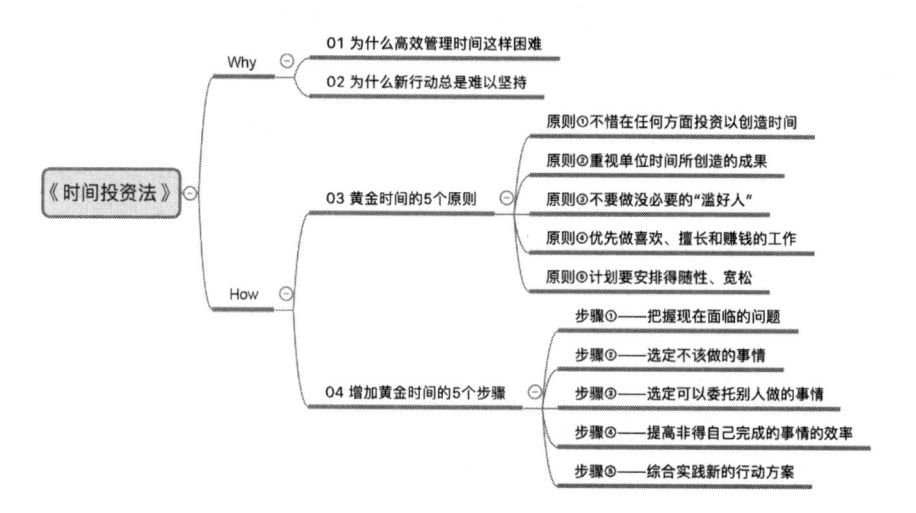

图 4-7 《时间投资法》问题清单

第四章 分享学习——"赋能他人"的 TREE 学习法

为什么这个目录的逻辑性这么强呢？如果你仔细研究一下作者的背景，就知道答案了，因为作者胜间和代曾经就职过麦肯锡这家咨询公司，而麦肯锡就是提出"金字塔原理"这个经典逻辑理论的公司。

作为国内经典版权课程"结构性思维"西南首批认证的优秀培训师，我也在本书运用了 WWH，翻到目录，你会发现：第一章是 What "什么是全面学习金字塔"，Why "全面学习有什么好处"；第二章至第七章是 How "如何全面学习"。其中第二章至第四章，是三种学习的流程。第五章至第七章，是学习的三大原则。

除 WWH 外，类似的还有 PRM（现象 Phenomenon、原因 Reason、解决方案 Measures）。比如，拆书帮帮主赵周老师的《这样读书就够了》（中央广播电视大学出版社），前三章结构就很接近 PRM：

第一章 读书为什么这么难？
　　成人学习的问题之一：　没时间、没精力——压力与学习的矛盾
　　成人学习的问题之二：　看不懂、记不住——搞错学习主体
　　成人学习的问题之三：　看不下去——不明学习目的
　　……

第二章 这样读书就够了！
　　为什么你读书还像要考试一样呢？
　　成人教育学五大公理
　　为什么培训比读书贵几万元？
　　帮助学习效果提升百倍的 I
　　……

第三章 通向高级学习者之路
　　……
　　拆书帮便签读书法
　　你也可以成为拆书家！

除以上两种常见的思维模型之外,你还可以从该主题的常用模型中选择一款,如以 PDCA 为一级分支(见图 4-8)。

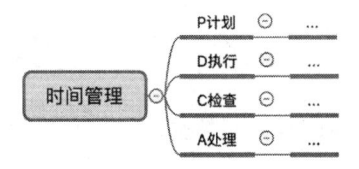

图 4-8　PDCA 问题清单

以上三种归类取并集的方法,可用"分类快递"打个比方,第一种从零搭建,是你收到一大堆快递,将其灵活分类,然后给柜子贴标签,将相应的快递放进去。第二种借助"主咖",是你按照你女朋友平时分类快递的方式,如食物、生活用品、其他,先给柜子贴好标签,来一个快递,就对应放进去。第三种借助模型,是你直接按照购物网站的物品分类,如家用电器、手机、电脑、家居等,分类布置好柜子。通常第一种分类方法更合理但速度慢,后两种分类方法简单、速度快。

3. 建立内容索引

快速阅读相应章节,找出知识点,将书名、页码、知识点写入思维导图(见图 4-9)。

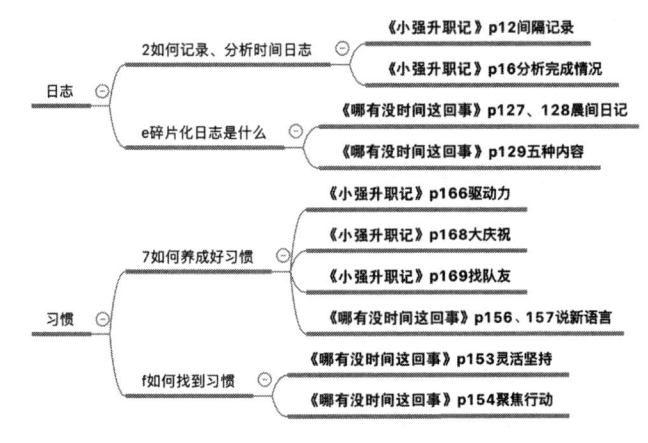

图 4-9　"日志、习惯"分支问题、内容清单

第四章　分享学习——"赋能他人"的 TREE 学习法

这时候可能需要删除、调整问题。如果针对某一个问题，你认为作者的答案不值得记录，就删除这个问题分支（见图 4-10）。

~~1什么是时间黑洞~~

图 4-10　删除不必要的问题分支

如果你认为需要调整层级，如 5 中衣柜整理法里的收集篮和 c 中"碎片清单"其实是一回事，就调整到对应分支（见图 4-11）。

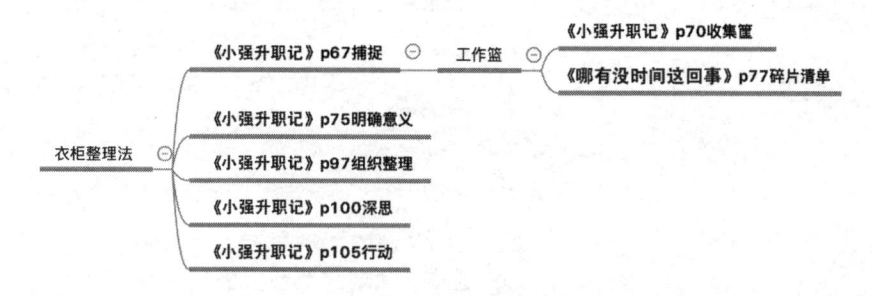

图 4-11　分支层级调整

如果某一级分支的数量大于 5 个，我们就可以考虑合并同类项或将琐碎的小问题放入"其他"。比如，最终我得到以下这幅思维导图（见图 4-12）。

误区：光收集、争对错、没重点

1. 信息收集并不代表学习

千万不要以为主题阅读就代表学习。虽然可以说它确实比只看一本书要全面，但这只是在收集信息，而在第三章中讲到，行动才是学习中最重要的一步。千万不要画了几本书的思维导图，就沾沾自喜，以为自己在学习了，你最多只能成为一个百科全书的编辑，根本无法成为知行合一的学习者。

学习的答案

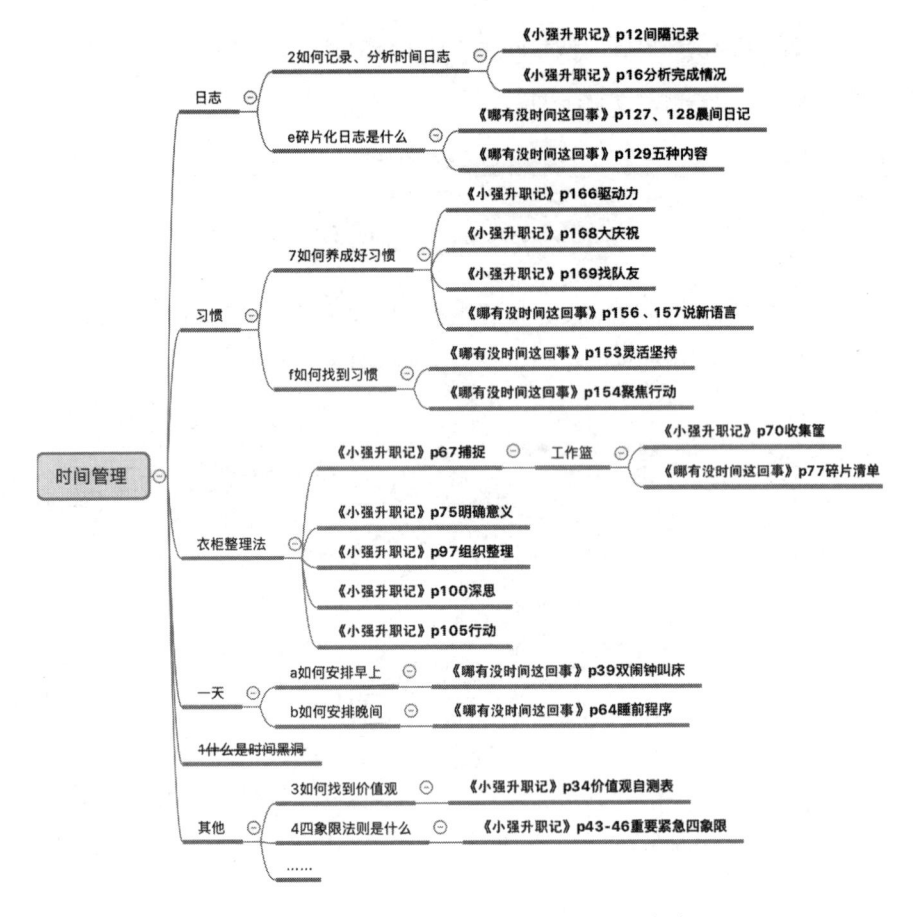

```
                              ┌─ 2如何记录、分析时间日志 ─┬─ 《小强升职记》p12间隔记录
              ┌─ 日志 ────────┤                        └─ 《小强升职记》p16分析完成情况
              │               └─ e碎片化日志是什么 ─────┬─ 《哪有没时间这回事》p127、128晨间日记
              │                                        └─ 《哪有没时间这回事》p129五种内容
              │                                        ┌─ 《小强升职记》p166驱动力
              │               ┌─ 7如何养成好习惯 ──────┼─ 《小强升职记》p168大庆祝
              ├─ 习惯 ────────┤                        ├─ 《小强升职记》p169找队友
              │               │                        └─ 《哪有没时间这回事》p156、157说新语言
              │               └─ f如何找到习惯 ────────┬─ 《哪有没时间这回事》p153灵活坚持
              │                                        └─ 《哪有没时间这回事》p154聚焦行动
              │                                                              ┌─ 《小强升职记》p70收集篮
              │               ┌─ 《小强升职记》p67捕捉 ─── 工作篮 ──────────┤
              │               │                                              └─ 《哪有没时间这回事》p77碎片清单
  时间管理 ───┤               ├─ 《小强升职记》p75明确意义
              ├─ 衣柜整理法 ──┤
              │               ├─ 《小强升职记》p97组织整理
              │               ├─ 《小强升职记》p100深思
              │               └─ 《小强升职记》p105行动
              │               ┌─ a如何安排早上 ──── 《哪有没时间这回事》p39双闹钟叫床
              ├─ 一天 ────────┤
              │               └─ b如何安排晚间 ──── 《哪有没时间这回事》p64睡前程序
              ├─ 1什么是时间黑洞
              │               ┌─ 3如何找到价值观 ── 《小强升职记》p34价值观自测表
              └─ 其他 ────────┼─ 4四象限法则是什么 ─ 《小强升职记》p43-46重要紧急四象限
                              └─ ……
```

图 4-12　两本书的主题阅读问题、内容清单

因此，将主题阅读改名为主题（知识）收集或主题研究更贴切一些。

2．观点冲突时不必争对错

针对同一个问题，你会发现不同作者的观点会冲突甚至完全相反，这往往让我们困惑。比如，是否要公布自己的小目标？张三说公布好，李四说自己知道就好。

这时候我建议你直接收集，把两个结论都写上就好，不必争对错，因为这一步只是收集信息而不是辨明真理（验证真假可参考第三章中三、四节）。

第四章 分享学习——"赋能他人"的 TREE 学习法

3. 内容梳理要有重点

你的时间与精力很宝贵，不要试图挖掘出一本书里所有的知识，因为一本书里的有些内容对你来说是没有价值的。如果要我给十年前的自己带句忠告，我可能会说，"很多书只是将一堆文字印在纸上而已，并不是每本书里都有'黄金屋'"。

用好二八定律，抓住一本书的亮点就好，比如每本书只看三点。

最后，我想说时代真的进步了，现在想要全面了解某一主题知识，变得更加便利了，不再非得阅读图书了。我们只需在搜索引擎里输入问题关键词，然后按回车键就好。也许未来某一天书这种形式会消失或大改变吧。

未来究竟怎么变，我不知道，但我可以确信的是，如果你从今天就开始召集群书，进行主题阅读，那么你一定会"兼听则明"。

【付诸行动】

（1）请挑选括号里你认为正确的答案：主题阅读（是最高层次的阅读法/只是在结构化收集信息）。

（2）请收集信息并写出沟通主题的一张经典书单。注意求助身边的沟通专家或培训师。

（3）请找出《关键对话》目录里的 How 流程结构，并建立问题清单。

第1章 何谓关键对话

第2章 掌握关键对话

第3章 从"心"开始　如何确定目标

第4章 注意观察　如何判断对话氛围是否安全

第5章 保证安全　如何让对方畅所欲言

第6章 控制想法　如何在愤怒、恐惧或受伤的情况下展开对话

第7章 陈述观点　如何循循善诱而非独断专行

第8章 了解动机　如何帮助对方走出沉默或暴力状态

第9章 开始行动　如何把关键对话转变成行动和结果

第 10 章 案例分析

第 11 章 综合应用　关键对话的准备和学习工具

（4）请用 WWH 模型，对一本致用类图书的目录进行重构。

（5）请阅读 2 本或以上某个主题的图书，画出含有五大问题及其索引的思维导图。

【行动表单】

主题阅读表如表 4-1 所示。

表 4-1　主题阅读表

主　　题		
问　　题 （5W2H/WWH/PRM/经典模型……）	知　识　点	书名-页码

重述方法（Reword）：如何结构化掌握知识

搞懂 Why、What、How，走遍天下都不怕。

——学习家何平

上一节通过主题阅读，建立了一类主题知识的内容索引。"分享学习"的第二步就是要深入咀嚼每个知识内容，进行结构化重述，从而让你讲得出，听众听得懂，你们都能记得住。

第四章　分享学习——"赋能他人"的 TREE 学习法

讲得出来，才算记住了

你遇到过这样的情况吗：看完书，觉得都懂了，但是让你说，却又说不出来；上完课，心里一清二楚，但是让你讲，总是词不达意。按照物理学家费曼的观点，你其实还没真正掌握这些你以为懂了的知识。

费曼于 1965 年获得诺贝尔物理学奖，他小学刚毕业就开始学习初等微积分，中学就学习了狭义相对论。他发明了一个简单的学习方法，就是用自己的语言去解释学到的知识，让自己假设出的一个听众听懂。他说，"要是不能把一个科学概念讲得让一个大学新生也能听懂，那就说明我自己对这个概念也是一知半解的"。而他的老师说过，"One can only learn by teaching"（一个人只有通过教，才能学）。

在网上可以轻易查到具体做法：

（1）你假设一个人坐在你面前，一般是行外人或初学者，如 8 岁的小孩、80 岁的老大爷。

（2）你将新知识讲给他听，你觉得你能解释清楚吗？可以用简单的语言吗？可以打个比方吗？比如，相信你不止一次听过"杜比音效"这个词，但你知道它是什么意思吗？培训前辈余世维老师解释过，杜比系统就是声音的洗衣机，可以去掉原始录制音频里的杂音。这样解释一下子就明了了。

（3）不能解释清楚的话，就翻开书，再学习一下。

其实，中国古代也有类似的做法，有位诗人每作一首诗，都要读给不识字的老人听，老人能听懂的内容就保留，老人听不懂的内容就修改，修改后老人也听不懂的内容就删掉。

可惜的是，无论是费曼还是这位诗人，都没留下如何结构化复述的公式。庆幸的是，我发现了一个，以下让我带领你验算一遍。

学习的答案

用"一个人"知识模型，搞定知识重述

请用自己的话重述以下《非暴力沟通》选段，并将重述内容写到答题栏内。

为了彼此能乐于互助，我们专注于四个方面——非暴力沟通模式的四个要素。

首先，留意发生的事情。我们此刻观察到什么？不管是否喜欢，只是说出人们所做的事情。要点是，清楚地表达观察结果，而不判断或评估。接着，表达感受，如受伤、害怕、喜悦、开心、气愤等。然后，说出哪些需要导致那样的感受。一旦用非暴力沟通诚实地表达自己，前三个要素就会得到体现。

举例来说，一位母亲对儿子说："费利克斯，看到咖啡桌下的两只脏袜子，我不太高兴，因为我看重整洁。"

接着，她立即提出非暴力沟通的第四个要素——具体的请求："你是否愿意将袜子拿到房间或放进洗衣机？"这一要素明确告知他人，我们期待他采取何种行动，来满足我们。

写好了吗？请务必写一写，再接着读，你一定会有更大收获。

我的答案如下。这段知识讲的是非暴力沟通 FFNN，尤其适用于沟通负面事件，起到的效果是沟通双方会乐于互相帮助。具体步骤分别是 Fact 陈述事实、Feel 表达情绪、Need 说出需求、Next 提出请求（下一步可以做什么）。

举个例子，有一个叫费利克斯的孩子总是乱扔袜子，他的妈妈为了跟他

第四章 分享学习——"赋能他人"的 TREE 学习法

平和沟通，一起改掉这个习惯，于是利用 FFNN 四步与儿子进行沟通：我注意到咖啡桌下有一双脏袜子（陈述事实），我感到不开心（表达情绪），因为我注重整洁（说出需求），因此你是否愿意将它们拿回房间或者放进洗衣机呢（提出请求）。相比于我们一般会采用的劈头盖脸一顿骂或拐弯抹角地讽刺的方法，这种非暴力沟通会带来什么结果呢？肯定能让对方更容易接受。

这背后运用了一个原理，就是人们对面对指责时会下意识地反抗，而面对事实时比较容易接受。因此，非暴力沟通的第一步是陈述事实，指出沟通双方都能观察到的客观事实，而不是一上来就指责："你这个人怎么那么邋遢！你怎么老是这样！"

那是不是所有的沟通都要先说事实呢？其实不是，与非暴力沟通对应，有一种沟通方式叫作金字塔原理沟通，其强调先说结论。比如，当我需要同事协助时，我会先说"请把文件 A 给我"，而不会先罗列背后的一系列事实原因，"因为甲需要文件 A，但我没有，我问了乙，乙也说没有，但乙说你这里有，因此我来找你，请把文件 A 给我"。这两种不同顺序的沟通，核心区别在于沟通内容是否会让对方难以接受或是否会引起对方的负面情绪。简单来说，职场中用金字塔原理沟通，家庭情感交流用非暴力沟通。

"非暴力沟通"一词是不是会让你联想到圣雄甘地领导的"非暴力不合作"运动呢？是的，它摘选自马歇尔·卢森堡的《非暴力沟通》一书，确实是借用了"非暴力"一词，指的是暴力消退后，自然流露的爱。非暴力沟通（NVC）由马歇尔·卢森堡于 1963 年提出，最初用于美国学校纠纷调解和人际交流技巧的培训中。1994 年，联合国儿童基金会将其引入前南斯拉夫的学校中，进而推广到更多国家的教育体系中，用于冲突的预防和解决。我记不清楚我是什么时候接触到 NVC 的了，但印象深刻的是这种沟通方法真是非常简约但不简单。

以上答案背后，就是结构化重述知识的"一个人"知识模型（见图 4-13）。

首先，大家会发现我并没有逐字复制原文，而是用自己的话重新描述，为什么呢？

因为我们很难使用别人的语言系统，每个人的语言系统都不同于其他人的，就像长相不同一样。比如，我给你讲一大段话，你能一字不差复述一遍吗？很难。甚至不要说复制别人的，就连我们自己不同形式的语言也很难通用，如演讲口头语言和写作书面语言就是有区别的。你有过演讲时忘词，站在台上面红耳赤的经历吗？你在台下写好的演讲稿是那样辞藻华丽，但站在台上，"咦，背了那么多遍，怎么记不起来了"或者"虽然能说出口，但感觉好别扭"。

因此，如果学习时照搬原文，那么你就肯定理解不深，或者记不住。类似你买了大米，回到家没煮成适合你胃口的米饭，结局就是食物无法被消化、营养无法被吸收。

其次，我将"一个人"知识模型分为"双手"和"头与脚"两个部分，对其进行初步介绍。

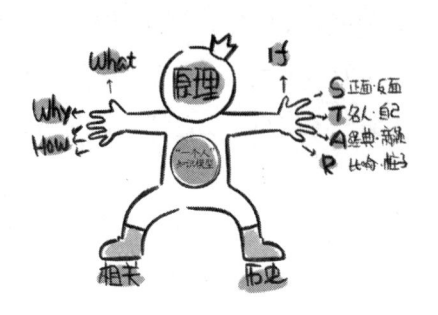

图 4-13 "一个人"知识模型

请先伸出自己的双手，双手掌心朝向自己胸口，我们一起来学习双手重述。

先看左手，大拇指向上代表 What "这是什么知识"，食指代表 Why "它能带来什么价值/好处/效果，即为什么我们要这样做"，剩下的 3 根手指代表 How "它有几个步骤/原则"（通常我们归纳成 3 点，但也可以像前文一样分为 4 个步骤）。

再看右手，大拇指代表 If "它在什么条件下可以用（适用范围/条件）"、

第四章 分享学习——"赋能他人"的 TREE 学习法

剩下的 4 根手指代表例子，有两组含义，一组依次代表背景 Situation、目标 Target、动作 Action、结果 Result；另一组依次代表正面/反面例子、名人/自己例子、经典/新颖例子、比喻/桩子例子。

现在我们依次练习一下，请你跟着我读一遍：我分享的知识是 What（伸出左手大拇指），它适用于 If（伸出右手大拇指），好处是 Why（伸出左手食指），具体分别是 How1、2、3（依次伸出左手剩下的 3 根手指）。

接下来，为帮助大家理解，我举个例子：在 Situation 下，为了 Target，主人公采用了 Action，最终得到了 Result（依次伸出右手剩下的 4 根手指）。

现在请回到上文的重述答案那里，一边读答案，一边伸出手指，依次对应，加深理解（见图 4-14）。

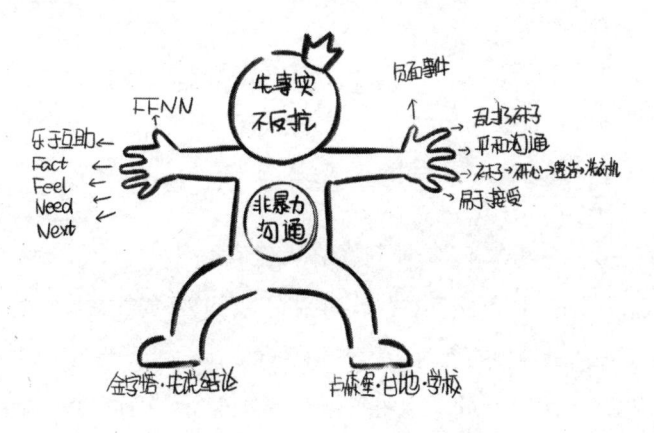

图 4-14 "非暴力沟通"的"一个人"知识模型

而我的答案的最后 3 段，是"一个人"知识模型的第二个部分，即"头与脚"。头代表"原理"（Theory），左脚代表"与这个知识相关（相似或相反）的知识"（Related knowledge），右脚代表"这个知识的起源与发展"（History）。

综上所述，我们只需要用上"一个人"知识模型，将一个方法的全面信息与十根手指、头与双脚关联上，就可以实现知识的结构化重述。

讲到这里，有朋友可能疑惑，**重述知识在很多学习理论与方法中是很重要的一步（比如给我极大启发的拆书帮 RIA 便签学习法），那为什么没有将其放在"致用学习"那一章呢？

因为我发现致用学习中最能产生价值的一环是行动，除此之外都是次要的，如果你非得把所有知识说得顺顺利利、记得牢牢靠靠，写了很多篇读书笔记之后才去行动，黄花菜都凉了。你想想你每天那么忙，能有多少时间用于实践，所以千万不要把时间都花在整理笔记上。

因此，可以说致用学习不求体系、不求规范、不求通顺。先模仿别人的方法做，当行动有效果了，再谈结构化重述不迟。

详解"一个人"知识模型，全面透视一个方法

接下来，对"一个人"知识模型进行细致讲解，帮助你了解各部分背后的机理。

1. 左手

（1）How、Why：步骤/原则、结果/价值。

请你蜷曲左手的下面三根手指，现在的手形像小时候常比画的手枪一样（见图 4-15）。任何一连串的行动，都会导致一个结果，为了得到想要的结果，我们就要做出对应动作。因此，"手枪"手势就是说，如果你能实施 How 步骤，你就会射出子弹，自然得到指向的 Why 结果。就像如果你采用了非暴力沟通的 4 个步骤，你自然会体会到这样做的好处——（沟通双方）乐于互助。

图 4-15　左手"手枪"手势

第四章 分享学习——"赋能他人"的 TREE 学习法

（2）What：名称。

请花 5 秒记住以下几个数字（不用按顺序）：151225463194。

有点难，也许只有 10% 的人能记住吧。那如果我这样排列让你记忆呢：112439416525。

更进一步，这样写呢：1　1^2　2　2^2　3　3^2　4　4^2　5　5^2。

相信几乎 100% 的朋友都能记住。

虽然数字相同，但为什么排列不同会有那么大区别呢？背后的原因是编码。

第一种是完全无序状态，只能硬记，你需要记 12 个数。而第三种，你只需记住"n　n^2"和"n=1 2 3 4 5"就行了，可以说只需要记住 3 个模块。

乔治·米勒在 20 世纪 50 年代有一篇著名的论文《神奇的数字 7±2：人类信息加工能力的某些局限》，结论是在短时间内人很难记住超过 7±2 个单位的新信息，有些人只能记住 5 个，很厉害的人可以记住 9 个。这很容易理解，就像杂耍演员不可能抛接太多的球，球太多了一定会掉下来一样。那如果确实需要记忆大量信息，我们就需要编织合并，把多个小球编成一个大球进行抛接。比如，将"身份证、手机、钥匙、钱包"4 个词，编织合并成"身手钥钱"，即"伸手要钱"这个谐音短语，出门时默念一遍，就不容易忘带重要东西了。

给我们的启示是，**要对新知识进行编码，变多为少，方便记忆**。而大拇指就代表 What 名称概述，帮助你记住 How，像是手枪的挂钩，助你勾住（记住）左手这把手枪。

这时候我们往往要破除对作者的盲目信任，作者归纳的知识名称对你而言不一定就是最好、最容易记忆的，比如我就没有沿用"非暴力沟通 4 步骤"这个名词，而是概括成了"非暴力沟通 FFNN"，是不是更好记忆了呢？而我的好朋友、置信大学的厚橹老师，则编了个"事情需求"（事实、心情、需求、请求）口诀，也很好记。

下面再多举几个编码例子，以使读者加深理解。

很多朋友都听过 SMART 目标法则，就是将衡量好目标的五个原则（具体 Specific、可衡量 Measurable、可实现 Attainable、相关性 Relevant、有时限 Time-bound）的英文首字母提取出来缩写而成的。除简洁外，还有一点巧妙之处是这个英文单词的含意为"聪明"，正好形容好目标。

拆书帮 RIA 便签读书法也是类似的方法，其中 RIA=R（Reading）+I（Interpretation）+A1（Appropriation1）+A2（Appropriation2），但因为 I、A 对应的两个单词太复杂，不容易记忆，所以我就用汉字缩写，记忆成了复联行动（隐含一个容易记忆的事件：复仇者联盟在行动）=复述+联系+行动（省略"阅读"）。

熟练运用知识的标志之一是你记住了知识，因此 What 编码非常重要，值得你多花一些心思，也可以做得很好玩。有一次在四川培训师联合会（以下简称川培联）读书沙龙上，读书会"大咖"彭心奕老师为大家分享 ORID 模型。结尾时，川培联的张帆老师总结说，"嗯，我今天学到了'心奕姐美'（谐音编码），心=Thing=事实，奕=怡=心情，姐=解=思考，美=Make=行动"。

你可以找找看，在本书中我编了哪些知识点缩写名称，帮助你记忆。

2. 右手

（1）If：适用范围/条件。

接下来，我们看看右手，大拇指代表 If，即适用范围/条件，表示"在什么情况下，这个知识有效"。就像每套衣服都有其适合穿的场合一样，任何知识都有其适用范围/条件。因此，我们在讲解时，要说出来，方便听众对症下药。比如，非暴力沟通，就不太适用于需要高效率沟通的职场，而特别适用于有观点冲突、负面情绪的情况。

我们对一个方法适用于（或不适用于）哪些场景（或哪些情况）进行思考，还有助于实现第三章中提到的"活学活用"（知识迁移），加深你对知识假设前提的认识，甚至逐渐塑造出一种海纳百川、允许不同意见的心态。很多时候，大家的观点不同只是因为各自的背景和所处环境不同。

第四章 分享学习——"赋能他人"的 TREE 学习法

例如，在孔子因材施教的故事中，针对两位弟子同样的问题"如果我听到一种正确的主张，应该怎么做"，给出了截然相反的答案：对冉有说"应该立刻实行"，对子路说"要问一下父亲和兄长"。其实他并不是自相矛盾，而是考虑到两人性格不同而给出的答案：前者性格谦逊，办事犹豫不决，因此方法是立即做；后者逞强好胜，办事不周全，因此要多考虑。

（2）Eg.：例子。

剩下的 4 根手指代表例子。**在分享时，具体的例子能加深听众对抽象的知识的理解，而且让他们更容易记住。**比如，李叫兽在《为什么你会写自嗨型文案》里说的，同样想表达"工作辛苦，不如去旅行"这一观点，讲"乐享生活，畅意人生"这些大道理，就不如"你写 PPT 时，阿拉斯加的鳕鱼正跃出水面；你看报表时，梅里雪山的金丝猴刚好爬上树尖；你挤进地铁时，西藏的山鹰一直盘旋在云端；你在会议中吵架时，尼泊尔的背包客坐在火堆旁畅饮。有一些穿高跟鞋走不到的路，有一些喷着香水闻不到的空气，有一些在写字楼里永远遇不见的人"这样的表述。

代表例子的手指有两组意思，第一组代表 STAR，是人力资源领域里经常使用的面试甄别模型，其实就是讲故事，S 表示背景、T 表示目标、A 表示行动、R 表示结果。比如，面试时，一个人说自己很专业，那面试官就可以问他："对于你的专业性，能不能举个典型例子来说明呢？"如果他的表述中，STAR 各要素齐备、详细，那么至少可以证明对方对"专业"一词还是有所认识的。但如果对方只是轻描淡写，说不出来他是怎么体现专业的，那么他所谓的专业就很不可信了。

总之，我们必须给每个知识至少配一个例子。说坚持不懈时，我们可以讲"愚公移山"；说积极看待坏事时，我们可以讲"塞翁失马"；说凡事你要自己试试时，我们可以讲"小马过河"。夸张地说，可以没有抽象知识，但不能没有具体例子。有兴趣深入钻研的伙伴，可以搜索"库伯的学习圈理论"。

第二组意思代表例子的 4 种类型。

正面/反面例子。前面我们举了非暴力沟通FFNN的一个正面例子，而在《非暴力沟通》中还有不少反面例子（没有采用非暴力沟通而导致的负面故事），以及先是没有采用非暴力沟通方式不成功，而后采用了非暴力沟通方式从而成功的正面例子，这都能极大帮助听众理解、记忆，"哇，通过这些故事，我知道了这样做会有×××的好结果，而我按照以往的暴脾气做又会有×××的坏结果"。

名人/自己例子。一般说来，举名人的例子佐证，会更容易说服听众；而举自己的例子佐证，则会让听众觉得真实亲切。在这次写书过程中，我发现一件有趣的事，在一些人眼里，如果文章配上BAT（百度、阿里巴巴、腾讯）三家公司的例子会更好，而在演讲圈子里，更建议演讲者说自己的故事。你更喜欢前者还是后者呢？

经典/新颖例子。前者尊重传统，后者贵在新鲜。在第二章中，我列举了赵永久老师无名之火的故事，这就是经典例子；而我在末尾写了个快递故事，这就是新造的例子。

比喻/桩子例子。你还记得上学时，老师是如何教我们新知识的吗？一般都是先回顾旧知识，然后在此基础上讲解新知识。比喻/桩子例子就是在帮助我们从旧到新、轻松构建知识体系。就像在已盖好的房子上加盖一层，比单独盖一间平房简单很多。

我们先说比喻（类比/寓言/象征……）。刚刚说的加盖房子就是一个比喻的例子，是不是帮助你加深理解和记忆了呢？

《王者速读法》是运用比喻的一个好书名。顾名思义，你可以瞬间记住作者的思想：你要把自己当成国王，速读就像召集臣子吸纳建议。

虽然你可能没有学过"六顶思考帽"，但我请你戴上绿色帽子思考（原谅外国人不懂中国人的风俗），相信你会很容易理解为什么它指的是创意、创新思考，因为绿色是自然生长的象征。而红色、黑色帽子，你肯定能猜到它们分别象征情绪、批判。

第四章　分享学习——"赋能他人"的 TREE 学习法

如果我想给你介绍我的好朋友 Jack 船长长什么样子，但不能给你看照片，这样就有挑战了，因为单纯地介绍很难说清楚，但我打个比方，他是演讲界的王宝强+钟汉良，你就容易懂了。

因此，可以说比喻是快速传达新思想最有力的武器。多用比喻，你的知识会更鲜活，更容易让听众理解。

除比喻这种有内在关联性的方法以外，还有一种桩子法，属于强制关联。

传闻亚里士多德喜好四处游学，并擅长辩论，那他要如何记住海量的典籍以及数据呢？要知道公元前 5 世纪的古罗马时期可是没有 PPT 的。他就用演讲时的地点——宫殿柱子，这个现场熟悉的内容，与他演讲的内容进行挂钩。比如，想象第一根柱子上放着一个胆，第二根柱子上放着一颗心，等等。所以演讲的主题就是成功要靠胆大、心细……。除石柱外，还发展出了身体桩子、房屋桩子等，总之都是你熟悉的事物。

接下来举一个经典例子和一个新颖例子，帮助你理解。

一年 12 个月中有大月和小月，如何不依靠看月历而加以区分呢？老师会教我们利用拳头的关节凹凸记忆，即将拳头作为桩子强制关联大月和小月。

而如何帮助大家全面重述知识？我利用人体作为桩子，就是正在讲解的"一个人"知识模型，只要你熟悉人体的大致结构与知识点的对应关系，你就可以轻松记住如何结构化、全面地介绍一个知识点。

以上讲完了例子的两组意思，你会发现它们可以从不同方面帮助你加深对知识的理解（我在非暴力沟通重述答案中，为了节省篇幅，就只按 STAR 重构了原文案例）。

3. 头

头脑代表思考，而思考的目的是发现规律，因此我们用"头"关联"原理"（基本规律）。将方法再次抽象，找到底层影响要素。

既然是基本规律，就应该遵循奥卡姆剃刀定律"如无必要，勿增实体""切勿浪费较多东西去做用较少的东西同样可以做好的事情"。如果一个原理，

139

能解释3个现象，就不要发明3个原理去解释3个现象。

4．双脚

双脚代表行走，行走有相伴随行，也有一路走来，因此我们用"左脚"代表"与这个知识相关（相似或相反）的知识"；"右脚"代表"这个知识的起源与发展"。

以上简述了"一个人"知识模型，目的是告诉你当你想全面表述一个知识时，可以从哪些方面组织语言（但并不说每次都必须覆盖全，要根据目的和对象筛选）。

要真正掌握结构化重述并不是一件简单的事情。新手入门先练习左手WWH就好，然后增加右手，进而到"一个人"知识模型。

最后给个重构能力的评价标准，你看看自己能得多少分呢？

过去在学校里，能通篇一字不差背诵文章，叫作及格。

而现在，能用自己简洁的语言重述张三的一大段话，才算及格。

如果你能够对着李四，用他能听懂的话，转述好张三的话，你就做到了良好。

如果你能用一个隐含张三思想的故事，去启发李四，你就堪称优秀。

要想步入卓越，得看你是否能用一个提问，让李四自己得出张三的思想。

最后，如果你能用一个眼神、一个手势、一顿木鱼敲或者一句"你懂的"，成功传递一种思想给他人的话，请收下我的膝盖，你不是天才，就是得道高僧。

【付诸行动】

（1）请挑选括号里你认为正确的答案：在时间有限的情况下，（重述知识/模仿行动）比（重述知识/模仿行动）更重要。

（2）请将"一个人"知识模型转化为问题清单，我给你开了个头，请你填补完整：

① What：这个知识点叫什么？

② Why：做了这个知识点有什么好处/价值/结果？

③ How：＿＿＿＿＿＿＿＿＿＿＿＿＿＿＿＿＿＿＿＿＿＿＿＿＿＿

第四章 分享学习——"赋能他人"的 TREE 学习法

④ If：_____

⑤ Eg.：_____

⑥ Theory：_____

⑦ Related knowledge：_____

⑧ History：_____

（3）请在纸上画出一个人形图案，并标注上对应的"一个人"知识模型内容。

（4）请选取一个你最熟悉的知识，按照右手例子的第二组意思，尽量多地写出匹配的例子。

① 正面例子：_____

② 反面例子：_____

③ 名人例子：_____

④ 自己例子：_____

⑤ 经典例子：_____

⑥ 新颖例子：_____

⑦ 比喻例子：_____

⑧ 桩子例子：_____

（5）请运用"一个人"知识模型重述一个你知道的知识。

【行动表单】

"一个人"知识模型表如表 4-2 所示。

表 4-2 "一个人"知识模型表

原理 Theory	
名称、结果/价值、步骤/原则	使用范围 If
What：	

续表

Why: How:	Eg.：正面/反面；名人/自己； 经典/新颖；比喻/桩子
相关知识 Related knowledge	历史发展 History

构建模型（systEm）：如何打造知识体系

> 大脑的归纳分组分析活动只有以下3种，时间（步骤）顺序、结构（空间）顺序和程度（重要性）顺序。
>
> ——芭芭拉·明托

为什么需要打造知识体系

患上"拖延症"，怎么治？如果你单独询问身边的伙伴，他们或许只能回答出一两条自己的做法。而召集一群人讨论之后，你可能得到以下答案：

（1）设置截止日期。

（2）激发动力。

（3）立即行动，从小事做起。

（4）分解目标。

（5）接纳不完美的自己。

（6）减少分心，关掉手机。

（7）跟勤奋的伙伴做朋友。

（8）找到自己为拖延找的借口，并且反驳它。

……

第四章 分享学习——"赋能他人"的 TREE 学习法

这些方法可能都会有效，但似乎有点乱。如果你问我，我的回答如下。

第一步，还原现场。是谁患上了"拖延症"，具体情况为何？能否举一个典型例子？

第二步，寻找模型。比如，我们可以找到效能钻石模型，有以下六大要素：

（1）目标。你拖延的事情，是否有一个"好目标"？即是否符合 G-SMART 原则（正向、具体、可衡量、可实现、资源充足、有时限）

（2）动力。你是否从价值、特长、兴趣与信念 4 个方面去激发了自己的内、外动力？

（3）伙伴。如果你拖延的事务是外部客户要求的，那你清楚他的需求吗？是不是你想得太复杂了？你有老师、伙伴来助你解决拖延的事务吗？你会向他们学习、授权吗？

（4）做法。你用 5W2H 细化任务了吗？比如，把任务变成一个个 2 分钟就能完成的小步骤。定好时间、地点，配置好工具、资料了吗？

（5）反思。你的拖延背后的原因是什么？是不是"苛求完美"等心理信念问题？

（6）专注。你会对其他无关事情说"不"以排除干扰吗？你可以随时随地收集必要的信息吗？

第三步，分析原因。基于事实分析，到底以上哪一点是造成你拖延的重要因素，同时又是容易改变的？

第四步，确定改进目标及实施方案。

第五步，执行方案并反思成果。

对于我的回答，你可能觉得看不懂，但一定会觉得我比较专业，对吧？你判断的依据，是看起来很有条理的样子，这就是一般人和专家的区别。专家是有条理的，有很多工具，可以剥丝抽茧、层层深入地分析出导致问题的真正原因，然后对症下药，最终药到病除。这些工具和分析方法，就是知识体系。

打造知识体系有什么好处呢？对我们自己来说，是显性化了经验，便于自己复盘和今后再次运用知识。而随着我们不断扩大知识面，将知识体系扩宽、加深，我们就成了见多识广的专家。对于别人来说，是可以帮助他们全面分析问题、有效解决问题。

知识体系是什么，如何打造知识体系

体系泛指一定范围内的同类事物按照一定的秩序和内部联系组合而成的整体。简化一下，就是同类事物按照一定顺序组成的整体。那么，知识体系，就是一组知识的有序集合。

上一节中已经介绍了如何用"一个人"知识模型表述一个知识，而打造知识体系，是针对一个主题或问题，罗列出多个"有效"知识，通过"有序"去关联这些知识，通过"有限"去筛选知识数量的过程，简称"三有法"（见图 4-16），就像用很多块知识砖，搭建出一座知识大楼。

图 4-16 三有法打造知识体系

举个例子，在一次拆书活动中，一个伙伴提问如何打造知识体系，我先讲了知识体系的定义，然后问提问者："请问，你要构建什么知识体系？目前你知道哪些知识点了？"

他回答："沟通知识体系。一个知识点是'对比说明'（来自《关键对话》），嗯我想想……还有一个是反问自己（不清楚来源）。"

我继续问道："这两个（知识点）之间是什么关系？有无交集，或者是否

第四章 分享学习——"赋能他人"的 TREE 学习法

是从属关系？"

"都不是，是两个独立的知识点。"

"好了，你的沟通知识体系构建好了，就叫'对反'沟通知识体系，有两个要点，一是对比说明，二是反问自己。而以后等你增加了沟通的知识，再思考将其加入这个体系。"

接下来，我们比对"三有法"分析一下这个案例。

1. 有效：尽量多地罗列出有效的方法

目前你知道哪些知识点了（你新近又实践了哪些知识点）？

（1）虽说这位伙伴对于沟通知识的积累还不太多，只有两个，但并不代表他对沟通的理解不深。因为"多"不代表"有深度"，反之亦然。**很多人会炫耀自己的印象笔记架构，分门别类排列得非常整齐，类别非常多，还要编各种码，就像京东图书的分类索引一样，他们称之为知识体系，其实，很多时候只能称之为资料收集和整理。真正知识体系里的知识，应该是自己实践后的真知，是经过"致用学习"验证的有效知识。**

不建议将到处抄来的资料立即加入知识体系。就像你买了再多本菜谱，也不能说自己就是厨师和美食家了。否则，构建知识体系也太容易了，无非就是买教科书，然后按照目录收集、整理资料，这样其实也就是练习了"另存为+分类"而已。

知识体系应该是学习的最终产物之一，虽然呈现出的样子是分门别类的资料库，但有些资料库，是高手随手拈来、入木三分的人生阅历，而有些资料库却只是复制、粘贴而成的，怎么能相提并论呢。

这种错误认知的根源是，我们在上学时，就是在照搬别人的知识体系。其实很多知识因为我们没实践，根本不能算我们学到了，只能算记住了。

（2）为了尽可能多地罗列出知识，我们可以借助群体的力量，如召集有经验的伙伴一起通过"头脑风暴"等群策群力的方法去收集知识。这样做还可以激发大家潜能，能发挥出"1+1>2"的价值。

完成"有效"这一步，你已经得到了一张不错的知识清单，而要构建出简洁有力的知识体系，还需要以下两步。

2．有序：将知识点按照 MECE 原则分类，并按一定顺序排列

这两个（知识点）之间是什么关系？有无交集，或者是否是从属关系？

思考这个问题是为了运用 MECE 原则。MECE 一词来自"金字塔原理"，是 Mutually Exclusive Collectively Exhaustive 的首字母缩写，通常翻译为"相互独立，完全穷尽"，我将其诠释为"不多不少不重（叠）"。符合 MECE 原则分类的知识点，会特别有逻辑，便于理解和运用。

在实际应用中要做到完全"不多不少不重（叠）"确实很难，但至少我们要做到"不重（叠）"。例如，如果一个人有效的沟通知识有"针对男人的沟通技巧"和"针对'90后'的沟通技巧"，那么因为男人和"90后"有部分重叠，我们就可以调整成"针对非'90后'的男人的沟通技巧"和"针对'90后'的沟通技巧"，或者"针对男人的沟通技巧"和"针对'90后'女人的沟通技巧"，这样便于听众了解适用范围、对号入座运用知识。当然我们还可以细致到知识点内部，看能否抽象出覆盖所有人的沟通技巧，或者聚焦到"90后"群体。

在构建多内容、多层次的知识体系时，往往会涉及拆分重组、上堆下切等复杂操作，此处不再介绍，想深入了解相关知识的读者可阅读《金字塔原理》等逻辑思考的书。

接下来，还要做的就是排序。简单来说，一类符合 MECE 的知识点常用的 4 种排序方式为：程度顺序、并列顺序、时间顺序（见图 4-17）和复合顺序。

图 4-17　常用的三种排序方式

第四章 分享学习——"赋能他人"的 TREE 学习法

例如，沟通体系可以分为以下几种排序方式。

（1）针对上级的沟通，针对平级的沟通，针对下级的沟通。这是按职级重要程度进行的排序。

（2）针对正式场合（职场）的沟通，针对生活场合（家庭）的沟通。这是将工作、生活并列排序的方式。另外，你可以将人按 DISC 理论分为四类（D 支配型、I 影响型、S 稳健型、C 谨慎型），然后设计为针对 D 型人的沟通，针对 I 型人的沟通、针对 S 型人的沟通、针对 C 型人的沟通。这也是并列的排序方式。

（3）沟通前的准备，沟通中的表述，沟通后的跟进。这是按照沟通前后时间进行的排序。还可以按上午、下午和晚上的时间段排序。

（4）复合顺序，指的是每一层按照一种顺序排列，建立多层的排序方法。例如，第一层按职级重要程度排序，第二层将工作、生活并列排序，就变成 6 类：上级&工作，上级&生活，平级&工作，平级&生活，下级&工作，下级&生活。

在构建知识体系时，我们可以借鉴知名体系的分类和排序方式，这样既简单，又容易被人认可。例如，当我们构建领导者能力培养体系时，我们就可以借鉴被誉为"领导力开发的圣经"的《领导梯队》。"领导力发展六阶段"模型采用了复合排序方式，它将领导力发展分为六个阶段，从个人贡献者到一线经理，从一线经理到部门总监，……最后从集团高管到首席执行官，这是按发展时间进行的排序。然后将每个阶段领导者需要更新的能力，按照并列排序方式分为领导技能、时间管理和工作理念。我们在此基础上略微考虑自身因素，调整一下管理者角色和对应课程方法，就能很快构建出一套自己的领导者能力培养体系。

再举一个复合排序的例子。在四叶草社群，我们把学习内容先按学习主题进行并列排序，分为领导管理、目标效能、沟通性格、情绪心理、思维逻辑、婚恋亲子六大方面，每月选取一本对应主题的经典图书，然后按学习形式进行时间排序，每月第一周读（书），第二周画（思维导图），第三周写（文章），第四周（演）讲。

经过有序这一步，你的知识就可以实现网络化和产生关联，不再是一盘散沙，而是有不同房间的房子。

3．有限：限制数量，筛选知识点

接下来，我们要思考的是限制数量。如果把一个主题下有效的方法都罗列上去，这个过程往往会很复杂。比如《高效能人士的七个习惯》这本书，难道高效能人士就只有这七个习惯吗？显然不是，因为作者后来还出了一本《高效能人士的第八个习惯》。这时候为了简洁和美，就需要做到限制：根据知识点的重要程度、价值等标准进行排序，把排在前面的重要因素放进体系即可，后面的要素可以归为"其他"分类或删除。最终体系以1～3层，每层3～7个要素为好。

总结一下，用"三有法"打造知识体系，就是不断罗列出同一类有效的知识，然后将它们按照4种排序方式排列，并用有限数量精选要素的过程。

常见知识体系模型

万丈高楼平地起，以下是一些我常用的基础模型，你可以整体使用、也可拆分使用，它们就像积木一样，可以供你搭建你的知识体系大厦。

1．一个维度

（1）两要素。

事情（道理）、心情（情绪）。很多时候男人和女人吵架，是因为各自站在自己的角度思考问题，男人只讲道理，女人只说情绪。而要想融洽相处，那你的知识体系里就要有对方习惯、喜欢和常用的表达方式。

需求、供给（专业/技术）。自己喜欢、觉得专业的东西，不一定是对方喜

第四章 分享学习——"赋能他人"的 TREE 学习法

欢的，因为你没有站在对方的角度思考他需要什么。你的知识体系里既有自己专业的知识，又有可以摸清对方需求的知识吗？

（2）三要素。

WWH（Why 为什么、What 是什么、How 如何做）：这个框架应用领域非常广泛，比如在培训课程中对应"态度、知识、技能"，老师讲授"为什么"要学好这个知识，帮助学员改变态度；老师讲授这个知识"是什么"，帮助学员学到知识；老师示范和辅导"如何做"，帮助学员学会技能。

比如在问题解决中，"What、Why、How"对应"问题现状、问题原因、解决办法"：先找到发生了什么问题，然后分析为什么会发生这个问题，最后思考如何做能解决这个问题。

比如，在人生规划中，对应"梦想目标、价值意义、方法路径"：我的目标是什么？为什么我要实现这个目标？如何做就能达成目标？讲到这里，你有没有发现重述方法里的左手要素，也是这三个词？

FAB（Feature 属性、Advantage 优势、Benefit 利益）：你能否细致地讲出你的产品/服务/工作对应的这三点吗？如果能的话，你就极有可能说服对方购买/认可/点赞你的产品/服务/工作。

（3）四要素。

GROW（Goal 目标、Reality 现状、Options 方案、Way forward 行动）：这是教练技术领域应用较广泛、知名度较高的模型之一。你知道你当下的目标是什么吗？目前现状如何？你有什么方案可选？接下来你可以做什么来达成目标？你知道如何找寻目标、觉察现状、挖掘资源、制订计划吗？这个模型可以帮助你高效达成目标。

ORID（Objective 数据、Reflective 体验、Interpretive 理解、Decisional 决定）：这个框架可以用于觉察、学习，乃至培训，因为其本质是人的对话或思考模式。你有没有发现本书中的"觉察学习"四要素，也是借鉴了这一模型呢？

（4）多要素。

吉尔伯特行为工程模型是由被誉为绩效改进之父的吉尔伯特提出的行为工程模型（BEM），它揭示了人的绩效表现受以下六大类因素的影响：信息、资源、刺激、知识技能、天赋和动机。简单举例，一个人的表现不好，并不一定是因为缺乏知识技能，也有可能是因为工资（刺激）没给够，或时间（资源）没给够等。这个模型可以帮助你提升绩效表现，分析培训需求，乃至制定你的学习目标。

5W2H：又叫七何分析法，是用五个以W开头的英语单词和两个以H开头的英语单词进行设问。

Why：为什么？

When：什么时候？

Where：什么地点？

What：是什么？

Who：谁？

How：如何做？

How much：多少？做到什么程度？投入与产出？

该分析法简单方便且全面，易于理解、使用，富有启发意义，广泛用于企业管理和技术活动。我刚加入一汽物流（成都）有限公司（以下简称一汽）时，时任公司总经理的刘国斌先生经常倡导使用该方法，并身体力行。在这里建议大家一定要倒背如流、随时取用。

2．两个维度（形成2×2矩阵）

重要程度和紧急程度：相信你肯定听过时间管理四象限，我们可以将任何事情分为四类，即重要且紧急、重要但不紧急、不重要但紧急和不重要且不紧急。在《高效能人士的七个习惯》一书中对其进行了详细的讲解。对于你来说，学习这件事是属于哪个象限的呢？

意愿和能力：可以按照一个人的能力和工作的意愿（态度），将人分为四

第四章 分享学习——"赋能他人"的 TREE 学习法

类,即意愿强且能力强叫"人财",意愿强但能力弱叫"人材",意愿弱但能力强叫"人才",意愿弱且能力弱叫"人裁"。那么在学习上,你是什么"cai"?对相关知识感兴趣可以了解"情境领导理论"。

3. 多个维度

价值、特长、兴趣:身为职业培训师,学习对于我来说是一件既有价值,又能发挥特长,并且感兴趣的事。你的工作,也是这样的吗?对相关知识感兴趣可以了解"职业规划三叶草模型"。

【付诸行动】

(1)请挑选括号里你认为正确的答案:打造知识体系的第一步,也是最重要的一步是(有效/有序/有限)。

(2)请按照"三有法",构建出一个属于你的沟通知识体系,并画出模型图。

(3)请寻找一些知识体系模型,并尝试运用。

(4)请购买、阅读《金字塔原理》《结构性思维》和《结构思考力》3 本书,并以"一个人"知识模型形式至少重述一个知识点。

【行动表单】

用"三有法"构建模型表如表 4-3 所示。

表 4-3 用"三有法"构建模型表

知识主题		
构建步骤	方　　法	你　的　答　案
有效	尽量多地罗列出有效的方法	
有序	将知识点按照 MECE 法则分类,并按一定顺序(程度、并列、时间和复合)排列	
有限	限制数量,筛选知识点	
结构图	画出含有要素和关系的结构图	

多元分享（sharE）：如何"读画写讲"分享知识、赋能他人

> 每个孩子都是一个潜在的天才儿童，只是经常表现为不同的形式。
> ——霍华德·加德纳

培友汇创始人、混沌大学领教郝志强老师有一次在成都授课，在搭乘地铁时他发现一位伙伴在读书，在众多埋头刷手机的人中格外显眼，他走上去一问才知道，原来这位伙伴明天要考试。你是不是也会有这样的情况：到了要考试、要分享、要汇报的时候，学习效率就飞速提升？那么，为什么我们不以分享输出来牵引我们学习输入呢？教是最好的学。

我、京米粒、郭龙和 Jack 船长，我们 4 个培训师好伙伴在 2017 年 4 月 20 日联合启动了四叶草社群，这是一个倡导"越学习、越幸运"理念，用每月 4 场"读画写讲"沙龙彻底打通你的学习输入和多元输出的正能量社群。

我们将通用技能划分为 6 类，分别是"领导管理""目标效能""沟通性格""情绪心理""思维逻辑""婚恋亲子"。我们会每个月选取一个主题的一本经典图书，第一周你可以学到如何通过高效阅读做好学习输入，接下来三周我们一起做好多元输出，如第二周画出调动全脑的思维导图，第三周写出"金句"满满的文章，第四周用心演讲出你的思想，帮助你爱上学习、终身学习、疯狂成长。

我们的初衷是分享所知、赋能他人，但在这个过程中，我们惊喜地发现我们自己也收获满满，无论是在知识上，还是友情方面。自然，我也愿意在本书分享我们是如何"读画写讲"的，帮助你以输出带动输入，让你也能逐渐赋能他人。

第四章 分享学习——"赋能他人"的 TREE 学习法

八大智能促分享

我们的"读画写讲"组合,看似很简单,仅合并了我们四个人各自的一项特长,但我们逐渐发现背后颇有玄机:能极大地帮助我们学习者提升分享质量。

我们先来看一堂有趣的学习,来自王秋英老师的《直击美国课堂:一节与众不同的历史/语文课》一文。看的时候,请思考你会喜欢这样的课堂吗?你会愿意聆听这样的分享吗?听完这样的课会对你的生活产生什么积极而长远的影响?

(a)我们听的是6年级的历史/语文课。6年级在这所学校里已经算初中了。老师讲的内容是前历史时期。首先,老师给每位学生发了一块石头和一些油彩,让学生假设手中的石头是化石,让学生在石头上画画,想画什么都可以,但必须是学生对前历史时期的理解。学生们很兴奋,开始埋头在石头上画画,有的学生嫌不过瘾,还拿了两块石头。有的学生画的是前历史时期的原始人,有的学生画的是前历史时期的洞穴,有的画的是钻木取火的场景。有一个学生最有意思,画的动物非禽非兽,可能这就是他对前历史时期的理解吧。

(b)在学生们画画的时候,我在教室里随意转了转,发现教室的四周摆满了不同历史时期的场景,有的是生活场景模型,有的是学生收集来的图片资料,有的是学生的手工制品,当然,我还发现了我们中国的兵马俑模型。

(c)画完了,学生们就"请"这些变得花花绿绿的"化石"去外面晒太阳,老师进入了第二个环节——一个非常年轻的历史老师来给同学们讲前历史时期的钻木取火。在展示了钻木取火的图片和讲述了相关文字内容后,这位历史老师开始拿出实物,向学生们演示如何做钻木取火的工具。然后把学生分成5人一个小组,发给学生材料,让学生自己动手做。学生

学习的答案

们很快做好了。历史老师一边让学生们摆弄工具，一边开始启发学生：这个工具是怎样工作的？里面涉及了什么样的技术原理？这个工具除了可以钻木取火，还能用来干什么？在现在的生活中，还有没有类似的技术工具？它与现在的新技术有什么联系？学生们回答得很踊跃，显然他们对自己能亲手做出几千年前的工具感到好奇和兴奋。通过动手制作和巧妙地提问，老师轻易地把几千年的时光轻轻地拉过。最后，老师号召同学们利用生活中的一些材料来制作实用的工具。

（d）不要以为这节课就结束了，第三个环节是扮演与问答。老师已经事先布置了家庭作业——阅读两本故事类的历史书籍，然后在课堂上请两位同学扮演书中的主人公，其他同学就这两本书中的内容进行提问，由这两位主人公回答。我注意到其中一本书的书名是《寒冷的洞穴》（可能是讲原始人生活的）。显然，6年级的学生还很调皮，有的学生的提问相当"高难度"，而主人公的回答也相当俏皮和幽默，教室中不时爆发出阵阵笑声。

趁学生扮演和回答问题的时候，我对这位老师进行了简短的访谈。她说，把两个科目放在一起教，教学内容更丰富，更多的教学资源能够共享，学生在一节课上能够学到更多的东西。而且，将不同科目的内容放在一起，对学生的学习和成长更加有利，学生也很有兴趣。这也是这所学校把两个科目放在一起的原因。我想，她讲的可能就是不同科目之间的渗透吧。这位老师还说，她给学生布置的作业是多种多样的，（e）有时是让学生通过各种手段进行专题研究，（f）有时是让学生自己做PPT，有时是让学生阅读，（g）在讲到中国和印第安历史的时候，主要是让学生打扮成中国古代人和印第安人的模样来表演。

这节80分钟的历史/语文课与我在国内看到的很不同：一节历史课竟然如此有趣，老师没有在白板上写一个字，学生也没有死记硬背历史年代、历史事件，但是，学生的想象力与动手能力得到了充分的发挥，学生对历

第四章 分享学习——"赋能他人"的 TREE 学习法

史的兴趣与日俱增。我相信，学生在课后一定会主动寻找相关书籍来阅读——因为在课堂上他们已经领略到了，历史是一件多么有趣的事。

这样的课堂是不是很有意思？这种多元的学习输入、输出形式，让我不由得想起了多元智能理论。1983 年，著名教育心理学家、哈佛大学教授霍华德·加德纳博士在《智能的结构》一书中提出了多元智能理论，30 多年来该理论已经引起了教育学家的广泛关注，并且已广泛应用于学校中，尤其是在幼儿教育中获得了巨大成功。霍华德·加德纳博士指出，人类的智能绝非只能被一元化的智商衡量，而是多元化的。每个人都拥有不同的智能优势组合，我们也是运用多种智能优势组合来解决问题的。他提出了八大智能，分别是语言智能、音乐智能、逻辑-数学智能、空间智能、身体-动觉智能、自我认知智能、人际智能和自然认知智能。

这八大智能的简介及其跟课堂内容的关联情况如下。

1. 语言智能

简单来说，语言智能是指人能够运用语言或文字表达自己的思想，并理解他人语言或文字的能力。比如，文学家通常就拥有这个智能。前文课堂里的（d）角色扮演与问答、（e）专题研究、（f）做 PPT 和阅读，以及（g）角色扮演，都直接需要学生运用此项智能。

2. 音乐智能

音乐智能是指人能够敏锐地感知音调、旋律、音色，并能表演、创造、思考音乐等能力。比如，音乐家通常就拥有这个智能。虽然前文课堂里暂时没有此项智能的例子，但我们可以通过将熟悉歌曲的歌词改编为课堂知识然后唱出来的方式来运用此项智能。

3. 逻辑-数学智能

逻辑-数学智能是指人能进行数学、逻辑推理和科学分析的能力。比如，数学家通常就拥有这个智能。前文课堂里的（b）模型和图片制作，以及摆放分类收集到的资料就会用到此项智能。同时在（f）做 PPT 里，也会需要利用它来对前、后内容进行排序。

4. 空间智能

空间智能是指人能准确感知由色彩、线条、形状、位置、距离等组成的视觉世界，并且能将其以图画临摹、表达出来，以及想象物体翻转与空间关系的能力。比如，水手、工程师、画家通常就拥有这个智能。前文课堂里的（a）在石头上画画就需要学生运用此项智能。

5. 身体-动觉智能

身体-动觉智能是指人运用身体解决问题、制造产品或表达思想和情感的能力。比如，舞蹈家、运动家通常就拥有这个智能。前文课堂里的（a）在石头上画画、（c）钻木取火和（g）角色扮演都需要学生运用此项智能。

6. 自我认知智能

自我认知智能是指人对自己内心世界的认知，即了解自己的感情生活和情绪变化，有效地辨别这些感情，最后加以标识，使之成为理解自己和指导自己行为准则的能力。比如，心理学家通常就拥有这个智能。前文课堂里（c）钻木取火中的好奇和兴奋，以及（d）角色扮演与问答中的笑声都属于此项智能。

7. 人际智能

人际智能是指留意其他人之间差异，特别是观察他人的情绪、性格、动机和意向的能力。如果说自我认知智能可以使人更好地认识自己、处理自己的个人问题，那么人际智能可以使人了解他人、更好地与他人一起工作。比如，商人、政治家、教师通常就拥有这个智能。前文课堂里（d）阅读历史书籍、角色扮演与问答中的一问一答及（g）角色扮演中的团队合作都需要运用此项智能。

第四章　分享学习——"赋能他人"的 TREE 学习法

8. 自然认知智能

自然认知智能是指善于观察自然界中的各种事物，对细微差别的事物进行分类或思考的能力。比如，生物学家通常就拥有这个智能。前文课堂里的（c）钻木取火就需要用到此项智能。

综上所述，**我们设计分享形式时，如果能调动听众的八大智能，是不是会有更好的效果呢？** 答案是肯定的，我们能更好地引起听众的兴趣、加深听众的印象、促进听众思考，提升其学习效果。四叶草社群的"读画写讲"沙龙正是基于这一原理设计的（见图4-18）。在四叶草社群活动中，不是导师们在台上枯燥地灌输知识，听众在台下昏昏欲睡或者徒劳地抄写再也不会看的笔记，而是大家欢乐地参与其中，双方都有很多收获。

图 4-18　"读画写讲"与八大智能

限于本书篇幅和定位，下面介绍基于个人分享的"读画写讲"法，如果你想了解如何设计带领一群人的"读画写讲"沙龙，那么请期待下一本四叶草社群之书吧，也欢迎你来四叶草社群沙龙现场体验。

读：如何写出简约但不简单的读书笔记

写读书笔记，能锻炼你的语言智能和逻辑-数学智能（在四叶草社群读书沙龙里，我还会设计小组讨论、角色扮演、出题考试等学习活动，调动你的自我认知智能、人际智能）。

在我看来，一篇好的读书笔记，需要满足以下 3 个要点。

（1）简单短小。目的是帮助读者节省阅读时间、了解重点知识。一篇好的读书笔记更像是摘要，而不是全书翻译。

（2）推荐点评。目的是帮助读者降低挑选成本，协助其购买书籍。一篇好的读书笔记更像是推荐理由，而不是学术研究文章。

（3）转述原意。目的是帮助读者扩展知识领域，了解作者思想。一篇好的读书笔记更像是全书要点，而不是自己的心得感想（想要了解如何在文章中加入自己的所思所感，请看"写"）。

基于这 3 个要点，我建议按以下结构写读书笔记。

1. 针对一本书

标题：如何（实现×××目标/解决×××问题）——书名。

第一段：问好+自我介绍/品牌介绍+书名。

第二段：主题+作者+亮点+阅读难度+推荐下单指数。

主体：每一段基于"一个人"知识模型介绍一个知识（此方法介绍详见第四章"重述方法"一节），附上页码。可写 1～5 个知识点，一般以 3 个为宜。

结尾：感谢+品牌+关注。

2. 针对一个问题（多本书）

标题：如何（实现×××目标/解决×××问题）——所有书名。

第一段：问好+自我介绍/品牌介绍+问题。

第二段：作者+亮点对比+阅读难度对比+推荐下单书名。

主体：每一段基于一个问题，介绍不同书中的知识（每个知识的写法与"针对一本书"里的写法相同）。

结尾：感谢+品牌+关注。

第四章　分享学习——"赋能他人"的 TREE 学习法

下面以《爱的五种语言》一书的笔记为例进行详述。

如何增进亲密关系——《爱的五种语言》

大家好，我是学习家何平，越学习、越幸运，今天我带来的幸运之书是《爱的五种语言》（江西人民出版社）。

这本亲密关系/婚恋主题的书是由著名婚姻辅导专家盖瑞·查普曼博士所著的，曾居《纽约时报》畅销书排行榜第一名，被翻译成 20 多种语言在全球发行。这本书堪称价值几千元的培训课程式图书，其中有大量实用操作方法和案例、行动指南，还有夫妻爱语测评题。阅读难度为 3 星，推荐下单指数为 5 星。

我精选了爱的五种语言中的三种与大家分享，分别是"精心的会话"p66-67、"接受礼物"p82、"服务的行动"p107-110。

我们是不是经常一边拿着手机玩，一边漫不经心地与家人交流？而为了让对方在情绪上感受到被爱，我们应该投入"全身心"进行精心会话。

（1）心：用心倾听，放下手里的手机或其他事情。如果无法放下，就以明确的时长，请求推迟交流。比如，"我很有兴趣听你讲话，你能不能给我 10 分钟结束手上这件要事，然后全身心陪伴你"？

（2）眼：当对方说话的时候，用热恋时的眼神温暖地注视对方。

（3）舌：不要武断地判断对方的意思，然后打断对方讲话。比如，帕特里克在他的太太表达压力时，总是武断认为对方是在向自己求助，因此用各种建议去打断太太的讲话。

（4）体：不仅要聆听声音内容，还要观察对方的手势等肢体语言，思考这些意味着什么。

（5）手：手意味着伸手去触摸、感觉，即要去分享你觉得对方正在感受的体验，如"你现在感觉很失望/高兴……对吗？"

（备注说明：每个知识点重点分享了"一个人"知识模型中的 Why、What 和 How，略去其他要素。句式是"Why，我们在 If 的情况下，可以做 What，

学习的答案

具体是 How1、2、3"。并在 Why 的前面，增加了一个问句。例如，我们是不是经常一边拿着手机玩，一边漫不经心地与家人交流？）

在过去的一个节日中，你有送出礼物吗？爱一个人除了言语上的"我爱你"，还需要能看得到的爱意。为了让对方看见你的爱，我们可以按"现在—创意—清单"的方式赠送礼物。

（1）现在就选礼物吧。无所谓送礼物的时机，只要你送出礼物，当天就会是特别的日子。

（2）重要是创意和精心。礼物无所谓是自制的还是购买的、价格是高还是低，重在用心。

（3）列一个礼物清单。回忆对方喜欢收到什么样的礼物（会让他/她兴奋，是他/她会时不时提及的），或者求助熟悉对方的家人、朋友。不要怕没有送出礼物的经验，选择一个合适的礼物，送出就好了。

你会不会耻于表达自己的需求，或者认为即使自己不说对方也应该知道？或者缺少用关心的行动去表达"我爱你"。为了让彼此得到爱的照顾，我们可以按"深挖—请求—清单"的方式去服务。

（1）深入了解对方对你的批评，里面有他/她最深的情感需求。比如，深入挖掘"听起来那对你非常重要""我想更多地了解你，为什么它那么重要呢"这些话的含义。

（2）你可以向对方表达请求，但注意不是用命令和强迫的语气。比如，你可以说，"亲爱的，你可以去洗下车吗"？而不要说，"你怎么还没洗车，赶紧去"！

（3）你们可以列出"希望对方为自己做的事"清单，相互交换，从愿意做的事开始相互服务。记得特别回忆一下热恋时的那些爱意行动。

以上就是能帮助我们增进亲密关系的 3 个方法。感谢你的收看，我是学习家何平，欢迎关注、转发，下次见。

第四章　分享学习——"赋能他人"的 TREE 学习法

画：如何画出知行合一的思维导图

如果我现在问你，你家一共有多少扇窗户，你能答出正确答案吗？

即使你没去数过也没去记过，我相信你也能答对。为什么呢？因为你会在心里回想每个房间的画面，然后一一将窗户数出来。这意味着如果你的心里有一幅画面，那么就很容易回忆出画面里的信息。

因此，我们在学习时，如果将知识绘成一幅画面，就很容易记忆了。那具体如何做呢？有两种方式：做出来和画出来。

做出来指的是当你将知识用在生活、工作中，有了实际的经历后，你脑海中就会有一幅画面（甚至你可以发挥你的想象力，在大脑里演一出戏）。

画出来指的是绘制思维导图，这能锻炼你的空间智能、语言智能和逻辑-数学智能（在四叶草社群思维导图沙龙时，导师京米粒、易萱老师还会设计群策群力、人生故事会等学习活动，调动你的自我认知智能和人际智能）。

那要如何画出知行合一的思维导图呢？接下来**我特别邀请我的好朋友、英国博赞思维导图认证管理师、思维导图实战派培训师京米粒老师，为大家介绍如何画出知行合一的思维导图。**

思维导图是东尼·博赞先生发明的一个思维工具，可以应用在学习、生活、工作等很多场合。接下来，跟我一起来了解并绘制思维导图，把一本书的信息转化为知识，再将知识转化为行动。

首先，我们借助思维导图绘制规则（见图 4-19）来初步认识它的结构要素和规则。思维导图主要包括中心主题图文、分支、文字、图像和颜色 5 个要素，每个要素都有相应的规则。限于篇幅，下面我只指出每个要素需要把握的一个基础要点。期待今后我们再一起学习其他的规则，一起画出有用又好看的思维导图。

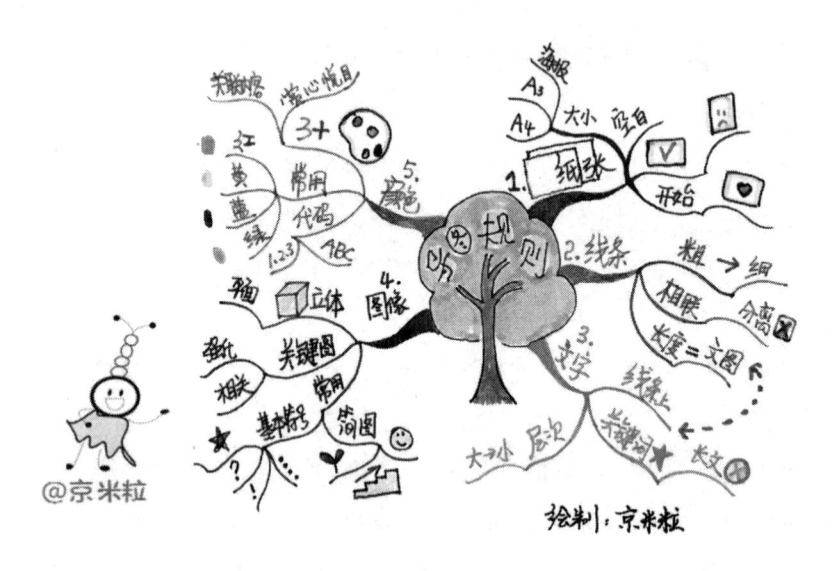

图 4-19　思维导图绘制规则

（1）中心主题图文是一幅思维导图的核心，我们可以使用2～3种颜色让它更醒目。

（2）分支采用曲线的方式，从中心主题延伸出来的分支称作一级分支，这一层级的分支通常是中心主题的分类，从一级分支延伸出来的分支是二级分支，以此类推。

（3）文字写在线条上面，尽量提取关键词。

（4）图像是对关键词的转化，能刺激视觉，帮助理解、记忆，促进联想、想象。同时，不一定每个关键词都要配图像，我建议给重点内容、需要强化、提醒的地方配以图像。

（5）颜色能刺激视觉流动和强化图像，建议一开始画思维导图就使用彩色笔。

以《爱的五种语言》中的精华片段为例，手绘思维导图有四步，可以让学习、思考和行动跃然纸上，获得一幅知行合一的思维导图。

第一步：建立地图——浏览材料，规划中心主题和一级分支。

先对学习材料进行整体浏览，帮助自己对内容建立一个概览性的认知，

第四章　分享学习——"赋能他人"的 TREE 学习法

同时在大脑里构建中心主题和一级分支。

首先，我们准备好空白的 A3 纸或 A4 纸，以及一些方便写字和画图的彩色笔。在开始画思维导图时，首先将空白纸横放，空白能让我们的大脑处于放松的状态，并让我们在写、画的时候没有任何的限制，横放能让我们更自由地向左、向右拓展绘制，无须受纸面狭隘空间的限制（相比纵向而言）。

其次，我们开始绘制一幅思维导图的灵魂——中心主题图文。在绘制中心主题图文的时候，注意图文要尽量息息相关。以《爱的五种语言》为例，它可以是书籍封面图，也可以是自己理解转化后的简图。比如，我用两颗对话的爱心作为中心主题图，很容易画且传神（见图 4-20）。

图 4-20　绘制中心主题图

最后，绘制一级分支，我们可以将书中的原话直接搬过来作为一级分支的内容，也可以把书中的内容基于自己的理解进行简化或重构。例如，这在这幅思维导图中，我把作者的原话结合自己的理解和用语习惯将 5 个分支确定为"肯定的言辞""精心的时刻""礼物""服务的行动""身体接触"。每个分支的颜色可以根据自己的理解并联系内容进行选取，如"肯定的言辞"带给我充满力量的感觉，我采用饱满的大红色；"身体接触"是浪漫的感觉，我选择的是粉红色（见图 4-21）。

图 4-21 绘制一级分支

这一步是给自己建立阅读地图的过程,带着这个阅读地图,后续的精读会更有方向,与作者的对话也会更深入、更有条理。

第二步:化繁为简——精读段落,逐步细化二级、三级分支。

精读段落,把段落中的关键词进行提炼。例如,在"肯定的言辞"这个片段中,我提炼的二级分支关键词是鼓励、仁慈、谦和及其他。关于鼓励,注意带着同理心,而不是带着支配心理,强迫对方去做你想让他做的事情,所以我将"同理心√"和"支配×",放在鼓励后面的分支上(见图4-22)。

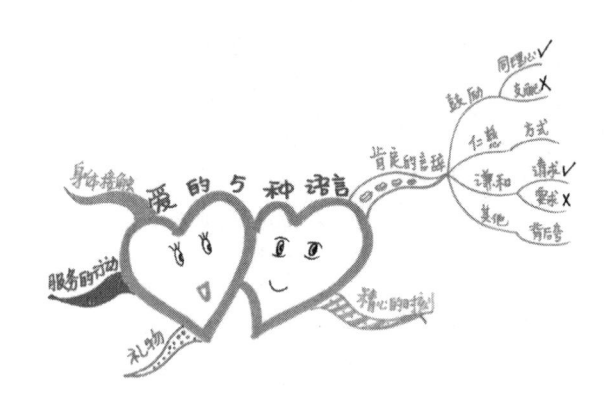

图 4-22 提炼关键词

这一步是抽丝剥茧、直接接触知识内核的过程,这一步的化繁为简能帮助我们更好地理解和记住关键知识。

第三步:鸟瞰全局——画关键图,补充地标性图标以强化记忆。

第四章 分享学习——"赋能他人"的 TREE 学习法

通过前两步，我们将信息提炼为知识，并初步画完了一幅思维导图，接下来，可以将书中对自己来说很重要的关键词转化为关键图，在这张知识地图上做地标性的标记（见图 4-23），这个过程有利于强化记忆，并能引发一些新的联想。

这一步是站在一个更高的角度来看思维导图，这个过程能帮助自己温习一遍所读、所学知识，并在此基础上做一次知识的重要性排序和强化记忆。

图 4-23 《爱的五种语言》精华片段思维导图

第四步：启发行动——巧用子导图，进一步思考并促进行动落地。

将信息转化为知识后，更加重要的一步是将知识转化为行动。我喜欢采用便利贴子导图的方式，最常用的子导图是"启发"，记录着引发的新点子，如图 4-24 中的"ideas"主题便利贴。另一个子导图是"行动"，记录着实践行动的安排，如图 4-24 中的"TO-DO"主题便利贴。比如，我给自己设计制作了一个"爱的飞盘"，每天都把爱的语言用起来（见图 4-25）。

学习的答案

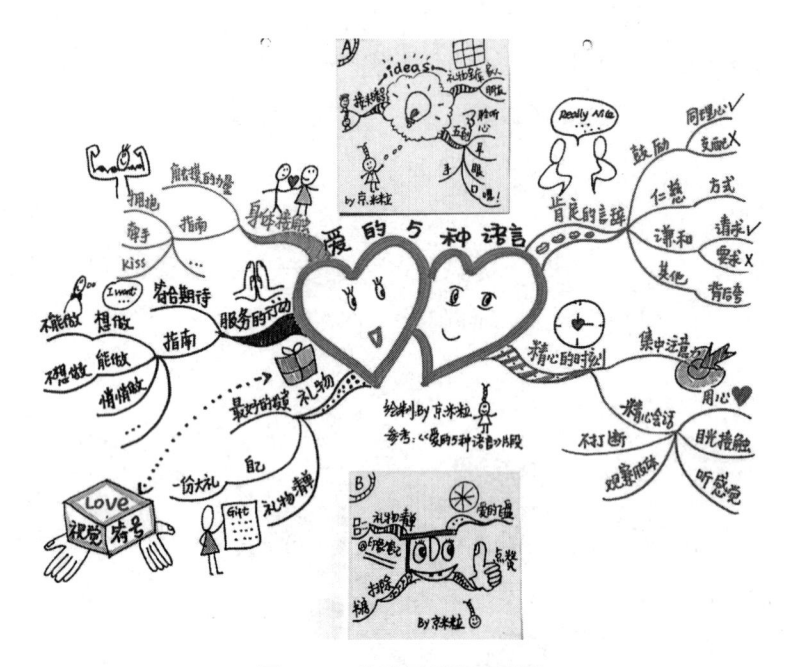

图 4-24　粘贴便利贴子导图

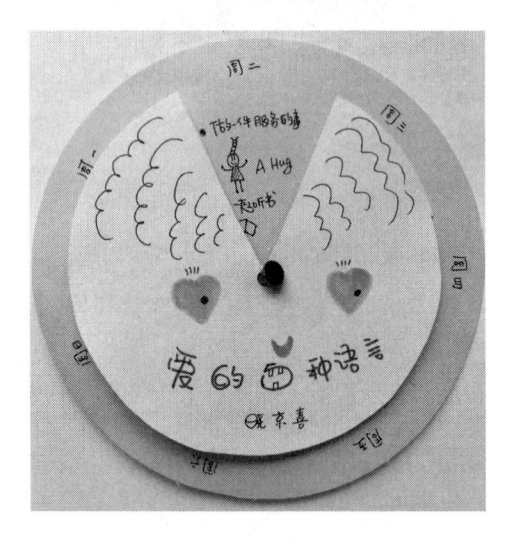

图 4-25　DIY 爱的飞盘

　　这一步是绘制思维导图的重中之重，可以让思考和行动都看得见，敦促自己把行动落地。

第四章 分享学习——"赋能他人"的 TREE 学习法

通过以上四步，我们完成了思维导图的绘制并开始行动。最后，还有3个温馨小提醒：

（1）在分支线条上使用关键词而非长句子。提炼关键词的过程本身就能促进理解和记忆，同时关键词还能触发更多的想象和联想，而使用长句子会在一定程度上限制思维。

（2）用简单的图表达想法。思维导图中的图是为了帮助我们表达想法同时强化记忆，关键是要能充当我们记忆和联想的触发器，因此画图时不需要花太多时间追求精细。随着练习与应用，我们会逐步建立自己的图库，自己的图像化表达能力也会越来越好。

（3）经常翻看画完的思维导图。一方面可以实现牢固记忆；另一方面往往会产生很多新的创意点子。

（京米粒）

写：如何写出故事诱人的文章

如果说读书笔记是广播电台，可以传播作者的观点；思维导图是电影公司，可以将作者的观点变成为画面。那么写作就是化学实验室，可以发酵作者的观点，使其跟我们自身的经历或经验发生关联，形成新的、独特的、有情感的思想。写作能锻炼你的语言智能、逻辑-数学智能、自我认知智能（在四叶草社群写作沙龙中，郭龙老师还会设计"打油诗写作及朗诵"等学习活动，调动你的人际智能和音乐智能）。

那要如何写出故事诱人的文章呢？接下来我特别邀请我的好朋友、学习项目设计师、21天轻坚持写作帮创始人郭龙老师为大家介绍如何用笔把爱写出来。

首先，我们要进行分析，从而决定写什么、如何写。《爱的五种语言》是一本什么书呢？是一本讲亲密关系沟通技巧的书。它讲的是在两性关系中，选择对方喜欢的爱的方式来进行沟通交流,更易获得高质量的爱。

其次,思考一下:这本书与我们自身有什么关系,如何将书中的知识转化为自己的知识。知识转化的一种最简单的方法就是"知识发酵",即将书中的知识与个人的经历结合起来思考发酵,最终沉淀为自己的知识。写作就是将书中的知识与自己的经验放在一个容器里发酵的过程。

如果书中讲了很多小故事,读完我们会很有感触,因为有共鸣。这个共鸣就是我们与书最好的连接。同时,这也证明了两点:一是我们对故事很敏感,说明故事很有吸引力;二是我们自己也有类似的经历,这说明我们也有类似的故事。

那么,我们只要把自己的故事写出来,并与书中故事所体现的理论、方法相结合,那么就是完成了"知识发酵"。

分析至此,我们也就得到了写作技巧的着力点——写故事。

故事对于写作的重要性不言而喻,大到小说、剧本中,小到自媒体文章中,处处都有故事的影子。故事对于写作而言,犹如食物中的水分,少了,写出来的文章就会干瘪。故事为何有这么大的影响力呢?借用丹尼尔《全新思维:决胜未来的6大能力》中的观点:人类社会已经步入"右脑时代",在这个时代,知识不再是力量。他开创性地指出,未来属于那些拥有与众不同思维的人,唯有拥有"右脑时代"六大必备能力,即设计感、娱乐感、意义感、故事力、交响力、共情力("三感三力")的人,才能决胜于未来。

那我们的故事,怎样讲出来才能吸引读者,才能既有逻辑性又有可读性呢?这就需要用到一些技巧。

其实无论多么精彩的电影故事,抽丝剥茧后,都十分平淡。以《蜘蛛侠1》为例。这个电影讲了一个什么故事呢?一个男人被蜘蛛咬了之后具备了超能力,四处救人,成为神秘英雄。听起来是不是很无趣?

那为何电影看起来那么精彩呢?因为电影采用了特别的方法,对这个故事进行了设计,它就成了这样的一个故事:男主角是一个生活中的失败者,

第四章 分享学习——"赋能他人"的 TREE 学习法

工作表现平平，胆小懦弱。因为意外被蜘蛛咬了之后，他的生活大变，他先是感到混乱、恐慌，然后慢慢掌握了特殊技能，找到成就感，实现了人生逆袭，他一路惩恶扬善，打败各种敌人，还遇到真爱。其间他遇到劲敌，遭遇失败，亲人离世，命悬一线；临危时刻，搞定敌人，勉强险胜；大难之后，成为维护正义、守卫城市的神秘英雄。

后面这个故事，是不是听起来更有趣？

其实，这不是简单字数上的区别，而在于故事情节起伏的设定与安排。在这背后，是有"套路"的。我们就一起来分析一下这个"套路"。

故事的核心是"意外"，而体现意外的方法就是设计变化与转折。有人就总结出了能吸引读者的"NIKE 模型"。因为这个故事起伏的状态类似 NIKE 的 Logo，故而得名（见图 4-26）。

图 4-26　故事的 NIKE 模型

除主线外，还有以下 3 个注意事项：

- 抓住主线安排详略。
- 冲突部分重点描写。
- 细节描写凸显人物性格或暗藏伏笔。

那我们就来试试，如何把这个模型用到我们的"知识发酵"中。

假如，看完书以后，我想到了这样的故事：老婆生日时，我正好有一个重要的工作要做，于是就买了很贵重的礼物作为补偿。可是，收到礼物后，她并不开心，甚至还有一些不满。为此，我们大吵了一架，最后，经过2小时的争吵，我们才相互达成谅解。

这样一个生活中常见的故事，如何用Nike模型来改造呢？

【平衡稳定】老婆生日的前一天，我专程去礼品店挑了一件特别贵重的礼物。生日当天，我把礼物放在床头，写好字条：由于今天的客户很重要，就用礼物代表我的心意。

【打破平衡】晚上回家，我在开门前，就猜想老婆会如何夸我浪漫，这一定会让一天的疲劳都烟消云散。开门进屋后，老婆竟然没有跟我打招呼。我问她今天过得如何，她也爱搭不理。想想精心准备的礼物，再想想今天自己小心翼翼地接待客户辛苦了一天，顿时心中涌起一股无名之火。

【冲突爆发】我说："送了你那么贵重的生日礼物你怎么反而是这个态度？"她说："你想要什么态度，难道让我笑脸相迎这么晚回家的老公吗？"就这样，我们开战了。我指责她不懂知足，她埋怨我不重视她。结婚5年，我们从来没有这样吵过架。她泪流满面、哭泣不止，我大声咆哮、几乎想摔门而去。我们甚至都朝对方喊出了"离婚"二字。

【找到方法】就这样吵了一个多小时，我们都累了。无声地坐在沙发的两端。经过长达30分钟的沉默，我终于冷静下来了。想想她数落我的话，因为工作错过所有的家庭重要时光是不争的事实，我甚至在她住院时，请了多次护工而没陪她。想想这些，我才发现，我花在她身上的时间太少了。于是我问她："明年生日，想要什么礼物？"

【解决问题】她说："我只希望你那一天都在家。"对于一个自由职业者来说，这个要求太简单了。我又问她："其他的礼物都不要吗？"她说："我刚才说的就是我唯一想要礼物。"

《爱的五种语言》中讲到，表达爱的方式有五种，做了测试题我们才发现，原来我以为表达爱就是让她"接受礼物"，而她想要的是"精心的

第四章 分享学习——"赋能他人"的 TREE 学习法

时刻",难怪爱的信号总是没有被收到。原来是因为我一直都没有送对"礼物"。从那一次之后,我每年都会在日历上她的生日那天写两个字"休假",并画上一颗爱心。

Nike 模型不是让我们虚构情节,而是从普通的"时间、地点、人物、起因、经过、结果"这样平铺直叙的故事中,突出强调 5 个关键节点。通常故事中包含海量信息,但并非所有信息都适合在故事中体现,Nike 模型是一个过滤器,能过滤出最有含金量的部分。

当我们能够写出自己的故事时,就会对爱的五种表达方式有更深入的理解,也更容易将其运用在自己的生活中。只有当书中的知识与自己的生活发生关联时,我们才算真正的学习了。

写作,可以让知识进行迁移,可以让我们不仅知道,还能记住,甚至做到。

(郭龙)

讲:如何自信、声情并茂地演讲

曾任美国总统的尼克松说过,如果可以重进大学,他会首先学好演讲和说服这两门课。如果说郭龙老师分享的写作是纸面上的说服(说服你接受书中的道理和他的故事),而演讲就是更为生动、有感染力的当面说服,能锻炼你的语言智能、逻辑-数学智能、身体-动觉智能、自我认知智能和人际智能。

接下来,我们来看一看职业中英文演讲培训师、TEDx 活动演讲教练 Jack 老师的演讲分享心得。

经过了读、画、写三个学习的步骤,接下来就到了演讲。演讲是个很大的话题,由于篇幅限制,我只具体分享如何搞定紧张感。

我知道、理解而且认同你现在上台还特别紧张:躲避眼神交流,手脚无处安放,额头汗水直冒,大脑一片空白……恭喜你!你还是一个正常人!紧张状态的生理表现很多，你可能也知道很多可以缓解紧张的做法，如喝水、深呼吸、跑步、做俯卧撑等，总之就是想办法消耗一点多余的能量，让自己恢复正常情绪。

但还有更重要的一点，你的心里可能始终有声音传来：万一待会忘词了怎么办？讲得不好很丢人的怎么办？PPT一会儿播不出来怎么办……

放心好了，你担心的事情一定会发生的（参见"墨菲定律"）。那么，有没有办法可以抚慰一下你紧张的心情呢？

答案是肯定的。

想象一下：你手中捧着一个用红色丝带绑着的礼盒，里面是你精心为你的朋友准备的一份礼物。现在，在大家的欢呼中，你把礼物双手奉上，并在他/她的注视下，一点点拆开这个美丽的包装，直到你的朋友得到了你的礼物。那一刻，他/她开心极了，而你也满意地笑了。

这难道不也是演讲的真谛吗？

每次演讲前告诉自己：每一次演讲都是一份包装好的礼物，我要把它送给我的朋友——观众。他们会喜欢你的，而你也不用紧张地说不出话。

正所谓"台上一分钟，台下十年功"，大量的排练是转化紧张的有效方法之一。

2019年3月17日得到大学春季大班会上有13位嘉宾演讲，这次演讲获得了空前的成功，很多人都认为演讲嘉宾的水平很高。那么这些演讲嘉宾都是怎么准备的呢？罗辑思维的CEO脱不花在第二天的复盘例会直播中说出了背后的真相。下文根据"得到"微信公众号的例会文字版做了整理。

前期经过得到大学第0期学员的自由报名，筛选出12个相对符合大会主题的演讲，然后让他们回去写第一稿。结果在第一次听他们演讲的时候，得到团队发现这些演讲者的稿子根本不能用，用脱不花的话来说就是"很多高手做实战，不做表达，所以就产生了一个问题，他自己也不知道他知道什么！"那么接下来就是得到团队和这些演讲者一起来重新确定主题，找到角度，罗

第四章 分享学习——"赋能他人"的 TREE 学习法

列大纲，重新写稿子，而且是在很短的时间里反复修改 4~5 稿。修改到倒数第 2 稿的时候，有一些人觉得自己可以上手了，这就是定稿。差不多每个人的稿子都有 5000~5500 个字，那么有稿子就可以了吗？

脱不花的答案是不行，因为接下来还有几件事情。

首先，稿子要一字不差地背下来，因为只有背下来你上台演讲的时候才不会想稿子本身，而会想我怎么表达、怎么跟人互动、怎么跟听众交流。

其次，进行 4~5 轮彩排，随时调整稿子。他们会请专门负责身体语言和声音的老师来进行指导，同时会有 PPT 团队研究如何配合演讲者播放 PPT。这样反复一两次，演讲者就会知道自己的问题在哪里。然后听取专家的反馈，回到大会议室再彩排一次，然后提前一两天到上海，在正式场地进行彩排。在每一场彩排的过程中，都会调整稿子，即使到最后一天仍然会调整稿子。经历了这个过程，观众们才能看到接近完美的演讲和表达。

总结：你的每一次开口都是表达，无论做多么精心的准备都不为过。如果你觉得无所谓，那么可能你的演讲对于观众来说也是无所谓这三个字。

关于演讲的其他技巧，我想通过分享我的 2016 年头马国际演讲会中文比赛用稿《痒》来简述。当时现场效果非常好，收获了观众很多的笑声和掌声，即使过了很久，很多人都还记得我的演讲内容，并说对他们产生了积极的影响。希望你也喜欢。

在稿子中，你会看到主题、结构、故事，以及肢体语言和声音的灵活使用等内容。关于肢体语言和声音，我在稿子里进行了标注，希望对你理解现场的感觉有帮助。

痒

今天是个好日子（喜悦表情），但令人遗憾的是（脸色转变），在我接下来说话的 7 分钟里，成都的夫妻中有 14 对已经办理了离婚手续。根据《2015 年中国人婚恋状况调查报告》，中国离婚率已经连续 12 年上涨了，而成都是去年全国离婚率最高的城市，平均离婚年龄不到 30 岁（叙述中

学习的答案

强调数字和形容词，如"连续""最""平均"）。

现在的生活节奏越来越快，我们面临的挑战和诱惑越来越多，这导致好像我们对身边的人越来越没有耐心、越来越挑剔（"越"字重读）。原本亲密的关系变得冷漠，抱怨、责备、愤怒，甚至是暴力相对（伸出左手，一个手指对应一个词，注意停顿）。曾经大家熟悉的7年之痒，现在变成了5年之痒、3年之痒，甚至是刚结了婚就痒。

现场单身的朋友请举手示意一下（问答互动）。大家互相看看，一会儿留个微信、电话什么的。对于结了婚的朋友，下面的场景你可能不会陌生。当然对于单身的朋友，危险动作请勿模仿（手上做交叉的姿势）。

我和老婆刚结婚不久，大家每天工作还是很忙的。有一天下了班，她先回到家，躺在沙发上玩手机（站舞台左边，身体向后仰一点）。我老婆爱看言情小说，尤其喜欢霸道总裁类的，什么《强扭的瓜就是甜》《我爱你，请闭嘴》等。而我呢，回家晚一些（拿起包，做开门状，包往地上一放），"晚上吃什么？"

"你安排。"

我呢，属于脾气比较好的一类人，"行，那我煮面吧"！（然后装作自己进厨房）不一会端出一碗热腾腾的酸辣煎蛋面："过来吃饭啦！"

（演绎她不耐烦地拿着手机过来）

"别看手机啦！"

（演绎她往我这里瞟了一眼）"你不知道我最近不能吃辣啊！"

"怎么了？"

（表现生气，然后摔门进入卧室）过了两分钟，我才意识过来，今天是她的生理期。但是呢，我心里想：自己下班那么累，面煮好了，你不吃，还吼我。就算是生理期也不能这么嚣张吧！算了，自己吃（心理活动，声音低沉快速。表演边吃面边看手机）。就这样，直到晚上我们爆发流血事件——一是她真流血，二是我们之间的爱也在滴血（整个故事表现的情绪

第四章 分享学习——"赋能他人"的TREE学习法

是冷漠、没有耐心、彼此怄气）。

类似的事情几乎过一段时间就发生一次，作为一个男人，我也有了"生理期"，但是很规律很紊乱（停顿，等观众反应笑一下）。虽然不流血，但是心里经常默默流泪啊。我不禁在问：我们的爱情怎么了？我们的婚姻似乎刚刚开始就进入了痒痒期（表现出疑惑和失望）。你们有听过这样的场景吗？

直到后来有一次参加一个培训活动，一位老师分享到亲密关系的维持，提到了一本书《爱的五种语言》，说是婚姻宝典。现在有朋友读过吗？看来都是痒过的（停顿，等大家笑一下）。我在网上搜索了这本书，发现了不少相关资料和许多人践行的文章，纷纷称赞十分有效。我就抱着试一试的心态，开始践行书里提到的这五种爱的语言，结果挺好，现在我们相处得非常甜蜜。那么你们想了解这五种爱的语言吗（问答互动，表现出幸福和激动）？

请大家伸出右手，每一根手指都代表一种爱的语言，一种爱的方式。他们分别是肯定的言辞、为他/她做一件小事、准备礼物、身体接触和品质时间（伸出右手，数手指，握拳），灵活运用这五种语言就能让你牢牢地抓住爱情。

大拇指是肯定的言辞。俗话说"好话一句（等大家回答三冬暖）"！很多人觉得夫妻之间不必如此，错了。我下班回去晚了，哪怕我老婆只是做了一碗面，我也会说：你做的饭我最爱吃了！就算面里多放了一点盐，你也可以用头马俱乐部的评估方式，先肯定后建议，"老婆，辛苦你专门为我准备了晚饭，我感觉这碗面添加了各种爱的作料，已经十分美味了。当然如果再少一点点盐就完美了（完美的手势）"！所以大家有空可以多来头马俱乐部锻炼。

第二呢，我要说说小拇指，这代表的是你能为他/她做一件事情，任何一件你觉得对他/她来说意义重大的事情（重点强调手势）。比如她知道我特别喜欢去头马俱乐部，每周二晚上她就自动地会安排一些自己的事情不会打扰我。而我知道她怕冷，在冬天我离开家的时候一定记得打开电热毯，这样她回家就是热热的被窝了。记住：事情不在于大小，而在于对于他/她来说是否重要。

接着我要说无名指，就是戴上钻戒的那根手指，代表礼物。你有给你的他/她在每个特殊的日子里准备礼物吗？我们在座的很多人都是培训师，经常上课背一个大包，里面装的是学习资料、书、音响。我前年还有一台重达5斤的华硕笔记本电脑。有一次我让我老婆帮我拿一下包，她居然没提起来。但是在那年的生日，我收到了一份"很轻"的礼物，就是这台超薄、超轻的苹果笔记本电脑，只有2斤多（拿出苹果笔记本电脑）。我记得当时眼泪都流出来了，这是用心的一份礼物。礼物不一定要贵重，而要用心。只要你用心了，即使准备的礼物只是一杯优乐美奶茶，他/她也能感觉你把他/她捧在手心。

第四根是食指，代表的是你们之间经常有身体接触吗（两根食指碰在一起）？我们一开始也不太好意思，毕竟是老夫老妻了。但后来，我们开始尝试每天早出门晚睡觉前会（亲吻的动作），在家躺着看电视会（按摩的动作），出门散步会（牵着手的动作），出差回来见面会（拥抱的动作）。当然，偶尔也出去开个房，（抓耳挠腮表示想不到姿势）你懂的。

最后，最长的这根中指，也是最重要的一种语言，那就是创造品质的时间。我们从去年初有空就会早上一起跑步，晚上一起散步，周末一起煮煮咖啡、看看电影。无论多忙，我都会抽出时间和她在一起八卦一下办公室谁又被老板骂了、汪峰怎么还没上头条啊；我们也会谈谈理想，说说未来。这些时光让我们专注地和对方在一起，彼此有机会沟通和成长。当然啦，像小凤和高毅一样一起来头马俱乐部也是很不错的选择。

五根手指，代表五种爱的语言，在我爱情痒的时候帮我挠了挠，一切都舒服多了（做出挠挠的动作）。那么你呢，不想试试看吗？那我们一起

第四章 分享学习——"赋能他人"的 TREE 学习法

再来回顾一下这五种爱的语言：肯定的言辞、为他/她做一点小事、准备礼物、身体接触和品质时间。来，各位，试着握一下拳头，是不是感觉长长久久的爱情就攥在自己手上呢？爱的五种语言，去除婚姻之痒，你值得拥有（高举右手，最后变成食指向前，声音高亢，号召行动）！

用罗振宇在 2019 得到大学春季大班会上一句话结束我的分享：**每个行业的红利，都将向擅于表达者倾斜**。祝你在接下来的学习中，爱上表达、爱上舞台！

（Jack 船长）

讲到这里，相信你发现了通过个人版的"读画写讲"，我们已经能锻炼到八大智能里除音乐智能、自然认知智能之外的六大智能了（如果你能像我的好朋友张帆老师一样，演讲时还能唱一段的话，那么音乐智能也搞定了），自然你的学习效果倍增。而对于你的读者或听众来说，不仅会对你的分享产生浓厚兴趣，印象深刻，而且还会引发他们的思考乃至行动，因为你也调动了对方的多种智能。

当然，教人学习、与人分享，并不是一件简单的事。我的下一本书，将会从专业培训师的视角，给大家分享如何更专业地带领他人学习。

三人行，则必有我师，也恳请大家不吝赐教，给我和四叶草社群多提建议和意见。期待与大家在线上、线下相会。

【付诸行动】

（1）将图 4-18 中上方的"读画写讲"图标分别与下方的八大智能图标连线，展示出四项技能与八大智能的对应情况。

（2）选择一本你最熟悉的书，按照"针对一本书"的读书笔记模板，写一篇读书笔记。

（3）模仿京米粒老师的思维导图画作（见图 4-23），画一幅思维导图。如果你是"小白"，就先完全照搬模仿，体会一下她对构图、线条、色彩、图形等要素的呈现。如果你有一定基础，可以将其中的文字或其他要素更换为你的风格。

（4）请回忆你或其他人与爱的五种语言相关的经历。然后按照郭龙老师分享的写作方法，写一篇文章。

（5）接受 Jack 船长给你的挑战任务：把中间他的那个故事换成你自己的，模仿他的呈现方式，反复练习几次，找一个场合，做一个 7~10 分钟的演讲。

（6）挑选本书中你印象最深刻的 3 个知识点，写一篇读书笔记、画一幅思维导图、写一篇故事文章、做一次演讲。

（7）尝试模仿本节"行动表单"的设计思路，将京米粒、郭龙和 Jack 船长的分享，转化为行动表单，方便自己今后"画、写、讲"。

【行动表单】

一本书读书笔记如表 4-4 所示，分享学习表如表 4-5 所示。

表 4-4 一本书读书笔记

结 构	建 议 内 容	你 的 答 案
第一段	问好+自我介绍/品牌介绍+书名	
第二段	主题+作者+亮点+阅读难度+推荐下单指数	
第三段	基于"一个人"知识模型介绍一个知识，附上页码	
第 N 段	知识点数量为 1~5 个，一般以 3 个为宜	
结尾	感谢+品牌+关注	

表 4-5 分享学习表

分享步骤	自 我 问 题	你 的 答 案
主题阅读	主题是什么	
	知识点关键词-书名-页码	知识一： 知识二： 知识三：
重述方法	"一个人"重述 （What、If、Why、How…）	知识一： 知识二： 知识三：

第四章 分享学习——"赋能他人"的 TREE 学习法

续表

分享步骤	自 我 问 题	你 的 答 案
构建模型	有效：哪些知识实践了，发现有效果	
	有序：知识点按程度、并列、时间排序，还是复合排序	
	有限：将最主要的知识点组成结构图	
多元分享	读书笔记	
	思维导图	
	故事写作	
	演讲文稿	

本章尾声

用一句话总结"分享学习"，就是"多看多想，编好知（识）网，读画写讲，疯狂成长"。

到这里，我们已经了解了觉察、致用和分享三种学习方法，它们能助我们将信息转化为成果。接下来我们来看看有哪些信息输入形式，以及如何利用好这些学习形式。请翻开下一章"博采信息"。

第五章
博采信息
——从单一到全面输入

第五章　博采信息——从单一到全面输入

世事洞明皆学问，人情练达即文章。

——《红楼梦》

本章将介绍图书、培训、请教和社群这四类学习信息形式的特点，让你的学习输入更全面。

图书：如何选到五星级好书

能够摄取必要营养的人要比吃得很多的人更健康，同样地，真正的学者往往不是读了很多书的人，而是读了有用的书的人。

——亚里斯提卜

俗话说得好，"garbage in，garbage out"。如果你读的书没有价值，那无论你的阅读能力有多强，得到的思想也没有价值。我们将从好书的标准和选到好书的方法两方面，来帮助你更好地获得阅读这种成本低、速度快的学习形式的益处。

什么是好书

《高效能人士的七个习惯》是一本被我奉为经典的书，但罗永浩却在"一个理想主义者的奋斗"演讲里说这本书中的内容是他瞧不上的"成功学"。它被世界500强企业（如宝洁公司）推崇备至，又在知乎上被人取笑是"半成品"，因为作者之后还写了一本《高效能人士的第八个习惯》。那这本书到底是好还是坏呢？以下是我眼中的致用类好书标准。

首先为"致用书"下定义：作者针对某个生活、工作问题而写的一系列**解决问题的办法**。一般是经济管理、励志成功等类别的图书，而不是文学、哲学、理论教科书等类别的图书。

接下来，我会分 5 个维度去评价一本实用好书，这就是好书的"五星标准"（每一项满分为 10 分，见图 5-1，等你完善标注）：

（1）目标明确。

（2）结构清晰。

（3）方法具体、案例生动。

（4）视角新颖。

（5）体验落地。

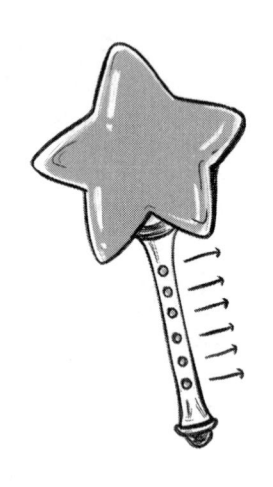

图 5-1　好书魔法棒

1. 目标明确

一本书的作者在书中应明确写出"是写给什么人看的，期望帮助他们解决什么问题"，而不是企图讨好所有人，把一本书写成一盘知识大杂烩。

在这一项上，《高效能人士的七个习惯》能得 10 分，它就是写给想要提高个人效能的朋友，期望帮助他们养成积极主动等七个习惯，从而从"依赖期"成长到"独立期"，最后进入与他人协作共赢的"信赖期"。

但如果在七个习惯之外，再加入财富管理、写作技巧等，虽然看起来全面，但会冲淡主题。比如，有一本书叫《如何多赚钱》，但内容里有注意身体健康等内容，就会分散主题。不如将书名改成《如何持续多赚钱》，这样会更加准确。

2. 结构清晰

从目录中能看出清晰的逻辑结构，方便读者查漏补缺、轻松阅读，而不是胡乱地凑在一起。

在这一项上，《高效能人士的七个习惯》能得 10 分。因为它的主线非常清晰，就是按照三阶段七步走的时间/流程顺序介绍七个习惯。而且在开篇中，专门有结构化的图示介绍。

而有些书，从目录中根本看不出是什么逻辑结构，不是程度顺序，不是并列（原则或要点）顺序，也不是时间顺序。读者只觉得它像小说、散文集或随笔。比如，在创新创业领域非常火的《从 0 到 1：开启商业与未来的秘密》一书，它的目录是这样的：

第 1 章 未来的挑战

第 2 章 像 1999 年那样狂欢

第 3 章 所有成功的企业都是不同的

第 4 章 竞争意识

第 5 章 后发优势

……

结语 停滞不前，还是临近奇点

如果你想要通过这本书学到创业的技巧，怕是要花很大一番功夫，因为作者并没有将书的结构梳理清楚。后来我才知道，这本书来自作者一位学生的听课笔记。

总之，一本书的目录如果写得不好，那么读者读起来就是在浪费时间。你为什么要花很多精力干着文字编辑的活儿，费力理解内容的逻辑关系并试图梳理呢？作者又没有给你发工资。

3. 方法具体、案例生动

为方便读者学习，书中一定要有具体的做法和具体的案例支撑，而不是充斥着看起来有道理的说教，或者抽象的案例。

在这一项上，《高效能人士的七个习惯》能得 9 分。比如，在"知彼解己"这个习惯中没有什么具体的方法，相比《非暴力沟通》《关键对话》等经典的沟通好书而言，稍逊色。

不过相比于一般书，这本书已经好多了。因为有些书全篇都是类似"好好学习，你就能天天向上"但又不告诉你如何好好学习的空话。本书在案例方面，写了很多作者亲身经历故事，看得出来作者是知行合一、以身作则的。这本作者花了 30 多年学习、践行后写的书，靠谱！

4. 视角新颖

能从新的角度看待问题、关联经验或激发思维，而不是采用陈词滥调。

在这一项上，《高效能人士的七个习惯》能得 10 分。虽然书中很多道理并非原创，但作者建立了一套思想系统，整合了零散的方法，管理学家柯林斯将其比喻成"个人效能的 Windows 操作界面"，从而方便大家轻松使用这些方法。书中还用"关注圈和影响圈""搭错墙的梯子""世界观眼镜"等比喻，帮助我们秒懂、牢记"如何积极主动""行动之前先定目标""每个人都有自己的视角和习惯"等道理。

而现在很多书，只是由简单观点堆砌而成的，没有作者深刻的想法。

5. 体验落地

好书要能营造体验感，甚至能提供练习和反馈，这样才能让读者有所触动并去践行，而不是纯讲大道理。

在这一项上，《高效能人士的七个习惯》能得 10 分。作者柯维不愧是非常优秀的培训师，阅读整本书，培训现场感十足。比如，"以终为始"习惯的开篇，就是引导读者"穿越时空"进入自己葬礼的现场，从而引发读者对人生意义的思考。而在这本书的 20 周年版本中，还附上了同名培训版权课程的课堂练习。读完一本 68 元的书，堪比上了 6800 元的课程。这一点我都想打 12 分。

讲完五星标准，总结一下：对我来说，《高效能人士的七个习惯》是一本接近满分的好书，因为它有明确的目标、清晰的结构、具体的方法与生动的案例、新颖的视角和落地的体验。因此，即使你不打算看，也值得买一本，放在书架上。当有爱读书的朋友来你家，看到它时，他一定会对你的人生品味和境界大加赞赏，让你很有面子。

最后，实在搞不懂为什么这本书会被老罗说是"成功学"。对了，你能给"成功学"下一个具体的定义吗？

如何选到好的书

在买书之前，如何判断书的可读性呢？下面介绍一下选书的四大误区和六大锦囊。

1. 四大误区

（1）过分相信经典。

鲁迅先生曾经说过：其实地上本没有路，走的人多了，也便成了路。套用这句话：其实世上本没有经典，装懂的人多了，也便有了经典。那么什么书会成为经典呢？

- 一门学科的起源书或不同阶段、流派的代表作。当年的经典，但现在看可能太简单了，如 10 年前计算机相关知识的书。
- 出版了多年的老书。随着时代变迁、语言改变，这类书很可能已经变成了"外语"书，如古文书。
- 什么内容都写了的书。大家会觉得这类书系统、全面，但既然什么都写了，很可能只是浅尝辄止。

总结一下，有些所谓的经典，就是谁也不会看，买了装学问人的书。当某本书被夸为经典时，你要小心求证、不要照单全收，要克制住自己的收藏欲。

（2）流行的就是好的。

2018年年初，你是不是在看《枢纽》《原则》或《超级版图》？如果是的话，很可能是因为罗振宇的推荐吧？在他主讲的"时间的朋友"跨年演讲之后，这些书突然就火了。

但大家都看的书，不一定是好的。流行的原因，除内容好之外，还有可能是营销做得好。

要明白，图书很重要的一个属性是商品。比如，一些经典好书都不再版了，为什么呢？因为无利可图。为什么诺贝尔文学奖一颁发，获奖作者的书都出来了？因为有利可图。

当然，我并不是说流行的一定不是好书。比如，当年各方高歌《挪威的森林》的时候，我没有看。直到上大学时，我才知道村上春树太对我的口味了。

总之，就像你在淘宝购物时不会只看销量这一项指标一样，买书前也要留个心眼，要分清到底是书本身内容好，还是营销做得好，或是作者有名气。

（3）名人推荐的就是好的。

在书的封面上，经常会有名人的推荐语，如"这本书你值得拥有"等。通过这个去选书，风险也比较大。因为名人一般很忙，并没有太多时间仔细研读新出版的书。

多说一个读书误区，据我调研，有35%的人拿起一本书，会首先从推荐序开始阅读。千万别这样做。因为在你买这本书之前，看推荐序还有点价值，因为从哪些人为作者点赞，你可以看出作者的知名度、人脉圈或者能力。但买了书之后，还是看看作者自己怎么说吧，目录、前言都是更好的选择。

（4）依靠书单。

从前，我对书单有着疯狂的迷恋，看到一个，收藏一个。后来，我发现了两件事：第一，我根本没有回头去看书单和买书；第二，推荐书单的人不一定专业。因此，书单靠不住。

说完了选书的四大误区，你可能说，"哎，我选书的途径都被你掐掉了，我还怎么选书呀"，不要着急，**接下来我们看看较为靠谱的六大锦囊**。

2. 六大智囊

（1）"大咖"推荐。

选书效果最好的方式是请"大咖"给你推荐。

相比于名人和商人，"大咖"更看重自己的名声并且有职业操守，不会为了利益乱推荐。而且，"大咖"推荐一本书时一般有客观的评价，能从中看出他的推荐标准，如管理学家柯林斯在推荐《高效能人士的七个习惯》时，列举了"它是效能的Windows系统"等4点理由，并用实例和论证一一支撑这些理由，而非仅苍白地说一些类似"柯维是思想巨匠，是人类导师，他的书你值得拥有"的话。站在"大咖"理性思考的基础上，你就可以自己加以评判，避免陷入感性冲动。

那要如何接触到"大咖"，并且学会请教呢？你可以翻开本章的"请教"一节细看，此处不再介绍。

如果你真的没遇到过"大咖"，那你至少可以参考一下"豆瓣读书"的图书评分和推荐，而不要根据卖书网站的首页推荐就下单。

（2）已读好书推荐。

如果你看过一本好书，就可以顺藤摸瓜找到一批好书：同一个作者的书，与作者齐名的人的书，这个作者推荐、参考的书，同一个出版社或书系的书，等等。比如，如果你觉得《这样读书就够了》不错，那书中摘录过的《如何阅读一本书》《高效能人士的七个习惯》等书就不要错过。

因为高手的朋友，通常也是高手。我读中学挑选教辅资料时，会去看同一系列资料中物理资料水平如何。因为作为物理课代表的我，可以鉴别物理资料的水平高低。一般来说，如果这一系列资料中物理资料水平较高，那么其他科目的水平也不会差。

（3）伙伴推荐。

你身边如果有经常交流的书友，你可以问问他最近看了什么好书。这样做除了可以联络感情，还可以了解到一些好书。因为作为你的朋友，他跟你在思维层次、兴趣和阅读习惯上都差不多，他喜欢的、认为好的书，或许也适合你。

（4）看目录。

看一个人到底为人如何，难道只能日久见人心？其实可以从一些侧面快速看出端倪，如兴趣、着装和朋友等。而对于看一本书如何，你可以看目录。

一般来说，如果目录的结构清晰，那这本书的逻辑性不会差；如果目录简洁明了，那这本书不会难懂；如果目录里有"如何做到×××"，那这本书里八成有干货。

（5）试读。

国内的作者，一般都会有自己的博客账号、微信公众号、简书账号等，你可以去搜索一下，读几篇他们的文章，看看有没有感觉。

此外，现在很多书都可以直接试读，甚至你可以在网易蜗牛读书 App 上搜一搜，也许整本书都可以免费阅读。对了，不要浪费你所在城市的公共图书馆资源，很多图书馆都可以免费办卡和借阅。

听书或参加读书会也是试读的一种方式。很多人说现在的各种听书、讲书都是快餐阅读，不值得一看。而我认为这是顺应快节奏时代的一种变化。对于没时间阅读整本书的人，这是增加阅读量的一种好方法。同时，你也可以通过这种方法判断一本书值不值得买。参加读书会亦然。

（6）读有配套培训课程的书。

有配套培训课程的书值得你重点关注。第一，因为培训师作者的能力很强，否则课堂上他会抵挡不住学员真刀真枪的提问。第二，因为培训课程有学员的见证和实践，也会比只有个人经验的书更有质量。第三，通常作者为

第五章 博采信息——从单一到全面输入

了树立自己的专业度,会把价值上千元的培训课程里的干货和练习放进书里(当然要除去一些培训师单纯为营销自己而出的劣质书)。

比如,《高效能人士的七个习惯》《关键对话》《非暴力沟通》,以及本书等都有配套培训课程。

这是一条在培训圈也鲜为人知的选书极简标准,希望你能用上。

以上就是我选书的六大锦囊。

最后,我经常说,好书不会像手机上的App一样有弹窗、有红点、有闹铃,它也许就静静地待在你的书柜里。现在就去你的书柜里选出一本好书阅读吧。

【付诸行动】

(1)请挑选括号里你认为正确的答案:

① 本书中介绍的好书标准是(针对致用类图书而言的/适用评价所有书的)。

② 在本书作者眼里,《高效能人士的七个习惯》是一本好书,因为它(目标明确/有名人推荐/结构清晰/由外国专家写成/方法具体、案例生动/多次再版/视角新颖/被很多书单推荐/体验落地)。

③ 本书作者说选书的极简标准是(有配套培训课程/网上说书是经典)。

(2)请完善本节的"好书魔法棒"(见图5-1),在五星的五个角上写上致用好书的五星标准,在魔法棒的六个孔旁写上选书的六大锦囊。

【行动表单】

图书评价表如表5-1所示。

表5-1 图书评价表

书 名	
来 源	☐ "大咖"推荐 ☐ 已读好书推荐 ☐ 伙伴推荐 ☐ 目录及试读鉴定 ☐ 有配套课程 ☐ 其他:

续表

评价标准（满分 10 分/项）	得分	依　　据
1. 目标明确		写作对象： 阅读价值：
2. 结构清晰		主要逻辑结构：
3. 方法具体、案例生动		方法/案例关键词及页码：
4. 视角新颖		新概念、新认知：
5. 体验落地		情景体验/练习：
总分及评语（满分 50 分）		

培训：如何值回票价地参加好培训

培训很贵，但不培训更贵。

——松下幸之助

"培训不是万能的，没有培训是万万不能的"。数年前的调查报告显示，一家公司培训资源的多少是职场人择业的重要标准之一。有很多人甚至自掏腰包去接受昂贵的培训，以提升自己的职场竞争力。本节将从培训的价值（好培训的标准）和参加培训的建议两方面，来帮助你更好地获得培训这种虽然投入大但效果好的学习形式的益处。

知识都一样，为什么我们要参加培训

"高效能人士的七个习惯"是中国较知名、流传较广的国外版权课程。目前你去参加 2 天的该课程需要花 6000 元以上。但它有同名图书，只需要几十元就可以买到，内容也还是七个习惯。那为什么还有人愿意花大价钱去参加

培训呢？或者说参加培训相比于自己读书有什么不可替代的优势和价值呢？

答案有四点：诊断问题、细致讲解、练习反馈和结交学友（见图 5-2）。

图 5-2 好培训的四大价值（标准）

1. 诊断问题：告诉你自身有什么问题，该如何解决

当你身体不舒服，觉得自己生病的时候，你会怎么办呢？

如果是普通的感冒、发烧，你可能会自己吃药治疗。但如果不是流鼻涕或额头烫等症状，或者吃了药也不管用，你肯定就会去医院看病吧？

这就是自己读书与参加培训的区别。好的培训，能诊断出你现在有什么问题，应该如何解决。

"不识庐山真面目，只缘身在此山中"，很多时候我们是无法分析自身的问题的，甚至连清楚地表述问题都很困难。比如，在很多读书沙龙的提问环节中，很少会听到提问者简短、精准的提问，大多是罗列一堆表面症状的絮絮叨叨。我们只能说出"自己有拖延症，看到事情不想做"，但不能判断自己的真正问题是缺乏驱动力，还是目标不符合 SMART 原则，抑或是不知道如何分解任务等。

而培训就能帮到大家，比如"高效能人士的七个习惯"课程会有配套测试题，测出你在 7 个习惯上的短板，以便对症下药。

2. 细致讲解：帮你化解一路上的路险弯多

还是以治病为例，当你知道自己得了肺炎，要用抗生素时，要用哪个级别的抗生素呢？如何确保药效够但又不越级用药呢？这时候，只有医生才能用他丰富的经验帮你调配药物。而通过看医书自己配药，怕是要出大问题的。

说回看书，因为99%的作者只是知识的专家，而非教学和学习的专家，所以他自己懂并不一定能帮助你搞懂。很可能书本身非常棒，但是却超过了你的阅读理解能力，或将你想细致了解的内容一带而过了。这时候就需要一位老师来萃取精华、细致讲解。这就是为什么我们上学时有老师的原因，老师可以及时针对眼前学生的吸收、反馈情况进行教学调整。

比如，你看过《金字塔原理》这本经典图书吗？是不是因为晦涩难懂，最后被你放在床头当催眠书使用了？而华商基业的经典版权培训课程"结构性思维"，就能用国人习惯的语言，结合大家身边的案例，去讲解金字塔逻辑理论，帮助大家搞定结构化思考与表达。

在课程讲解过程中，优秀的老师会观察学员的反应，如果学员眼神飘忽、进入发蒙状态，老师就会通过提问等方式，唤回学员的注意力。

3. 练习反馈：训练你"打怪"，陪你走一程

在小品"卖拐"里，赵本山让自认为腿没问题的范伟"走两步"，最后走出个"瘸腿"来。虽是小品，但是道出培训环节中重要的内容：练习与反馈。如果范伟没走、赵本山没提醒，范伟哪里能发现自己腿是"瘸"的。

你有没有这样的经历：自认为听懂了，但老师一问、一考，结果发现自己并没懂。我认为课程中最有价值的部分就是考考你，然后告诉你哪儿对了、哪儿错了，帮助你纠正错误。

书就没办法给你反馈。如同我们仅通过看书去学开车，肯定是不行的。

4. 结交学友：结识一群一起走的人

"一个人可能走得很快，但一群人能走得更远"，这是我在幸福行动家社

第五章 博采信息——从单一到全面输入

群里听到的一句话，深以为然。你认识的人、你身处的团队，是会极大影响你的三观和未来的。因此，如果我们想要改变，就要跳出小圈子，到更大的圈子里去和高手一起成长。

参加培训，就能让你接触到平时根本不可能接触到的圈子，感受到正能量的传递。

第一，课堂上你会感受到很多正能量。培训师带有一种助人成长、积极主动的心态，而且越厉害的"大咖"，能量就越高。你听他的课，就是建立了一种链接，能接收到他传递出的能量。比如，许多上完"五维教练领导力"认证课的伙伴，都会觉得内心的激情之火被陈序老师点燃了。

第二，贵的课程能让你接触到优质人脉，让优秀的你通过平台得到指数级提升。我曾听过一位老师分享他早期花大价钱参加培训的经历，因为好的课程很贵，因此同学大多是企业大学校长、培训前辈等，之后他获得了很多资源和帮助。我相信这也是他后来成为"大咖"的原因之一。

以上四点，就是好培训无法用书替代的原因。同时，你可以用这四点去评估一个培训是否值得你花大价钱去参加。例如，你可以问问主办方：这个培训课程有能力测评和训前调研吗？老师会根据训前调研，对标准课程的内容进行调整吗？课程中有哪些练习活动和点评？老师是否会跟踪答疑？老师及同学们的背景、资历如何？

选到了好的培训课程之后，你也别急着高兴，因为仅仅带着耳朵去听是不够的，你还需要懂得如何参加培训。

高手是如何值回票价地参加一场培训的

在头马俱乐部的周年庆活动上，时任头马俱乐部 89 大区区长的 Kelly Guo 在台上说：You do one thing as you do everything。我在台下想，其实在学习上也一样。从你是如何参加一场培训的，就能看得出你是如何学习的。

简单来算，我参加的大大小小的培训/学习/读书沙龙也有 400 多场了，以下是我总结出的参加培训前、中、后的学习建议（见图 5-3）。

图 5-3　参加培训三步骤：充分准备、主动发声、不忘跟进

1. 参加培训前：充分准备

（1）明确要解决的问题。

不带着问题去学习，犹如没计划购物而去逛街，结果肯定是空手而归（当然，这个比方只适用于男士，不适用于女士们）。

即使培训听到最后也没发现干货，你还可以向老师提问题，让老师为自己答疑解惑，不浪费自己投入的时间。

（2）了解调研老师是谁。

虽然没有客观测评，但我觉得看着作者亲笔签名的书，学习效果要好三倍。因此，我总是提前调研老师是否有出书。

当然，这还有套近乎的效果。现场即使有一万个人围着老师叽叽喳喳，而你低调站在一旁，但只要你手中有他的书，老师一定会关注你的。

此外，仔细看看老师在简书、微信公众号、博客、微博上的文章，对于在参加培训时提出高质量的问题是很有帮助的。

如果你还能加上老师的微信，并提前祝贺对方培训成功，那就是新时代的尊师重道了。

（3）规划几点出发。

要想准时出席一次培训，一秒不多、一秒不少，太难。因此，我建议，要非常"不准时"。至少要比老师早，如果比培训组织工作人员还早更好。与其在结束时，与一万个人一起围着老师，不如提前一个人与老师沟通。

这是我觉得超级简单但很遗憾没有多少人会去做的一件事。

在培训过程中，想要做到给他人留下深刻的印象。要不你的颜值高，要不你的思想有深度或发言有角度，如果这些你都没有，那"早到"可能是最简单的办法了。如果你还能主动为老师、主办方帮点小忙，或许你就可以成为培训赢家了。

我在2011年刚进入培训圈时，某机构的服务是我觉得做得最人性化和标准化的。他们会给参加培训的人专门制作一个邀请函，上面不仅有课程内容介绍，还有路线、饮食建议、提醒带名片等。受此启发，前几年每次参加培训，我都会给自己做一个邀请函。也许你觉得这太夸张了，但你至少要提前上网查一下沙龙地址吧。

在你还没"牛"到别人会在第一排给你留座的级别时，千万不要迟到。因为迟到会让人质疑你的人品、情商，乃至智商。

2. 参加培训中：主动发声

（1）第一排就座。

据科学研究，坐在第一排学习信号接收效果是最好的。如果你习惯用电脑、手机，那么请找有电源插孔的第一排座位就座。

俗话说，人脉很重要。在学习沙龙中建立人脉，从离老师近开始。俗话又说，跟什么人在一起，你就会成为什么样的人。想成为重量级人物，请从坐在第一排开始。

坐在第一排的人自信，坐在第一排的人阳光，坐在第一排的人也有可能被人撵走。在 2017 年全国"我是好讲师"比赛上，台湾 TAF 引导技术研究院院长 Dolly 老师说："何平，很高兴跟你交流，不过比赛要开始了，第一排是评委席……"好在我已经和老师聊了半天了，微信也加了，名片也递了，我就坐第二排吧。因为这次攀谈，在大赛的闭幕大会上，我还被抽中领了一个奖品哦。

当然，如果你要提前出会场或者时不时接电话，建议坐在后面，以免影响其他人听课。

（2）认识老师、主办方和学霸。

老师、主办方和学霸是你必须认识的三种人。因为他们知识比你渊博，消息也比你灵通。

合影、交换名片、加微信是你可以用的三种方法。当然，如果你说"不好意思，我做不到/我不想做"，那么至少可以面带微笑地问声好。这些都能帮你轻松地发展人脉关系。

更特别的还有，2017 年年初我在啡信分享"你所知道的学习方法，都是错的"课程时，有学员送了我一封手写的信，我一直清楚地记得，还做成了案例。我对这位学员的印象非常好。

如果你想多收获一些，除了多花一点钱，还要多花一点心思去做事。我用本节介绍的方法，得到过很多人花几千元，甚至上万元才有的学习机会。

（3）自我介绍和发言。

在人生中抓住转瞬即逝的机会很难，因为人生无法预测。不过培训中有两件事肯定会发生，即自我介绍和发言。你可以提前准备一下，到时惊艳全场。

第一，自我介绍不用太复杂，可以仿照你家小区门卫常用的三个经典哲学问题：你是谁？你从哪里来？你要到哪里去？

战隼老师特别建议自我介绍内容里要有一个让人印象深刻的点。那么你

第五章 博采信息——从单一到全面输入

可以围绕着一个关键词来锚定方向。例如，我就会说，"大家好，我是学习家何平（我是谁，关键词'学习'），曾担任世界500强车企培训经理，还发起、运营过包括拆书帮成都蜀汉分舵在内的7个学习社群（我从哪里来），希望今天解决心中的×××问题，也愿意为大家解答学习问题、提供沙龙分享（我要到哪里去）"。

你还可以用图像来激活听众的右脑，比如手绘一幅色彩斑斓的思维导图，在自我介绍自己时进行展示。

你还可以用动作来引起听众注意，比如做一个单臂俯卧撑来说明自己爱运动。我就用过这个方法，效果还不错。另外，你还可以创作一首姓名藏头诗、唱一首歌、赠送大家一些福利等，相信你有很多才艺。

第二，发言也是锻炼演讲能力和胆量的一个好机会。上大学听讲座时，光是有想举手的想法，就能让我心跳加速。而现在任何场合，我都可以和台上的嘉宾谈笑风生，即使自己上台进行分享也不会胸闷气短、腿发抖，这一切靠的就是在每次培训中一点一滴积累的发言经验。

同大家分享一个最简单的方法：感谢—收获—疑问。比如，感谢何平老师今天将压箱底的参加培训的经验倾囊相授，其中"要提前准备好要点突出的自我介绍"这一点，让我受益匪浅；同时，我还有个问题，如果在培训中担任了小组长，如何才能做好呢？

"唯有发声，才能影响（他人）"，这是我在拆书帮成都蜀汉分舵三周年庆典上的演讲主题句之一，同样送给大家。

（4）记笔记。

在听讲时，反正你的手是闲着的，不如记笔记。之后，你还可以将笔记分享给其他人。提供给老师更好，老师喜欢认真的学生。会画思维导图更好，因为在这个看图的时代，大家会很喜欢将你的作品转发到朋友圈，帮你吸粉、扩大影响力。

记笔记要有重点，不要纠结一个词到底什么意思，这是一件技术活儿。

从一个人的笔记中可以看出他到底是只会鹦鹉学舌，还是一个学习行家。

我的好朋友、"化书成课"版权课原创者袁茹锦老师，会用如表5-2所示的听课笔记表做记录。

表5-2 听课笔记表

环节	环节目的	知识点	相关案例	培训形式	教学优点	可改进点
1.						
2.						
……						

使用表格不仅能详细记录分享者分享的内容，方便今后回顾，还能学习分享者的授课技巧、精进自己的课程开发思维。真是"行家一出手，就知有没有"，从这一点就可以看出袁茹锦老师在培训方面的深厚功底。

此外，尽量不要拍照、录音，因为我发现，很少有人再回过头去看照片或听录音。

（5）鼓掌、点头、回答提问。

老师一个人站在台上面对台下的一群人，他其实很需要你的回应、鼓励和爱。

即使你不爱他，你也要爱自己。你花了钱、花了时间，如果你多投入一点，你就能多学到一点。所以，听到精彩之处鼓掌、听到认同之处点头、听到提问时张嘴回应，不仅是对老师好，更是对自己好。

3. 培训结束后：不忘跟进

（1）整理名片。

（2）与新朋友交流，发朋友圈。

私信或公开感谢一下老师、主办方等。当你做了老师后，或开始组织学习沙龙时，你会发现组织一场培训是很费神的。

另外，一个人是学习"游客"，还是学习"达人"，从他的朋友圈中就可以

第五章 博采信息——从单一到全面输入

看出来。凡是内容里没有下一步（行动计划）的文章，都表示没有下一步（收获成长）。千万别只是转发课程 PPT，或者故意摆拍美美的照片。

从一个人的朋友圈中也可以看出他的学习能力。如果总是写一句"深度好文，必读"然后转发文章，那就不是在学习，只是在"观光"。

（3）行动。

知识没（使）用就没（作）用，知识有（使）用才有（作）用。具体怎么用？请翻阅本书第三章。

（4）反思总结。

通过幸福行动家社群和大树老师的介绍，我和战隼老师有不少交流，他特别强调，"要阶段性总结实践经验，输出系统性文章，包括知识来源是哪个活动，得到了什么效果，等等。发布文章后，在微博、微信上@分享嘉宾，这样他会对你印象深刻。主办方也会将你的作品转载到他们的微信公众号等平台上，这样你的个人影响力就扩大了，逐渐也就有了自己的个人品牌"。

战隼老师回忆起开始对彭小六（洋葱阅读法创始人）有印象，就是他在十点读书会 100 天阅读训练营后做的结营分享。

最后总结一下：

每次培训，

带着入场票的人多，带着问题与书的人少；

参加的人多，早到的人少；

后排的人多，第一排的人少；

被动听讲的人多，主动结交的人少；

沉默的人多，发言的人少；

记笔记的人多，行动的人少；

行动之后进行总结的人更少，总结中还感谢嘉宾、请教一些新问题并分享出来的人，则少之又少。

你是一个学习高手吗？如果不是，那么就从你的下一次培训开始修炼吧。

You do one thing as you do everything。

【付诸行动】

（1）请挑选括号里你认为正确的答案：好的培训四大评估标准是（能诊断问题/有精美学员手册和茶歇/能细致讲解/有科学原理支撑/有练习反馈/气氛轻松愉快/有优质人脉/有好朋友推荐）。

（2）请参加一次培训/读书沙龙/读书会，并写下与自己读书有何不同。

（3）请采用文中 1~3 个你认为不错的参加培训的办法，参加一次沙龙。

（4）请设计一个自我介绍，并在下次参加活动时使用。

【行动表单】

学习高手参加培训表如表 5-3 所示。

表 5-3　学习高手参加培训表

推 荐 做 法		你 的 答 案
一、参加培训前：充分准备		
1. 明确要解决的问题		
2. 了解调研老师是谁	买老师的书	
	浏览其简书、微信公众号等上的文章	
	加老师的微信	
3. 规划几点出发	培训日期及时间	
	地点、路线及耗时	
	早到时间	
	重要事项	
二、参加培训中：主动发声		
1. 第一排就座		
2. 认识老师、主办方和学霸	合影、交换名片、加微信	
3. 自我介绍和发言	自我介绍的内容	
	发言：感谢—收获—疑问	

续表

推 荐 做 法		你 的 答 案
4. 记笔记		
5. 鼓掌、点头、回答提问		
三、培训结束后：不忘跟进		
1. 整理名片		
2. 发朋友圈	感谢	
	下一步（行动计划）	
3. 行动		
4. 反思总结	在微博、微信上@分享嘉宾、主办方	

请教：如何专业地向"大咖"咨询

> 三人行，必有我师焉；择其善者而从之，其不善者而改之。
>
> ——孔子

读万卷书不如行万里路，行万里路不如阅人无数，阅人无数不如请"大咖"指路。本节主要介绍请教"大咖"的价值，以及如何选对、认识、提问和深交"大咖"的技巧，帮助你获得请教这种专业的、站在信息源头的学习形式的益处。

为什么要让"大咖"指路

让"大咖"指路最大的好处是方便学习最新的知识。因为无论你关注了多少个信息网站，甚至人工智能可以自动推送你关心的内容，但**最新的知识**

永远是在"牛人"口中诞生的。因此,最好的方式就是跟"牛人"一起学习。无法与他们成为同事、邻居,就加他们的微信,或者关注他们的微博。

我之所以对学习、培训圈的信息比较了解,就是因为我加了很多"大咖"的微信,我从朋友圈中就可以了解圈内的最新动态。

结交"大咖"三步骤:选对人、提好问、深交往(见图5-4)。

图5-4 结交"大咖"三步骤:选对人、提好问、深交往

如何选对"大咖"

选对人是向人请教的第一原则。我之前有一个同事,当他遇到问题时扭头就问身边的人,无论身边是谁,也不管对方知不知道这件事。到后来,我看到他张口就害怕,毕竟人不是百度,键入什么关键词,都能弹出答案。

(1)这个人是不是相关领域的专家?

专业的问题要问专业的人,而且这个人必须是你咨询的问题相关领域的专家,跨领域的专家也是不行的。要知道某个领域的专家,在另一个领域也许就只是一个普通群众。

同时,要注意有名的人不一定是专家。他的名气大,很可能只是营销做得好。

（2）这个领域有什么权威的证书？称号有什么样的价值？

"×××第一人""×××创始人"这样的称号，听起来很炫，但其实很可能是前一晚刚想出来的。"×××认证""×××授权"这样的称号，听起来也不错，但其实发证书的人可能只是在国外注册了一个公司，然后印几张证书卖钱而已。如果遇见这样的"大咖"，你还得弄清楚这些称号有什么样的**价值，或者这个"大咖"师承哪一派、他的师父是谁**。并不是说新门派就不好，而是如果源自历史悠久的老门派，质量会比较有保证。

（3）有没有比我更懂这个领域的人可以帮我鉴别或推荐"大咖"？

如何认识"大咖"

现在的网络如此发达，你随时可以通过微信公众号、微博、微信群等关注某个领域中的"大咖"。现在的"大咖"都不会孤芳自赏，反倒很乐意让自己被大众知道。

1. 通过线上分享

一个朋友有一次在微信群听课时，发现话题很有价值、分享老师也很有水平，因此在课程互动时积极参与，课程结束后还加了老师的微信，进行了自我介绍。说来也巧，老师当晚不忙，两个人就多聊了两句，他发现老师竟然是他的老乡。最后，他诚挚地请老师下次回家乡时提前告知一声，好当面再请教。

过了一两个月，老师在微信上说她要回家乡参加一个人力资本论坛，问这个朋友有没有兴趣一起参加。他当然很乐意去，不仅赶紧请了当天的假，还组织培训伙伴提前一天请这位老师吃了一顿地道的四川火锅。其间，大家不仅吃得很开心，还进行了学术交流，因为他提前准备了老师专业领域的学习资料发给大家。当然，他还提前买了老师的书要到了签名。

后来，他不仅自费参加了老师公司的"结构性思维"培训，成为一名优秀认证讲师，还以助教等角色到机场帮忙接机、协助老师讲授专业课程。当然，主动分享课程信息给身边的朋友是少不了的。在这个过程中，他了解到绩效改进技术，打开了眼界，专业水平得到了很大提升，结识了不少更高水平的朋友，讲课的回报也早已赚回了学费。

其实这个幸运的朋友就是我，而这位老师就是华商基业首席绩效改进专家易虹老师。这个故事对你有什么启发呢？

2. 通过线下沙龙

我是在川培联的一次沙龙上认识田俊国老师的，他是《上接战略，下接绩效：培训就该这样搞》这本具有实用操作方法和理论高度图书的作者，时任用友大学校长。

有意思的是，当时坐在我左边、掌声就传递出气场的老师，是百功阅读创始人刘百功老师，从他的《掘金TTT》一书可以看出也是个"死磕"专业的老师。

找到并加入你所在城市的培训师圈子，哪怕你不是做培训工作的也没关系，我们主要是为了认识优秀的人。

3. 通过"大咖"链接

李开复有一次分享道："多年前，我从中国调回美国微软总部，为了拓宽社交圈，我计划多认识一些新朋友。我规定自己每周和一个新朋友吃饭或喝茶。可是去哪儿找那么多人吃饭呢？我教给你我的办法，每次和新朋友吃饭，谈话中留意有没有什么他的朋友是你希望认识的，吃完饭前务必请他再介绍一位朋友给你，拓宽你的社交圈。"

正是因为易虹老师的介绍，才跟电子工业出版社的编辑老师有了出版本书的交流。

第五章 博采信息——从单一到全面输入

如何介绍自己、破冰

如果有人加你微信,你会喜欢以下哪种申请语:

a. 我是×××。

b. 何老师,您好……我在战隼老师的微信公众号上看到您的沙龙学习分享,受益良多……希望加为好友,学习交流,谢谢。

肯定是第二种,而且加上之后,别人还回复一句,"多谢何老师通过,向您学习"。写第一种申请语的人则往往一句话也不说,让人不由得怀疑:难道是微信系统自动推送给我的好友?

我在战隼老师的微信公众号"warfalcon"上分享了一篇文章,之后我的微信上出现了几十条加好友的申请,第一种申请语占了绝大多数,第二种申请语只有两三条。你看成功多简单,多说一句话,就已经超过 90%的人了。

想深入介绍自己,可以说以下几点:表示感谢、我是谁、我从哪里来、我要到哪里去。

以上第二种申请语,就做到了礼貌、表示感谢和说明原因。如果再补充出"我是谁、我要到哪里去"就更好了。比如,我是×××(学生/职业),现在在×××(大学/企业)。谢谢您讲的×××,对我特别有帮助,我决定接下来做×××。我还有个问题×××,请您有时间时给我指点一下。

其实,破冰就是给人留下一个良好的印象,愿意下次跟你聊。比如,上文中提到见到田俊国老师时,我从背包里拿出了好几本他所著的书,请他签名。他很惊讶,"哎呀,这本书早就断货了,我现在手里都没有了"。现场还有一个人做得更牛,以至于被田老师在各种场合和文章里多次提及,就是这位读者拿着自己的手抄本说,"田老师,您的这本书我读了八遍了"。

除进行自我介绍之外,你还可以多跟"大咖"建立共同联系。比如,通过他的朋友圈等了解他的关注点和近况。也许你就能发现,他其实跟你是一个

205

城市或大学的，也会知道他最近在做什么、计划做什么，然后就可以送上祝福。逐渐地，你们的关系就不再仅是点赞之交了。

如何向"大咖"提问

首先，问值得问的问题。

凡是百度和书可以解决的问题，就不要问人，除非你跟对方很熟。因为什么问题都问有很多弊端：第一，不利于发展你的自我探求和思考能力；第二，容易让对方怀疑即使你知道了答案，也没有足够的执行力去落地，因为你连"百度一下"都不愿意做；第三，对方会认为你把他当成一个低智能的工具了，这对于"大咖"来讲是一种侮辱。类似你问一个数学家，1加1等于几。

其次，提供足够的背景信息。

如果你想出版一本书，你会如何请教别人呢？你会不会这样提问："×××老师，请问如何出书？""我适合出书吗？""现在出×××书会不会没市场了？"

针对这些简单的问题，对方很难给你提供有价值的答案，只能说"你百度一下""我相信你，去试试吧""确实不是热门了"。

而我则是这样提问的（涉及隐私，细节略有修改）。

① 弗兰克老师，我想咨询一下出版一本书的相关事项，先给你说一下背景，然后等你有时间了我们在电话中聊。

② 目标：出版一本"学习"主题、类似《高效能人士的七个习惯》的"培训课程"式图书。

优势：拆书帮等学习社群历练+培训经理、培训师经验。

机会：暂时没看到学习、培训经验相结合的书。

劣势：较为小众，内容较深。

第五章 博采信息——从单一到全面输入

差距：不清楚出版及宣传流程，暂时未找到擅长该主题的出版社。

现状：按照目录（附上网络地址），进行日更中。

人脉资源：×××老师……

计划对策：咨询写作前辈，参加写作课程，借助老师成熟的出版经验和人脉。

③ 我暂时想到这些。你看还需要提供什么信息以供分析？你什么时间方便，我们聊一下？

④ 另外，不知道你的×××进展如何？还有看你在做×××，而我认识一些专家。总之，有什么我可以帮得上忙的，随时留言，谢谢。

我接下来解读一下背后的提问框架。

① 说明请教主题，选对请教方式。如果你只是询问一些信息和数据，就可以直接在微信上留言，如"培训师的一般课酬是多少？""×××课程最近一期在什么时候举行，有宣传链接吗？"

切记要直接留言，千万不要只留下一句"你在吗"，我觉得看到这三个字，比看到"请帮忙为我的朋友圈点赞"和"我在清理僵尸粉"更让人头疼。我还得回一句"在，你有什么事儿"。这时，提问人可能又不在，反复几回才能进入正题。时间很宝贵，这样做真的很浪费时间。

如果问题比较复杂，就打电话或当面交流。比如，要相互多次问答的内容，双方没有建立起共同沟通框架的内容，如职业规划、谈合作等。

② 多提供背景信息，否则对方肯定没办法给你提建议。就像你咨询别人买哪款笔记本电脑好，就要提供"预算是多少""要轻便还是性能好"等信息，否则别人怎么给你建议？如果对方不专业或者不想跟你耗时间，就只能主观臆断地给你一些笼统答案，如"一分钱一分货""我个人觉得×××好"等。因此，一定要提前准备好基础的背景信息。

那要提供哪些背景信息呢？至少要有你的目标（衡量成功的标准）；你的现状或资源；你的问题或差距；你的计划。

③ 如果你不知道该提供什么信息，就可以像我一样问对方：你会如何思考/判定？需要什么信息？同时，给出时间选项，方便对方快速确定合适的沟通时间。

④ 感谢对方。赵本山、宋丹丹的小品《钟点工》里有句著名的"再聊十块钱的"，请你至少把对方当作一个钟点工，请教了之后发个红包。如果你觉得太直接了，或者对方不喜欢，那你还可以了解对方在做什么，并尽可能支持对方，如观察对方朋友圈有没有在推广什么，帮着转发一下。或者，说一句"谢谢你今天的分享，今后有什么我能帮得上忙的，就随时给我留言"。总之，有问有谢，再问不难。

最后，行动后反馈结果。

得到了答案，并不是提问的终点。对方更愿意看到他的建议真正能够帮助你。因此，你要将行动之后的结果告知对方。这时候也是表示感谢的好时机，"谢谢你上次的分享，真的很有效果，我已经得到了×××成果"。

一个人是否能及时反馈结果，也可以反映出他的专业度。无论是提问，还是日常职场沟通都要做到及时反馈。

如何与"大咖"深交

"不要问你的国家能为你做什么，而要问你能为你的国家做什么"，肯尼迪用一句话讲透了深交的办法。但有人说"大咖"的眼界、信息渠道和能力等各方面都比我强，我怎么才能对他们有帮助呢？其实很简单，用心和用钱。

首先，用心。"大咖"说的话、教的课，你有没有认真去学、去实践？如果学了、实践了，回过头再问"大咖"，"大咖"一定会觉得"孺子可教也"，愿意再跟你聊两句。比如，我准备好《上接战略，下接绩效：培训就该这样搞》的读书分享之后，给田俊国老师写了一封邮件，并且附上了PPT、设计思路和自己的疑惑，就得到不短的回复。相反，"大咖"在文章里写了的方法，

第五章 博采信息——从单一到全面输入

你不看、不实践，动不动就问"你在吗"，或者拿着百度上就可以查到的问题，来向"大咖"提问。别说"大咖"，连朋友也不愿意把时间浪费在这上面。

举两个我自己的"今天你以我为荣，明天我以你为傲"的例子。我有一个朋友，每次问到我什么事，我都尽力去搞定。为什么呢？因为我看到了他的努力、认真。比如，一起做事时他负责的部分做得很用心。后来，他有了不小的成就，我也觉得很光荣。

还有一个朋友，刚开始合作时他不善于沟通。后来却发现他做事情不含糊，你让怎么做他就怎么做，你让怎么改他就怎么改，而且你让他多提出自己想法，他就能慢慢提出自己的想法，成长非常快。因此，我主动帮他链接资源、设计职业路线，也常向别人推荐他。

其实可以用心的地方太多，在任何"大咖"虽然有能力做，但时间受限做不了的事情上，你都可以帮忙，如帮忙宣传、组织沙龙活动、整理授课稿等。

其次，用钱。古时候，大师收徒也都是要收学费的。正如孔子所说："自行束脩以上，吾未尝无诲焉。"

那么，你交学费了吗？"大咖"的书、微课、培训，你买单了吗？请"大咖"吃饭了吗？用小礼物、赞赏等表示感谢了吗？

可能有伙伴会说这样做太俗了，但其实一切事物都有它的价格，付费只是在用你的劳动成果尊重对方的劳动成果而已。

总之，无论用心还是用钱，你把自己当成"大咖"想就明白了。假设一个远不如你的人找你请教，那么他做了什么事，会让你愿意花时间和精力与他交流，甚至倾囊相授、帮忙链接资源呢？你想到什么答案，去做就行了。

其实"大咖"很好寻找、很好交往，关键是你准备好当一个好学生了吗？

【付诸行动】

（1）请挑选括号里你认为正确的答案：选对"大咖"的三种方法是（经由名人和知名媒体推荐/确认是你咨询领域的专家/其证书是权威的、称号是有经历和经验支撑的/有×××创始人等头衔/请专业人士推荐/由好朋友推荐)。

（2）请了解并认识至少三位在你的专业、行业内的"大咖"，加上他们的微信或关注他们的微博。切记使用良好的破冰问候语。

（3）尝试借鉴文中咨询提问的范例，向一位"大咖"提问，最好是发邮件到他的邮箱。切记事后发红包表示感谢。

（4）花钱买"大咖"的书、听"大咖"的培训，请"大咖"吃饭。

【行动表单】

请教"大咖"表单如表5-4所示。

表5-4　请教"大咖"表单

请教步骤	自问问题	你的答案
选对人	有哪些人属于我问题领域内的"大咖"	
	他们在哪儿？线上、线下、推荐	
	我如何接触到他们并做好自我介绍	
提好问	如果以下3个问题的答案为"是"，就不要请教了： 1. 我的问题是不是在百度上可以查到答案； 2. 我的问题是不是花一点心思就能自己搞定； 3. 我是不是一开始就索取资源	
	参考简易请教模板： ×××老师，我想咨询一下×××问题。 我想要实现×××目标，目前情况是×××，有×××等障碍，能否麻烦您抽空给我点建议？ 谢谢	
	我要如何感谢"大咖"	
	我要如何反馈行动成果	
深交往	我要如何用心	
	我要如何用钱	

第五章　博采信息——从单一到全面输入

社群：如何借助社群成长

一个人可能走得更快，但一群人会走得更远

——幸福行动家社群

2012 年我加入了第一个学习社群，之后陆续发起和运营了 7 个社群，在本节中我想通过其中 3 个社群的记忆，同大家简单分享如何在社群中获得成长（见图 5-5）。

图 5-5　社群成长三部曲：参加、运营、发起

如果你感到孤独，你就参加一个社群——幸福行动家成都

2012 年的一天，一位中国建设银行信用卡业务经理到我所在的公司拜访。现在我回想不起为什么是作为培训经理的我去接待的，但仍记得我们主要聊的是"时间管理"，因为我发现他的笔记本很不一般。当然，如果你没钻研过这门或许能让你高效工作、生活的学问，你就不会留心。

结果我们之间竟有意想不到的缘分，他就是我的社群引路人——张善良。转眼到了 2012 年 7 月，他告诉我 7 月 28 日有一场关于时间管理的沙龙，问我是否有时间参加。我当然有。成都竟然还有一群人，跟我一样喜欢这个。

当然，如果没有时间管理"骨灰级"爱好者 sasa 姐组织，就没有幸福行动家成都社群的第一次沙龙。当然，如果没有专程从重庆来支援的幸福联盟发起人、埃里克森认证教练童年柯睿，也不会有这次沙龙。

在幸福行动家成都社群，我从参与简短分享，到 3 小时专场分享，再到全面牵头组织，迄今经历了 29 次活动。在这个过程中，结识了买雪梅、孙杰荣、刘雅雯、Alice、姚新军、邹鑫、大树等好多同样热爱成长的好朋友和"大咖"。同时，在这个过程中，我说出口的减脂和分享两个小目标，都实现了。

如果你感到孤独，就勇敢走出去。世界那么大，你总会在一个社群里遇见一群你喜欢并且喜欢你的人。

在豆瓣同城、互动吧里有很多社群的活动报名帖，找到一个你喜欢的，加入吧。

如果你想要成长，你就运营一个社群——川培联

2014 年，为了更好地学习培训技术，我加入了马梅老师等人发起的川培联，成为运营团队里的一员，负责职业讲师专业训练项目"我课我秀"。我和搭档京米粒老师一起组织活动，见证了嘉宾们的风采和他们的成长：Jack 船长老师成为头马俱乐部演讲冠军、好讲师全国 50 强；袁茹锦老师创立了醒职场和"化书成课"版权课程，张帆老师后来被誉为农村电商一哥并荣获"我是好讲师"最佳创新奖，王焱老师成为资深的亲子教育讲师，京米粒老师成为博赞认证思维导图老师……

后来我们发生了千丝万缕的联系，与此同时我们的成长也超越了很多一般的参与者。如果你想要成长，那就赶紧在社群组织里承担责任，无论是成为分享嘉宾，还是担任组织角色，只要你付出一分心血，你就会得到十分回报。

在社群里成为组织人员，你可以省掉活动门票钱，可以跟嘉宾有更多交

流,还可以提升自己的组织、运营、沟通、计划等能力,何乐而不为呢?

如果想认识自己,你就发起一个社群——拆书帮成都蜀汉分舵

2014年10月,在幸福行动家的第二届年会上,我见到了拆书帮创始人、帮主赵周老师。虽然早有人动员我学习北上广深发起拆书帮分舵,但直到那次年会我才做了决定,"这件事我不做,谁做呢"。

通过跟赵周老师、雪菲和熊孩子进行多次沟通,再加上申洪梅姐姐的组织,我们在树舍这个无主题空间举行了第一次活动,发起了拆书帮西南第一家分舵,时间是2014年12月25日晚上,一个下着雨夹雪的圣诞夜,近40位爱读书的伙伴把屋子挤得满满的。

时至两年后的2016年年底,拆书帮成都蜀汉分舵走过三十拆训练,走过百日线上拆书活动,实现植舵成功,每周固定1次活动,成为成都读书人的活动场所之一。

回忆这两年时光,有为大家带来分享的喜悦,有自己独自寻找场地、在产房外打电话动员大家的艰辛,有作为专家不被理解的无奈,也有被知心朋友默默支持的感动。细细总结一番,相比管理组织工作,我更喜欢钻研的工作。于是,我从创始舵主的岗位上退下,认真担任一名追求专业的三级拆书家。

如果你想认识自己,就发起一个社群吧。只有在与人的不断交流中,才能深入认识自己,看到自己的长处和特点。

头马俱乐部和拆书帮有成熟的社群发起辅导和全国伙伴的支持,是你发起第一个社群的理想选择之一。

以上就是我在学习社群里快速成长的3点心得,祝愿你也能加入一个你喜欢的社群、开始运营一个社群,乃至发起一个社群,并得到快速成长。

【付诸行动】

(1)请挑选括号里你认为正确的答案:在学习社群里快速成长的方法是

（多听分享/多结交"大咖"/走出去多接触不同社群/担任分享嘉宾和负责运营事务/尝试发起一个社群/成为很多社群的会员）。

（2）在豆瓣同城和互动吧等平台上，查询头马俱乐部、拆书帮、培训师联合会等社群的活动和联系方式，然后去参加活动（欢迎你到成都时，来参加四叶草社群和拆书帮成都蜀汉分舵活动，时间是每周四晚）。

（3）担任一个社群的分享嘉宾和运营角色。

（4）发起一个社群，每月至少举行一次线下活动并运营超过半年。

【行动表单】

社群学习表如表5-5所示。

表5-5　社群学习表

步骤	自问问题	你的答案
参加	什么样的社群有助于我提升技能、满足爱好	
	我如何接触到它们（豆瓣同城、互动吧）	
运营	我要如何在社群里承担责任（组织、分享、提供资源）	
发起	我为什么要发起一个社群	
	哪些社群有成熟的发起辅导	
	我如何找到志同道合、愿意付出的伙伴，打造创始团队	
	我适合担任什么角色（导师、组织、宣传、财务、教育、会员管理）	

本章尾声

用一句话总结"博览信息"，就是读书、参加培训、向"大咖"请教和参加社群，一个都不能少。

祝愿你全面地吸收知识，和你喜欢、也喜欢你的伙伴们一起好好学习。

在学习的路上，我们有时候会比较懒，那怎么办呢？请翻开下一章"激发动力"。

第六章
激发动力
——从"懒癌"到沉迷学习

> 知道为什么而活的人，便能生存。
>
> ——尼采

"……为了保持稳定的自制力，你最好吃血糖指数低的食物：大多数蔬菜、坚果、很多水果、奶酪、鱼肉、橄榄油（这些食物也许还有助于你保持苗条的身材）……"我和 Peri，在 2016 年年初开始组织"幸福玩家"社群线上拆书训练营，这是当时的学习资料之一。内容很简单，理解起来不难，同时我们相信，健康、自制力是每个人的目标。训练的最后一步，是做一个实践行动计划。我们期望大家都能行动起来，取得健康的成果。

当时我灵机一动，第二天额外做了一次调研，"有多少人真正去买了血糖指数低的食物"。你猜猜有多少？不到三分之一。这意味着什么呢？即使如此简单，又对大家如此重要的知识，也有多达三分之二的人无法取得真正的成果，即使他们肯定有能力做到。那么对于更难理解的知识、可做可不做的知识呢？成果转化率肯定就更低了。

从"知道"到"做到"的鸿沟如此难以跨越，怪不得杰克·韦尔奇要自豪地说，"你们知道了，但是我们做到了"。而跨越这条鸿沟的关键，就是激发动力。当你动力充足时，自然能行动到位，正如有句谚语，"Where there is a will, there is a way"。

本章将会帮助你彻底激活你的学习动力，让你沉迷学习，从"知道学习好（hao 三声）"升级为"做到好（hao 四声）学习"。

现在，我邀请你拿出一张纸，用 5 分钟时间写下"为什么我要学习"的答案。一行写一个答案，并编上序号，想到什么答案就写下什么答案，越多越好。

接下来请你将答案进行分类，看能分成几大类。

一般来说，我们可以将所有答案，分为四类：

（1）为了实现×××价值或意义。

第六章　激发动力——从"懒癌"到沉迷学习

（2）学习能力是我的天赋，很简单。

（3）我对学习感兴趣，它让我感到快乐、避免痛苦。

（4）终生学习这件事，还需要有理由吗？

这依次代表着价值、特长、兴趣与信念。这就是激活你我学习动力的四大控制力量。

当我们不仅能够挖掘出学习的价值，而且能够使用擅长的学习风格，同时在学习过程中感到快乐和避免痛苦，最后还坚信永不止步的学习是对的事情时，我们就会有无穷动力去学习；反之我们就只有三分钟热度，会轻易放弃。

大家有没有发现，这四个维度对应到了"觉察学习"中真我的四个角度。因此，可以说当你真正认识了自己，你必然就会积极主动，焕发生命力。

挖掘价值：如何找寻学习意义

> 自己活着，就是为了使别人过得更美好。
>
> ——雷锋

有一次我在头马思碰做《梦想成真》演讲，开场提问，"今年年初，哪些朋友许下了新年愿望呢？挥挥手，让我看见你们"。

结果满满一屋子人里，举起手来的竟然屈指可数，差点把我哽住，导致后面桥段都用不上了。不论许下愿望的朋友真正去行动了没有，至少他们还会去设想自己的未来，而大部分朋友竟然直接放弃了。

目标及其价值、意义，是驱动人行动的第一种力量，而且也许是威力最大的一种。因为如果有对未来炙热的渴望，一切导致无法学习的问题都不是问题（见图6-1）。

学习的答案

图 6-1　眼望星空，无惧泥泞

我们通过一个传奇人物的故事来体会一下。他既是健美冠军，又跨界成为好莱坞演员，最后还能驰骋政界，成为加利福尼亚州州长，他就是阿诺德·施瓦辛格。他是如何一步步走到今天的呢？

通过《施瓦辛格的计划》这部纪录片，我才知道他出生在奥地利的一个普通家庭。他父亲是一位警长，给他规划的人生是成为军人，和一个奥地利女孩结婚，幸福一辈子。那个年代不流行健身，父亲也一直反对他健身，认为太丢脸，小伙伴们也嘲笑他，"算了吧，阿诺德，你是在做白日梦"。

后来，父亲将他送到军队，当坦克驾驶员。在军营里，早上 5 点起床跑步、背负武器爬山、每天行军 20 公里等"酷刑"，让几乎每个人上床就睡着。在没人喜欢健美、所有人劝他放弃、缺乏器材的条件下，他是怎么做的呢？除收集、阅读了大量健美杂志，从中了解训练方法和营养指导之外，更重要的是他有"无论付出什么代价，我都会坚持下去"的信念，他每天坚持自己锻炼 3 小时，没有器材就在椅子之间做臂屈伸，椅子上加棍子做倒立划船。这对常人来说难以想象。

从纪录片里的一个细节中，也许能揭秘他无穷动力的来源。儿时的他在杂志上看到了雷格帕克的故事。因此，他定下了目标：成为世界上最强壮的人。

第六章　激发动力——从"懒癌"到沉迷学习

如果你的未来没有更高目标的牵引，一切都将随波逐流。有了目标，就有了学习的根本动力。回想一下你刚进入职场时，是不是每天手忙脚乱，这不知道、那也不知道，但那段时间是不是你成长最快的时候？而一旦能够胜任工作，进入了能力舒适区，这时又没有新的目标，很多人就会懈怠下来。

但想想你的生活多久没有发生改变了？平时是否只靠着购物、游戏和电视剧来搪塞你的心灵？要知道成长的快乐及追随自己目标的快乐，要胜过它们千倍。

我现在邀请你通过以下问题，去定下一个生活或工作中的3个月小目标。

（1）我曾经信誓旦旦给自己树立了什么目标？

（2）过去我做的哪一件事，让我具有最大的价值感？

（3）从小到大，我比别人更擅长什么技能？我要用它创造什么？

（4）当拥有什么或成为什么样的人后，我就会有最大的快乐？目前生活中，有哪些缺陷与不满，其中最大的一个痛苦是什么？

（5）什么是我认为对的、需要我一辈子去守护和完成的事？

定下目标之后，请你思考：如果不学习，能实现这个目标吗？

往往你会发现，很难。那么，学习的价值和意义，就不言而喻了，它会让自己过得越来越好，因为只要我们想生活得更好，就需要做得更好，而我们要做得更好，就需要学习新的东西。

我们为什么要学习？当你开始学习后，不仅你会成为更好的自己，实现你的目标，你的家人和朋友也会因为你而改变，过上更好的生活，乃至多年后，你所在的城市（甚至整个世界）都会因为你而变得更美好。

你的人生目标是什么？学习对于你有何价值和意义呢？

学习的答案

【付诸行动】

（1）请挑选括号里你认为正确的答案：施瓦辛格成功的原因可能是（出身好/朋友支持/环境有利/树立了坚定的目标）。

（2）根据提示问题，写下你生活或工作中的一个 3 个月目标。

（3）如何学习能帮助你实现以上目标？请写下至少 3 个答案。

（4）你还知道谁凭借对达成自己目标的强烈渴望，从而能坚持不懈地学习？找到 3 个这样的人，然后至少选择其中一位，跟他交流学习的价值和方法。

（5）你过去哪段时间特别热衷于学习？那时候你认为学习有什么价值与意义？以上答案，对于现在的你有什么启发？

【行动表单】

挖掘价值表如表 6-1 所示。

表 6-1　挖掘价值表

自 问 问 题	你 的 答 案
我的人生目标是什么	
不学习和改变，我能实现我的目标吗	
学习有什么价值和意义	

发挥特长：如何找到适合的学习方式

每个人都身怀天赋，但如果用会不会爬树的能力来评判一只鱼，它会终其一生以为自己愚蠢。

——爱因斯坦

很多朋友问我，自己听人讲书还行，但自己看书就看不进去，怎么样才能学会看书呢？

第六章 激发动力——从"懒癌"到沉迷学习

我的回答是，能让你轻松学习的方式才是最好的学习方式，不用强求学习一定要通过看书的方式。这就涉及了学习风格（特长），如果我们能认知并发挥自己擅长的学习风格，那就能轻松学习，从而我们的学习动力也会大大加强。

现在邀请你做一个测试。请按照实际情况和直觉，诚实回答并逐项打分（"从不"得1分，"偶尔"得2分，"经常"得3分）。

（1）我喜欢书面的说明，不喜欢口头说明。
（2）阅读一本书比听老师讲述，使我记得更多的重点。
（3）我只要大略浏览一篇文章便可找出文字上的错误。
（4）我比较喜欢听新闻，不喜欢看报纸。
（5）听老师讲授比自己阅读课本能记得更多内容。
（6）我写东西时需要大声念出来。
（7）我发现写字有助于记忆。
（8）我喜欢动手或借助工具来完成作业。
（9）我擅长玩拼图玩具。

现在请将1~3题、4~6题、7~9题的得分分别相加，分值高的一类，就是你的主要学习类型，依次是视觉型、听觉型、动觉型（见图6-2），简称VAK（Visual、Auditory、Kinesthetic）。

图6-2 VAK学习类型：视觉型、听觉型、动觉型

（1）视觉型的人以看取胜，这也是大多数人使用的方式。这类人相信一图胜千言，视觉型的人确实在快速接收信息方面有天然的优势。

视觉型的人会忘记一个人的名字，但会对这个人的长相印象深刻；喜欢找老师复制 PPT，也喜欢且擅长阅读；口头禅是"这件事，看起来……"。视觉型的人，适合通过看书去学习。

（2）听觉型的人善于聆听，相信与老师交谈是最好的学习方式。

听觉型的人可能有脸盲症，不过却能很好地记住对方作口头自我介绍；喜欢上课听讲，也善于表达；口头禅是"这件事，听起来……"。听觉型的人，适合听书、参加线下沙龙，在与人交谈中学习。

（3）动觉型的人动手能力强，可能会觉得阅读让人非常痛苦，也可能会被人说有多动症。

动觉型的人与人见面时，通常会主动握手；上课上了一会儿，就想休息，起来动一动；口头禅是"这件事，感觉……"。动觉型的朋友，也许就是那个从不看书，但学习能力其实不错的行动派。培训时如果有小组互动，他们的学习效率也会大大提高。

这三种学习类型其实并无优劣之分，但目前的教育较依赖视觉传达信息，而且有"看书才是学习"的错误观念，视觉型的伙伴就会比较占优势。但其实你只要不搞错你的优势，学习的效果就会很好，若视觉型的朋友非要通过动手、做实验等去学习，结果可能就不太好了。对，说的就是我，你现在知道为什么我大学专业是化学，现在转行做培训师了吧。

你是哪种学习类型的人呢？你是否有自己看不进去书的困扰呢？今后大可不必烦恼啦。

除了 VAK 测试，你还可以搜索"Kolb 学习风格测试量表"了解你的其他学习风格，判断出你到底是行动型、反思型、理论型、实际型中哪一种学习风格学习者。

切记，适合你的学习方式才是最好的学习方式。

第六章 激发动力——从"懒癌"到沉迷学习

【付诸行动】

（1）请挑选括号里你认为正确的答案：根据 VAK 理论，除了通过看书学习，你还可以（用听的方式学习/反思以往经验进行学习/用你的动手能力学习/和大家一起学习）。

（2）百度并完成"Kolb 学习风格测试量表"，找出你的擅长风格。

（3）将这两种测评方法分享给身边的朋友，思考如何和他们互补优势，搭档学习。

【行动表单】

发挥特长表如表 6-2 所示。

表 6-2　发挥特长表

自 问 问 题	我 的 答 案
各种测评结果表示我的学习风格是什么	
我以往学习效果很好的三次学习经历是什么	
在以上经历中，因为做了什么事产生了好的学习效果	
如何发挥我的（学习风格）特长	

驱动兴趣：如何快乐地学习

减脂是否能成功，取决于你把目光放在了未来更性感的自己身上，还是你面前的这块巧克力上。

——学习家何平

我们先来看一个故事，看完之后，请你说出为什么我能做到这件"不可能完成的任务"。

学习的答案

"还好,还好,没有被掐断",抬手、看到手表上"5:30"的计时,我暗自高兴。这是在 2017 年拆书帮第三届年会第二天上午,我刚刚完成我的 5 分钟分享。其实本没有我的什么事,当时我只是一名已卸任了舵主的普通三级拆书家。

回到前一天的 22:00,欢声笑语的表演晚会结束了,年会运营组的 Q 学徒拉住我说,"明早 8 点半,需要一个伙伴分享三级拆书家在会场中的收获和感受,时间为 5 分钟,何平,你来如何?"

一开始,我内心是拒绝的,对于做事有板有眼的我来说,准备时间太少了。不过转念一想,好像我们拆书帮成都蜀汉分舵还没有一个节目,给全国的拆书家们亮亮相。当年取名蜀汉,可是带着三分拆书帮天下的霸气的!

"我来我来,没问题!"

答应了 1 小时之后,我开始后悔。答应了 2 小时之后,我越发后悔。答应了 3 小时之后,我困到没有后悔的感觉了。我甚至还没开始准备,因为我还在参加著名的卧谈会——大家分批相聚在酒店的房间,或坐或躺,畅谈拆书的某个话题。

第二天凌晨 1 点多之后,我决定,不能再待下去了,赶紧退场。打车 1 小时回到自己住的酒店,这时 2:30。开始写稿,继续写稿,努力写稿。开始演练,继续演练,努力演练。咦,怎么就 5:00 了,不行不行,还是要睡会儿。

和衣上床,铃响睁眼,6:00。

洗澡洗漱,吃上几口面包,7:00。

打电话给同伴,他没接,先去打车,打不到……

联系上了同伴,他让我先去,终于打到车……

8:00 到会场,一路上念念有词。

全体合照,念念有词。

"接下来,我们分别有请三级前(未成为三级拆书家的分场)、运营(担任运营角色的拆书家的分场)、三级后(三级拆书家的分场)的三位伙伴,为

第六章 激发动力——从"懒癌"到沉迷学习

我们分享他们会场的精彩。"

嗯，我是第三个。上场，演讲，享受掌声，回到座位。

现在请你想一想为什么我能做到为了准备一场演讲只睡一小时。

首先，如果我做不到我承诺的事，结果肯定会很难看，我会很痛苦。同时，快乐也在牵引着我，因为我希望全国的拆书家们都能看到我们成都蜀汉分舵的精彩分享，做到后我会很快乐。

这就是**两种巨大的驱动能量：痛苦和快乐**（见图6-3）。

图 6-3 两种巨大的驱动能量：痛苦和快乐

让痛苦推动你学习

相比于学习，生活中有太多容易做且让人愉快的事情了。然而我们可以用被动或主动的痛苦来推动自己选择学习。

1. 避免遇到痛苦

被动的痛苦来自这个不停在改变的世界。或许你的心声是"我不需要学习，我现在这样舒舒服服地过日子就很好"，但这个世界不会停下它的脚步，你可能突然有一天发现"世界变化快，我却跟不上"。

田志刚老师在《你的知识需要管理》里提到，他的一个高中同学1996年毕业于知名高校，成为一名软件工程硕士，之后到国企上班，薪资、福利排在同学们的前列，而且工作很轻松，只需要简单地维护系统即可，堪称人生赢家。

不过好景不长，2002年国企改制，他离职了。在离职半年多时，他每天接送女儿上学，日子过得很逍遥。直到找工作时，才发现自己的专业已经与时代脱轨，毕竟计算机软件是一个发展飞速的行业。

这时候，计算机软件相关的工作他是找不到了，有朋友邀请他做药品代理，但因为之前养成的散漫习惯且没销售和管理经验，只做了半年就辞职了。于是又换了一个客户服务工作，薪水只有不到原来的一半，每天骑自行车奔波，也只做了4个月。那时候他不知道自己还能做什么，30多岁就仿佛与世界脱轨了。一个男人在浴室里号啕大哭，这是一种何等的绝望。

不用再多举例，这个时代变化快，唯一靠得住的只有不断学习的你自己，所以从今天开始学习吧。

2. 主动设置痛苦

（1）向公众承诺。

与开头承诺演讲的例子类似，我的人生中，多次获得公众承诺力量的加持。

在幸福行动家成都第三次沙龙上，我提出了运动目标。这让当时不运动、每晚回家就玩游戏的我，开始坚持每周3次、每次30分钟以上的运动，并且戒掉了游戏。不做不行，毕竟大家都看着的呢。

四叶草社群每月会由我带领一次阅读沙龙，这迫使我读书并设计分享，不知不觉读了很多好书。

这本书的雏形，诞生于2018年年初开始的日更。如果我不公开承诺每日写作，我哪里能坚持114天、每天写出千字以上干货满满的文章呢。

当你把一件事说出口时，你就断了自己的退路，你无路可逃，只能迎头而上。那么，在学习上，你是否敢于向公众承诺？比如，宣布要在某月某日给大家进行一场分享，或者承诺什么时候拿出什么样的学习成果。

（2）付费学习。

曾经我不理解为什么心理咨询聊天一定要收钱？后来我才知道，学员付费时的心疼，正是他认真对待学习的理由。得来轻松的东西，比如书，一般人一定是不会认真看的，那它起到的作用只是占据书柜、收藏夹或硬盘的一点空间。

因此，你想要好好学习，可以报名少则几百元，多则上万元的培训课程。用损失钱的痛苦来推动自己好好学习。鹰隼部落执行总酋长杨隆恺老师专门在《为什么要付费学习？仅以此文献给还想免费和低价学习的好友们》里写道，"在你还是一张白纸的情况下，付费学习会让你更加慎重地选择课程、选择老师。如果你是因为觉得不要钱，或者便宜就去学习，那么效果堪忧"。

另外，你还可以参加结伴学习的活动，提前交学习承诺金。如果没有按时学习，就从承诺金中扣钱扣到你心疼。

（3）两害相权取其轻。

罗辑思维创始人罗振宇曾说过，他从前有一个同事，特别爱看书，是一长得很漂亮的小姑娘，然后他就很奇怪，为什么这个小姑娘不爱天天梳妆打扮而是爱读书。这个姑娘说这源自她从小心中种下的一个隐痛，小时候父母天天逼着她弹钢琴，只有一种情况可以不弹钢琴，就是读书的时候，父母一看她正捧着本书就不逼她弹钢琴了，所以她从小就知道读书可以躲掉自己不喜欢的弹钢琴，从而养成了爱读书的习惯。

你想想看要给自己找哪件更不想做的事情，从而更愿意去读一会儿书？

让快乐牵引你学习

痛苦的推动力很大，快乐的牵引力也不可小觑。

1. 即时满足

"种一棵树最好的时间是10年前，第二好的时机是现在"，这句话揭示了在现实世界中，行动与成果之间的联系是缓慢和长期的。其本意是鼓励人们起而行之，现在就种下未来收获的种子。

但对于"杠精"来说，"妈呀，我费力气播下种子，天天浇水施肥，10年后才能看到成果，我还是去玩游戏吧，至少现在爽到了"。与现实不同，在一些娱乐、游戏软件会立即反馈结果，而且反馈的是甜点。比如，玩一次游戏，就会有"好逗/有意思/我赢了"的刺激，而且游戏软件还会设置升级、勋章或PK等机制，让你上瘾。

那我们能不能设计一个让学习短期出甜点的玩法？

打卡就是一种很好的方式。每发生一次目标行为，就计数，到一定数量就给予勋章等物质或精神的激励。

（1）你可以读几页书就拍照并写一段50个字感悟发到朋友圈，借助大家的点赞去激励自己读书。

（2）你可以量化学习，每次做到某件事就可以获得奖励积分。幸福玩家社群发起人梁开勋老师就做过游戏化时间管理，将每一次行动可视化，比如早起一次10分，学习分享一次50分，到达500分奖励一个奖章，让我们能看见自己的进步。如果利用软件，就更方便统计了。比如，我经常在朋友圈看到朋友们晒出的航班飞行时长图片、产品购买勋章、连续登陆积分等。而企业的 E-Learning 系统里常用的学习榜，计算学员学习课程数和时长，这也是不错的做法。

（3）在公司层面，就是让学习成果与绩效、薪酬、等级、晋升及各类发展机会挂钩。同时，如果你是领导者，你要给员工制造被别人仰视的机会，让他尝到即时收获的甜头，如当面表扬、树标杆、搞比赛、做宣传栏、组织内外部访问和师带徒等。

最后，究其根本还是让学习的结果能即时展示，即学即得。比如运用成

第六章 激发动力——从"懒癌"到沉迷学习

人学习法（如拆书法、ORID、4F 觉察、GEAR 致用和 TREE 分享等学习法）加速成果转化。

2. 调整视角

任何时候，你都面临着两个选择：现在吃棉花糖和今后吃棉花糖。

棉花糖实验是斯坦福大学沃尔特·米歇尔博士进行的自制力心理学实验。实验中，小孩子既可以选择一块棉花糖现在吃，也可以选择等待 15 分钟，从而可以得到两块棉花糖吃。结果，研究者发现能忍耐即刻棉花糖诱惑的小孩，通常具有更好的人生表现，如更好的 SAT 成绩、教育成就、身体质量指数等。

不管你信不信这个实验，世界规律就是这样的，就像高考前的你，会抛下连续剧，抱起书本，是因为你愿意牺牲当下的一点点愉快去换取未来更好的大学生活。今天花钱今天享乐，今天存钱明天有利息；今天躺沙发今天开心，今天撸铁锻炼明天可以炫照片。

洞察了这两种选择及其后果之后，当面临选择时，就只需问自己一个问题：我更需要的是当下，还是未来？如果答案是当下，那就立马吃糖，想怎么舒服就怎么舒服。如果答案是未来，那就放下糖，好好学习、好好努力。无所谓对错，看清因果，做出自己的选择，自己承担后果就好。

那么，你想不想立即开始当下的学习，让你的未来更加快乐呢？要不要让未来的自己，感谢今天努力的自己呢？

一切由你决定。

【付诸行动】

（1）请挑选括号里你认为正确的答案：能驱动你学习的两大能量是痛苦和快乐，本文列举了的具体方法是（避免未来痛苦/自我批判/公众承诺/他人监督/付费学习/两利相权取其重/两害相权取其轻/自我接纳/即时满足/调整视角）。

（2）当前你的职业、你所在的行业出现了什么你不知道的新变化？可能会给你带来什么风险？请找到一个专业人士寻求解答，并了解他是如何学习，以便跟上趋势的。

（3）请做出一个关于学习的公众承诺，在朋友圈公布，或者请好朋友监督。

（4）付费一个高价到让你心疼的培训课程，然后看看你的学习效果和动力与以往相比有何不同。

（5）找到一件让你很痛苦、能倒逼你去学习的事情。

（6）如何将你的学习目标切分成每日进行的小目标？每次完成后，请计数，并给予自己物质或精神激励。

（7）在你仅有一次的生命中，你到底是想成为一个过得很舒服的人，还是成为一个优秀、伟大和他人敬佩的人？好好思考这个问题，然后在笔记本上写下你的答案。然后隔一段时间再翻出你的笔记本，看看当初的想法。

【行动表单】

驱动兴趣表如表 6-3 所示。

表 6-3 驱动兴趣表

驱动能量及方法		自 问 问 题	我的答案
痛苦推动	避免痛苦	不学习，未来可能有什么样的痛苦	
	主动设置	可以设置什么痛苦，让自己开始学习 （1）公共承诺 （2）付费学习 （3）两害相权取其轻	
快乐牵引	即时满足	如何能看到自己的学习进步和收获	
	调整视角	关于好好学习，3 年后的你可能给现在的你什么建议	

重塑信念：如何面对学习中的失败

我不会将世人分成弱者和强者，或者成功者和失败者……我会将世人

第六章 激发动力——从"懒癌"到沉迷学习

分成好学者和不好学者。

——本杰明·巴伯

以下说法中，哪几条符合你现在的情况：

（1）我害怕做出某些决定，因为我害怕出问题后受到指责。

（2）我特别在意别人对我的看法，以及我在他人心里的形象。

（3）什么也不做比冒失败的风险去做事更安全。

（4）我承担不起犯错误的后果。

（5）我必须做到完美，我会花很多时间准备，哪怕是一件不重要的事。

（6）总有一个正确答案或完美的解决方案，我将一直等待，直到发现它之后再行动。

如果答案超过3条的话，你对于失败的理解很可能需要调整。

不当的失败信念，是我们不断学习的最大信念障碍。在学习中，面对成功，人人都欢喜雀跃，继续前行，然而分水岭就在于面对失败时你的态度如何。

本节主要介绍如何重塑一个正确的失败信念，让你喜迎失败，继续前行。

回溯

你如何看待失败？当发生了什么事情时，会让你有失败的感觉，认为自己是一个失败者呢？以上这些想法和信念，是从何而来呢？是谁或哪件事告诉、影响你的？

我那一届的成都中考，没有考化学，导致高中入学之后，大家都对着化学课本一脸茫然。不久之后又开始学物理。感觉从简单模式一下子就到了极难模式，每次上课都好像在坐飞机。不过因为班里有一些优等生，物理老师就对她的教学很有信心，对来向他提问的同学不太有耐心。

这时就出现了两种学生：一种是被老师说了几次"这个知识点还没懂啊"，

学习的答案

之后就不懂装懂、不再学习了的人；另一种则是一直追着问，直到搞懂为止的人。前者是绝大多数，而我是后者，最后我一直问成了物理课代表，而且这门课成绩稳定在班里前五名，时不时还能得第一名。

大多数人的想法可能是"这道题我不懂，我失败了""别人都懂了，我还不懂，我失败了""老师讲了好几次了，我还不懂，我失败了""老师对我不耐烦了，我失败了"。背后信念是，当我有不懂的事，或者学东西比别人慢，或者努力了几次还没有成功，或者别人看不起我时，就会认为自己是个失败者。

那么，现在请你回忆三件让你觉得你失败了的事，从中思考一下你的失败信念。

质疑

我的行动之所以跟大家不一样，是因为我对上述的失败信念是有质疑的，在我看来：学习中有不懂的事，不是很正常吗？在一些事情上不如别人，不是很正常吗？一件事没有成功，我就再努力几次呗。别人看不起我，并不代表我真正的价值。因此，我坚持提问求学，最终取得了想要的好成绩。

因此，你要不要质疑一下你的失败信念呢？

（1）这种失败信念是你自己确立的吗？答案往往是否定的。这种失败信念往往是别人潜移默化灌输给你的。我们很少真正思考过人生中的某个定义，然后自己给出答案。就像我们总是听别人说什么样的是好的大学、什么样的是好的伴侣、什么样的是好的工作、什么样的是好的人生，做出决定的往往

第六章　激发动力——从"懒癌"到沉迷学习

不是我们自己，而是父母、老师、朋友，以及铺天盖地的广告。

从今天开始，对于人生中重要的概念（如失败、成功、幸福等），你要尝试用自己的眼睛去看、用自己的脑袋去思考、用自己的手去行动，然后根据结果自己做出决定，不要轻易接受别人的答案。甚至对于我的这段话，也要小心求证。

（2）它合理吗？有助于你实现你的目标吗？答案往往是否定的。我们会定义失败是不好的事，因此有些人会停止尝试，避免失败后别人批评自己，会对自己说"我没有这个天赋/能力/资格"，有些人会带着阴影和恐惧，凡事小心翼翼，行动之前过分地做准备，避免可能出现的任何失败。从而你就很难或者很慢实现你的目标。

但其实失败也是好的、有意义的事。

因为在失败中学习是最自然的，就像我们孩童时经过无数次跌跌撞撞才学会走路。有人说过，"我的成功是源自我的经验，而我的经验是源自我的每一次失败"。因此，快速行动，然后失败，接着快速改进，就会快速成长。因为失败将极大地提升你的能力极限或人生境界。

因为失败将极大地提升你的能力极限或人生境界。以往我们总是认为一帆风顺才是人生的最大成功。比如，高考得高分，大学拿到双学位，毕业后到国企工作，和一个优秀的对象结婚，之后生一个聪明可爱的宝宝，四十岁之前退休，然后做慈善。但其实根本不是这样，多看看人物传记，你会发现凡是人生有杰出成就者，总是会遇到不止一次的大失败。可以说你能接受多大的失败，就能取得多大的成功。开句玩笑，如果你总是成功，那你的人生故事演讲会非常无趣。头马演讲比赛中的哪个演讲者不是曾经无比凄惨，后来春暖花开？我就特别佩服我的一个好朋友、四叶草社群演讲导师将军，他遭遇了很多次失败，而后从一个从事IT行业的宅男转型为一个演讲"大咖"，多次拿到中英文双语演讲冠军，最终将演讲发展成了自己喜欢的事业。因此，反思一下你的失败经历，如果没在其中找到价值和意义，那请你再反思一次。

学习的答案

　　因为失败是真实的，会让你警醒，至少它带给你的痛苦是真实的，它更能让你思考到底事物的原理是什么，而不是让你成功之后飘飘然或自以为是。因此，当遇到失败时问问自己，你的失败到底告诉了你什么。

　　（3）失败在你的掌控范围内吗？你遇到它时，你会开心吗？答案往往是否定的。我们会将失败定义为发生了不如意的事情。然而人生不如意之事十有八九，因此我们经常会觉得自己失败了，失去了对自己人生的掌控，从而情绪低落。

　　强者能预料到成功路上一定有失败，他们失败时学习动力不减反增。他们这样定义失败：如果你的一生中没有遭遇过大失败，那才是最大的失败。他们遇见了失败之后会高呼，"太好了，成长的机会又来了，一般人会停下脚步，而我将继续前行，并且加速行动"。

定义

　　既然人生中肯定会遇到不如意的事情，那要如何面对它呢？以下是我的思考。

　　（1）所谓失败只是一次事件，而不是不可改变的个人特质。一切都会过去的，你永远有机会学习，并且会变得更好。

　　（2）所谓失败只是成功的序曲。正所谓"失败是成功之母"，遇见失败，就意味着靠近了成功。

　　（3）如果能从不如意之事中学到东西，就不算失败。要努力从不如意之事中获取经验和教训。

　　我对失败的定义是：不如意不叫失败，真正的失败只有一种，那就是放弃，当我们面对失败时屈服了，那我们就真正失败了。

　　扪心自问，我其实也是一个平凡的人，曾经也很惧怕失败，苛求完美，在意别人会怎么看我。但在头马思碰（成都第一家中文头马俱乐部）做了一

第六章　激发动力——从"懒癌"到沉迷学习

次演讲后,我觉悟了。那是我的第一次头马演讲——自我介绍。虽然通过了,但受到了点评人从头到尾的批评。当时我没有得过且过,或者抱怨,而是仔细回顾了生命中包括这次演讲在内的三次失败,随后带来"永不止步的何平"演讲(见图6-4)。从此,"永不止步"成了我的信念。我认为这是世界上最好的信念,可以帮助我跨越一切障碍。之后,我成为头马思碰历史上第二个完成CC演讲手册的人。这也是不如意之事中的意外价值。

图6-4　世界上最好的信念:永不止步

最后,期望你也能正确面对失败、永不止步地学习,永不止步地去追寻你的梦想和目标。

【付诸行动】

(1)请阅读以下成功者的失败信念,从中选择自己喜欢的,并抄写下来,贴在自己的办公桌上:

① 当你意识到失败只是成功的弯路时,你就已经成功了一半。

② 跌倒不算是失败,爬不起来才算是失败;行走不算是成功,只有坚持不懈地行走才算是胜利。

③ 许多次失败总会造就一次成功。

④ 那些尝试去做某事而失败的人,比那些什么也不尝试的人不知要好上

多少倍。

⑤ 失败带给我的经验与收获，在于我已经知道这样做不会成功，下一次我可以避免同样的错误了（爱迪生）。

⑥ 没有失败，才是人生最大的失败。

⑦ 失败只是一个反馈，只是得到了一种未曾期望的结果。

⑧ 失败是停下脚步，承认比赛结束，而成功则是永不止步。

⑨ 所谓的失败是不可避免的，那为何不把它定义为正常呢？

⑩ 今天是崭新的一天，过去的都过去了。

⑪ 我们无法改变过去，无法改变现在的结果，但可以决定未来的方向。

⑫ 想要卓越，必须经历失败。

⑬ 失败只是在提醒我们需要改变目前的做法，以得到我们期望的结果。

⑭ 人生中重要的不是你现在的位置，而是你未来的方向。

（2）请从名人传记中或身边朋友身上，找出从失败走向成功的励志故事，记录进自己的笔记本，用于今后在受挫时激励自己。

（3）请回忆一件曾经失败，却带给自己更大价值的事情。并思考这对于自己有什么启发。

【行动表单】

失败信念重塑表如表 6-4 所示。

表 6-4 失败信念重塑表

步骤	自问问题	你的答案
回溯	1. 我怎么看待失败	
	2. 当发生了什么事情时，会让我有失败的感觉，认为自己是一个失败者	
	3. 以上这些想法和信念，是从何而来的	
	4. 谁或哪件事告诉、影响我的	

续表

步骤	自问问题	你的答案
质疑	1. 这种失败信念,是我自己确立的吗	
	2. 它合理吗,有助于我实现我的目标吗	
	3. 失败在我的掌控范围内吗,我遇到它时会开心吗	
定义	既然人生中肯定会遇到不如意的事情,特别是在挑战自己极限的时候,那要如何才能立于不败之地呢	

本章尾声

用一句话总结"激发动力",就是"学习是一件很有价值,可以很轻松、很快乐、永不止步去做的事"。

岁月不饶人,祝愿你亦不要饶过岁月,好好学习,努力成长。

很多伙伴会说自己太忙没时间学习,也无法坚持学习,那么就翻开下一章,为自己制订计划吧。

第七章
制订计划
——从随意到系统支持

第七章 制订计划——从随意到系统支持

> 兵马不动,粮草先行。
>
> ——《南皮县志·风土志下·歌谣》

本章将从时间、环境、工具和习惯 4 方面入手,帮助你系统地将你的学习安排在合适的时机、融入恰如其分的环境,让你选择称手的工具,逐渐形成你毕生的习惯。

时间:如何安排学习时间

> 三更灯火五更鸡,正是男儿读书时。
>
> ——颜真卿

很多朋友说,我没时间学习呀,每天有海量的事情要处理。但我想用一本畅销书的书名来回应,那就是纪元老师的《哪有没时间这回事》。只要你使用"提前规划"和"时时挂念"这两招,一定能挤出学习时间。

提前规划

不管你计划还是不计划,一天都会过去,海量的事情和铺天盖地的信息会自动填充满你的一天。但如果你用心计划好学习这件事,将其安排在日程中,我坚信你一定能挤出时间。

例如,我写一篇学习总结文章大约需要 1 小时,那就把这 1 小时排到日程中即可。即使在旅游时也可以挤出这 1 小时,比如我和 Yavin 有一次去西安旅行,我们计划第二天 11 点出门去陕西省博物馆,于是我就设置 10 点的闹钟提醒我写作。闹钟一响,我就坐下写文章。就这样简单。

以下是**寻常一天中的学习好时机**,相信会对你有所启发(见图 7-1)。

图 7-1　一天早晚都有学习好时机

1. 早晨就开始轻松学习

我的好朋友浩磊是这样开启一天早晨的：早晨闹钟响起后，他睁开眼睛，随手点开手机上的"得到"App，将音量调到最大，一边播放《李翔商业内参》，一边开始洗漱。

如今，学习形式早已不只是正襟危坐地听老师讲解，或者捧着一本书细细研读了。我们有了更多的选择，而且是更好的选择。

很多人放弃学习，是因为把学习搞得太沉重了。想从头到尾逐字看完一本书，还要写一篇详尽的读书笔记。上学时，这样做当然可以，因为那时候你全天的任务就是读书。而现在每天工作繁忙，能抽出半小时来学习就不错了。难道我利用碎片时间阅读一下，就不算学习了？肯定不是。只要你掌握了有效的学习方法即可，学习形式不重要。不管是看手机还是看书，整块时间还是碎片时间，都是可用的。

因此，听音频学习就是很好的选择。不仅充分利用了碎片时间，而且与早起程序并行，提升了时间管理效率。正如浩磊所说：还能顺便让大脑清醒。

第七章 制订计划——从随意到系统支持

不仅如此，听音频学习还可以解决很多朋友阅读时回看的坏毛病：读了几段，总想回到前面再读一遍，生怕漏掉什么内容，从而导致阅读速度很慢，甚至放弃阅读。解决良方之一，就是像听歌一样听音频学习。

相信你不会是这样听歌的：端正地坐在桌前，然后一个音符、一字、一词、一句，非常仔细地聆听，一旦没听清楚，就赶紧倒回去重新听。这样的人几乎没有。大家听歌，一般就是一遍又一遍播放，时时哼唱几句，也许同时手上还刷着手机。但不知不觉中我们就学会了这首歌。那么，为什么我们的学习不能借鉴一下听歌的方式呢？学习可以很简单，可以像听歌一样随时随地进行。

除了通过听来学习，早晨还可以如何简单学习呢？一般说来，早晨是一天中比较安静、不被打扰的好时光，那么，我们可以进行觉察学习。正念呼吸也好，自由书写也好，都是不错的。还可以回顾自己当前的目标，或者写一篇晨间日记，对前一天进行总结。这些都有助于帮助我们在繁忙的工作之前让自己的心安定下来，更了解自己，不至于整天忙得很盲目，一天结束后很茫然。

2．通勤路上别忘记学习

你每天路上要花多长时间呢？这段时间你在做什么呢？

我以往单程要花 1 小时，在车上时我一般听音频或者看书，通常是专题式学习。但我发现大部分人都白白浪费了这段宝贵的时间。

算一算，每天通勤路上要用 2 小时，乘以年标准工作日 250 天，就是 500 小时，除以一天培训课时 6 小时，约等于 83 天。也就意味着，**如果你抓住了通勤路上的时间，一年中就比其他人多学习了将近 3 个月**。

难怪《如何掌控自己的时间和生活》中提到，要最大限度地利用好过渡时间。通勤路上，就是一天中最长的过渡时间。

3．上班时间做好实践学习

十年如一日，原本指的是坚持不懈地做一件事，表示有恒心。但如果你真的十年都不思考，一直在用同样的办法做一件事，这句话就成贬义的了。看似你有十年的工作经历，但其实你可能只有一两年经验。

因此，你要在工作时间大胆尝试学习到的新方法。比如，可以给自己定下每天半小时的新方法尝试时间。

4．午饭时间也可以学习

午饭时间虽短，但你也可以利用好，做到两件事。首先，《别独自用餐》这本经典社交图书启发我，中午可以边吃饭边和同事交流，听听他们都在关心什么，如果你的同事是有心学习的人，你会从他们视角里得到不少启发。即使你的同事只关心肥皂剧，也不妨听听剧情，吸收到的只言片语也许正是与陌生人打开话匣子的好话题。当然，你也可以给他们分享你最近学到的知识，也许就只是两三分钟，但教是最好的学，你会发现通过给他们分享你对知识的理解更深入了。

其次，午休。俗话说得好，中午不睡，下午崩溃。我习惯睡午觉，少则半小时多则一小时。磨刀不误砍柴工，我们需要劳逸结合，为学习积攒精力。

5．下班路上温故知新

晚上我经常组织或参与学习沙龙，因此下班路上，是准备分享内容的时间。

我经常眼望车窗外，看似在发呆，其实你仔细一看，会发现我嘴里念念有词，还不时看一下手中的一张纸，我是在为分享做准备呢。比如一次7分钟演讲，路上的时间就够我完整练习好几遍了。这样演讲时我就不会紧张或忘词。

6．晚上是赶超一般人的学习好时间

上班都一样，下班各不同。我晚上经常会参加社群活动或培训，与一大

第七章 制订计划——从随意到系统支持

群人交流，一起成长。当然，你也可以单独约人吃饭聊天，这样交流更深入。

如果你想阅读一本难"啃"的，内容全是干货的书，或者写一篇学习心得总结文章，晚上也是很合适的时间。

7. 谁说睡觉时就不能学习

你可以带着几个问题睡觉，也可以用大脑过一遍当天学到了什么。

如果失眠了，也可以戴上耳机听听学习音频，伴随着知识慢慢入眠也是不错的选择。

但切记不要读太难的书，否则会带来挫败感。

通过规划好这 7 段时间，学习就润物细无声地潜入你的生活中了。你并不需要一下子都去实践，只要现在开始一点一点地改变，就是在打破"没有时间学习"的借口。

时时挂念

当你处于热恋时期时，相信你不管有多忙，总有时间想起那个可爱的他/她。那么，如果你能把这种"时时挂念"精神用在学习中，你就会发现随时都可以学习。

首先，特别建议大家做正念呼吸，让自己活在当下，觉察身体、情绪与想法。其次，可以回想一下近期学到了什么知识。最后，**隆重推荐你用上我发明的 Next 极简学习法。**

先介绍一下我发明 Next 极简学习法的背景。当我接触到拆书帮之后，对帮主赵周老师特别佩服，因为他淬炼出的 RIA 便签学习法，非常简单，尤其能解决学习"没时间、没精力"的问题。核心方法就三张便签，内容就是：用自己的语言重述知识；描述自己的相关经验；以后我怎样应用。学一遍不超过 5 分钟，很快就能上手，几次下来你就能明显感觉到自己的学习效果提升了。

这让我开始反思，很多时候知识分子们总想构建一个自己的体系，想一下子解决所有的问题，到最后连自己都记不住，那听众怎么能学得会并且有时间运用这种方法呢？

因此我真的是很佩服赵周老师，RIA便签学习法只有三步、三个问题而已。同时，我也就开始思考，我能不能也发明一个简单的学习方法？也是三步，甚至两步！但做到复杂很简单，做到简单真的很难，我苦思很久也没什么进展。

不过念念不忘必有回响，有一天终于被我找到了。

我有个好朋友叫阿雷，是资深的时间管理前辈。我关注了他的微信公众号"雷宗扬"，有一次看到一个有趣的对话，在干货满满的文章下方，一位朋友回复"讲到了自己的痛点"，然后阿雷回复"那么下一步行动是什么"。

留言很普通，回复也很普通，但在念念不忘极简学习方法的我看来，就不普通了。

学以致用，既然要致用，那么最后一定会落脚在行动上，而且是新行动，这是核心的学习要素。除此之外，其他的都可以省略。

到这里，你也就知道Next极简学习法了，就是问自己"我下一步有什么新行动"。

听闻德鲁克常对学生说，"不要告诉我这堂课有多么精彩，告诉我你下了课做什么和怎么做"。我也常对学员说，"我不看你的学习心得，也不看你有什么感悟，甚至我不要你重述、联系旧知识或以往的经历，你就告诉我你下一步有什么新行动，就好了"。

只要有新行动，你就一定会有新收获，学习就自然地发生了。否则即使你写了上万字的学习心得，甚至把知识倒背如流，都没有一点儿用。

再简化一下，我送给了我的学员4个字"下一步呢"，大家非常喜欢，有学员上课之后，就把自己的微信名改成了"下一步的×××"，时时提醒自己。

也许你确实抽不出很多时间学习，但请问你在做任何一件事时，能不能花1分钟想一下"下一步我可以如何做得更好呢"。

第七章 制订计划——从随意到系统支持

安排好学习时间不困难,只要做到"提前规划""时时挂念"即可。甚至你自问"下一步呢",其实就已经在好好学习了。

【付诸行动】

(1)你准备如何设计你寻常一天的学习时间?

(2)如果你看到以下微信群对话,你会如何跟帖回复呢?有朋友提问GTD认证培训师吴刚老师,"(对于)文章收藏、备用,您觉得还有什么更好的方法?",他回答,"大部分微信里的文章看完就删,最多收藏一下稍后再看,触发行动是第一位,别成为文字的'奴隶'",然后这位朋友回复,"谢谢指点"(提示:可以参考Next极简学习法)。

(3)打开你的朋友圈,找出他人转发文章或发看书照片的消息,留言评论"你准备下一步怎么做呢"或者"下一步呢",看对方怎么回复。如果他没有下一步计划,就请给他分享"学习=新习惯"定义和Next极简学习法"下一步呢",帮助他将学习转化为行动。

【行动表单】

学习时间安排表如表7-1所示。

表7-1 学习时间安排表

时间	推荐做法	你的思考与下一步行动
早晨	听学习音频;正念呼吸;自由书写;回顾目标;晨间日记	
通勤路上	专题式音频学习或看书	
上班	尝试新方法	
午饭	跟同事交流、分享;午睡	
下班路上	进行分享准备;练习基本功	
晚上	参加社群活动或培训;约人请教;阅读难"啃"的书;写文章	
睡觉	思考问题;回忆当天所学;听学习音频	
时时挂念	正念呼吸;回想近期学习;Next极简学习法"下一步呢"	

地点：如何营造学习氛围

> 余平生所作文章，多在三上：马上、枕上、厕上。
>
> ——欧阳修

美国社会学家奥登伯格提出了"第三空间"概念。他说，人的日常生活主要分布于三大生活空间（见图7-2），即第一空间（家）、第二空间（公司）和有别于前两者的第三空间。第三空间主要是指包括咖啡店、博物馆、图书馆、公园等在内的公共场所。

因此，如果我们营造好了这三个空间的学习氛围，我们的学习就实现全覆盖了。

图7-2　三大生活空间：家、公司、公共场所

家

记得我小时候看过一个棋类冠军的报道，称其在卫生间也放置了棋盘。你的家不需要那么夸张，但至少要布置一个书架，床头放几本书，如果你再

狠点心，就不要把无线网络信号接到卧室，或者把不必要的东西移出卧室（比如电视），让房间简单清爽，这样就不会被学习之外的事情分心了。

其中最重要的是书架，不需要奢华、巨大，只需要听句老话"流水不腐，户枢不蠹，动也"。也就是要通过分区设置，让书流动起来，否则你的书会腐烂生虫，会让你无暇问津。

1. 目标区

这个区域如果不放东西，会很奇怪，那么放什么呢？放入能让你想起或看到你目标的物品。例如，我放的第一件是 Yavin 的画，上面是着西服的我，拉着行李箱和她一起赶飞机，我讲课，她旅行；第二件是一本书稿；第三件是一张我 6 块腹肌的照片。没错！我们要在目标区放入自己的梦想图。

世间有意思的事情很多，你的目标很快就会被它们淹没，而记住目标最好的办法就是将其视觉化。除了可以将梦想图放在书架上，你还可以将其放在屋子里容易看到的每个角落，比如床头，这样早上起来你的梦想就可以给你补充能量了。

2. 新书区

无论你有无书架，都要把新书存放在一个大小固定的地方，不允许超量。

固定空间，是为了避免你被欲望驱使，无限制地购买新书，成为图书收藏家，而不是真正去学习。一旦发现这个区域放满了，就停止买书或者开始阅读。这样做的目的就是让书流动起来。

3. 在读区

建议你做一个读书计划，把一周或一个月要读的书放在在读区，实现限定时长地看书。因为限定时长可以提高你的阅读效率，解决逐字阅读和回看的毛病。

4. 致用区、分享区

书籍放在这个区域，意味着我们接下来要将这本书中的某个知识加以实践或进行分享。

要特别注意，放在这个区域的书应该是能够帮助自己达成目标区梦想的书。否则，你的力气就用错了地方。

5．智囊区

将可以温故知新、使你受益的经典书放在这个区域，形成你的智囊区。

你可以将你的书分分类了，比如我会分成领导管理、目标效能、沟通性格、情绪心理、思维逻辑、婚恋亲子、专业领域和其他。当我孤独、失败、迷茫或成功时，我都会来这里跟作者们倾诉与交流。

为什么呢？很多时候你没办法认识"大咖"，更没可能追随历史伟人，但你可以在他们的书里，与他们相见。《思考致富》作者希尔，就请了拿破仑、林肯、达尔文等超过 50 个古今名人做他的智囊。当然是通过伟人们的书和传记，去学习拿破仑的"鼓舞他人、永久自信、反败为胜"；去学习林肯的"正义、宽容和幽默"；去学习达尔文的"耐心、客观"。

肉体速朽，而永恒的思想可以透过书籍、文字永存。

另外，观察这个区域放置的书，就能看出你是一个什么样的人，背后代表了你的价值观、特长、兴趣和信念，乃至品味、水平和圈层。

期望我的这本书，能留在你的智囊区。

6．售卖区、转赠区

书只有在阅读它的人手里，才是幸福的，而不应待在书架上堆灰。

我会选出好书、暂时用不到的书，送给身边的朋友，或者在"多抓鱼"这样的二手书微信小程序里卖出。

书中自有黄金屋。放满书的书架，对于一个家很重要，对于一个人学习也很重要。我们在笑笑 2 岁时，就给他买了书架，期望他养成爱读书的好习惯。也祝愿每个人家里，都有一个富有生命力的书架。

第七章　制订计划——从随意到系统支持

公司

在公司里，学习氛围可以由人或者可视化知识来营造。

首先，你的同事最好也是你的同学。记得2016年我去参加深圳市竞越企业顾问有限公司（以下简称竞越）20周年庆典时，得到了一本活页纪念本，其中一张内页引起了我的注意，讲的是竞越的培训落地转化方法论，"派多人参加公开课，以便回去形成变革氛围"。

确实是这样，一个人单枪匹马去上公开课，即使学成，回到公司里也很难有能力和权力去改变惯例或规则。因此，公司要尽量派一定数量、有话语权的人一起参与外部培训。

联想到家庭教育也是一样，我的好朋友、美国正面管教协会（PDA）注册导师/家长讲师贝妈常年开设"正面管教"课程，对于父母一起报班学习是有优惠的。因为对于孩子的教育问题，父母之间最容易出现各抒己见的情况，毕竟双方的家庭、教育背景是不一样的。而一同上课，就能借由老师引导，实现求同存异，认同同一套教育理念和方法。这样自然就比一个人学了，然后再想办法影响其一半简单多了。

既然一起学了，再找时间一起复习、交流、实践和总结，就比较容易办到，学习氛围也就营造好了。

其次，如果你说以上做法不是自己能够决定的，而且成本太大，那么你还可以做的是让知识充斥在公司的环境中。

2017年，我开设"知行力——让你的学习精快好省"工作坊时，给学员发了很多资料。除常见的学员手册和协助训后练习的任务卡以外，还发了知识卡、知识提示卡和书签，这些就是营造新知氛围的武器。

知识卡，A4大小，内容包含所有知识点，可以贴在办公桌前用来提醒你复习。知识提示卡，略大于比苹果Plus的大小，内容是一个教练式问题，并附上名人名言佐证，如这个知识，在哪些场景、情况下可以使用（如果一个知识在你生活中不能找到可以实践的机会,那么学了白学——学习家何平),同时还留了空白,便于书写行动心得。它不仅可以贴在办公桌前,还可以夹入工作笔记本,每翻开笔记本一次,就能复习一次知识点。书签,内容是核心学习方法及半小时读完一本书的流程。可以说,尽可能地全方位提醒你使用正确、有效的学习方法。

此外,为了营造良好的学习氛围,公司层面还可以设置标语或制度上墙,宣传栏知识园地,卫生间贴画,LED 大屏幕播放短片,等等。

综上所述,我们要让公司里人人都营造知识氛围,处处都充斥着看得见的知识,就像广告牌充斥在楼梯口、电梯里、停车杆上等生活中的各个地方一样。

公共场所

上大学时,我很奇怪为什么大家都要到教室去自习,一大堆人挤在一起,而不在人更少且不吵的寝室里自习。我最后发现,在寝室里我只想睡觉或打游戏。

毕业十多年之后,我甚至还会回到母校四川大学,或者去我家旁边的四川师范大学去自习,和同学们一起埋头学习,我感觉学习的效果好了很多。而省、市图书馆的座位,甚至是要一大早排队去抢的,因为图书馆中有无数智慧的图书在身边,查找资料非常方便。

如果你觉得去大学自习室和图书馆不太方便,那么你还可以换个新环境,比如去咖啡馆。英国哥伦比亚大学 2012 年的一项研究发现,比起一片寂静,适度的嘈杂声实际上会让你更有创造力,实验中一个咖啡馆坐满人时的 70 分贝,会让学生的表现最好。

切换不同场景,也会使思维更活跃,因此你不如随身带着书,在地铁上、等公交车时或在某个风景旅游地阅读,相信会有不一样的体会。甚至你在家

第七章 制订计划——从随意到系统支持

里换个房间或位置看书,学习状态也会不一样。

我们生活在家、公司和公共场所三大空间中,如果我们好好营造这三个空间的学习氛围,让它们帮助我们,我们就会不知不觉地好好学习、天天向上了。

【付诸行动】

(1)请将新书和你想看的书归拢,放在书架的一个固定位置,然后给自己制订一个下周阅读计划。

(2)请将本书行动表单,尤其是觉察学习日记(见表2-5)、致用学习表(见表3-5)和分享学习表(见表4-5)打印出来,贴在办公桌前,帮助自己不断运用高效学习方法。

(3)找出你所在城市的图书馆、学校教室和你家附近的咖啡馆,然后尝试在里面学习,看看学习效果、状态与在家里时有何不同。

【行动表单】

学习氛围营造表如表7-2所示。

表7-2 学习氛围营造表

空间	推荐做法	你的思考与下一步行动
家	布置一个有目标区、新书区、在读区、致用/分享区、智囊区、售卖/转赠区的书架	
公司	派一定数量、有话语权的人参与外部培训,并开展后续实践及总结活动	
	将知识可视化地布置在环境中	
公共场所	去大学自习室、图书馆、咖啡馆,或者任何一个新环境中学习	

工具:如何配置学习工具

好的工具就是应该最高效率地完成用户的目的,然后尽快地离开。

——张小龙

工欲善其事，必先利其器。没有几个称手的工具，怎么能帮助自己在知识丛林里披荆斩棘呢？学习 App 推荐示例如图 7-3 所示。

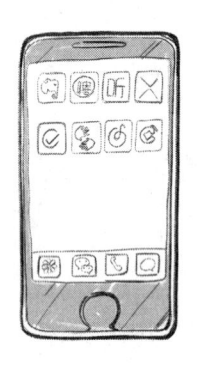

图 7-3　学习 App 推荐示例

聚焦目标

学习不是目的，只是实现目的的手段。因此，帮助你聚焦人生目标的工具，不能少。

1. 求职网站

去看看你现在做的工作，在市场上有何新机会、新要求？也许你会发现好的工作，不需要学习也可以涨薪；也许你会发现大型企业应聘资格的变化，从而早做准备，尽快学习。

2. 壁纸制作

除了你的办公桌面、卧室床头，你每天接触时间最多的、又可以自己掌控的，就是你的手机壁纸了。你有没有做一张人生目标图、学习目标图等，利用它来提醒自己，或者为自己打气呢？

输入信息

好的输入,就像新鲜、健康的食材,能为你提供能量。因此,不要错过能让你站在信息源头的人或 App。

1."大咖"微信、微信群

跟什么样的人在一起,你就会成为什么样的人。凡是遇见喜欢的"大咖",我都会加上他的微信。通过他们的朋友圈,你能看到行业或职业的最新趋势,能看到比你牛的人比你更努力。而且私聊两句,就可以省下"在行"一对一咨询的钱。

我最喜欢的一个时间管理群"大头们",是由好朋友、国内资深时间管理专家大树老师建立的,群里仅有 25 个人,但汇集了国内一线时间管理专业人士,比如幸福行动家社群发起人、《早晨最重要的三件事》作者张永锡老师,以及本书提及的很多时间管理"大咖"。加入这个群就完全不用担心错过时间管理领域的一些好书、好消息了。

2. 听书 App

虽然视觉阅读快,但听觉学习可以与通勤、开车、做家务等并行,而且可以循环播放,实现温故知新。我喜欢用的听书 App 有喜马拉雅、得到、樊登读书等。

3. 阅读 App

我喜欢用的阅读 App 是"网易蜗牛读书"和"微信读书"。

4. 百度等搜索引擎

想请教别人或向别人要资源之前,请先百度一下。毕竟百度是免费的,而且速度挺快。

梳理知识

别人的书、别人的话都是原材料，要自己梳理之后才能成为为你提供营养的食物。

1. 思维导图

在第四章的"主题阅读""多元分享"中，已经重点推荐了思维导图，此处不再赘述。

2. PPT

当你开始思考一个 PPT 页面应该如何布局，以及几个页面之间应该有怎样的逻辑关系时，你也就在梳理知识了。

存储资料

好记性不如烂笔头，你需要外部大脑，来帮助你博学广识。

1. 印象笔记

印象笔记是知识管理的好工具。记得用微信绑定印象笔记，这样收藏微信文章就会很方便。李参老师的《印象笔记留给你的空间》，大家可以看看。

2. 讯飞输入法

如果你的普通话不错，那就用讯飞语音来做灵感记录吧，比打字快。

3. 坚果云

坚果云是一个云盘，使用简单，支持手机、电脑、平板电脑等多平台，可实现多人共享。可以将常用资料和电子书存储在坚果云里。

专注

用音乐来让自己进入读书世界。

1．小睡眠

播放"炉火+丛林声"音乐，躺在沙发上，拿起书，我觉得立刻就进入了旅行小说之中；播放"语文课堂"音乐，坐书桌前，翻开书，我感觉得到了学霸相助。

2．网易云音乐

放着《Welcome To The Jungle》，读书好像有加速光环；放着《Every Breath You Take》，适合看婚恋图书，如《爱的五种语言》。以此类推，每一类书都有与它对应的音乐。

管理行动计划

你准备什么时候使用新知识？你准备什么时候读书？你需要一款提醒功能强大、支持多平台、界面清爽的时间管理 App。

滴答清单就是一款能让我瞬间放弃之前四年×××闹钟使用习惯的 App，还有番茄钟功能。

分享知识

教以致学，学以致教。

1．互动吧

在互动吧中发布社群活动通知，方便会员买票

2. 简书

简书是一个写作平台，录入简单、配图简单。之所以没建议大家用微信公众号，就是因为简书简单。刚开始做一件事时，从最简单的方法开始，才能坚持下去。

从简单原则出发，也不需要其他 App 了，只用一个微信即可：加上"大咖"微信，将其置顶，作为学习目标；订阅几个公众号，关注最新资讯，比如订阅战隼老师的微信公众号"warfalcon"；有什么心得、笔记，直接在"收藏-笔记"里写，看到什么好资料，直接"收藏"，就可以做好资源管理；想分享知识，直接在朋友圈发布。

同样，便利贴也是简单但功能强大的工具。你可以在便利贴上写出知识实践计划，贴出来。或者一张便利贴写一个知识点，用来搭建知识结构，或设计分享课程。当然，画思维导图也是可以的。

学习工具是有时间成本的，请从最简单的开始，不要忙于对比各种工具而忘记了你本来的目的——实现学习目标。不要成为追新求异的工具评测员。

3. 千聊

千聊是和微信结合紧密、使用方便的图文语音分享平台。

变现知识

衷心祝愿你我因为学习而成为思想富翁，进而成为金钱富翁，装上中国建设银行、中国银行等多款银行 App，多多变现知识、天天提现知识。

最后，补充一点，就是把学习工具放在显眼的位置，这样才能营造好学习氛围。你手机屏幕最显眼的位置，留给了什么 App 呢？

【付诸行动】

（1）上文介绍的这八类 App 你都有吗？选择其中三类，尝试一下。

（2）请分享一款你常用的学习 App 并写出推荐理由，在我的微信公众号

"永不止步的学习家"后台留言。

（3）找到三位爱学习的伙伴，请他们推荐他们常用的学习 App。

习惯：如何养成学习习惯

> 思想产生行动，行动成为习惯，习惯创造性格，性格决定命运。
> ——萨姆尔·斯迈尔

先来看一个例子，艾伦是一位 16 岁就开始吸烟、喝酒的女士，之后的岁月都在跟肥胖做斗争，而且总是借债度日。不过，她现在的转变之大让你难以想象。她养成了长跑的习惯，看起来年轻了 10 岁；不再喝酒，戒烟 4 年多，减掉 60 磅[①]；不再欠债；已经在设计公司工作了 3 年多，甚至攻读了硕士学位，还买了房。这一切是怎么发生的呢？是从她决心戒烟，并且养成跑马拉松的习惯开始的。

然而，我们都知道"江山易改，本性难移"，新习惯是很难养成的。我们可以将艾伦转变背后的习惯培养秘密应用在自己的学习上。

习惯培养的 1 个原则和 1 个公式

习惯培养的 1 个原则和 1 个公式如图 7-4 所示。

[①] 1 磅 ≈ 0.4536 千克。

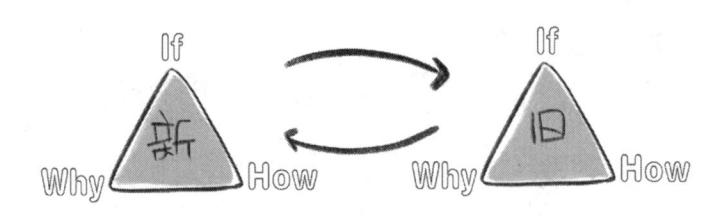

图 7-4　习惯培养 1 个原则和 1 个公式

1. 原则：习惯只能被置换，不能被戒掉

2013 年之前，我每天一回到家，肯定先坐到电脑桌前玩游戏。少则 1 小时，多则不得不睡觉才下线。瘾不可谓不大。

我也知道这样做不好，玩物丧志。但不管我如何发誓、下决心，总是戒掉几天，又死灰复燃，"要不今天就玩一局？只玩一局……哎呀，怎么又凌晨一点了"。

那我后来是如何戒掉游戏的呢？因为我开始运动了，电子游戏就从我的生活中消失了，并且没有反弹。我一下班就奔赴球场、泳池，哪里有时间玩游戏。

你可能会说，这怎么可能？既戒掉了过度游戏的坏习惯，还养成了运动的好习惯。很不符合常理啊，改变两个习惯明显比只改变一个习惯更难啊。

其实，这就是习惯培养的原则——习惯只能被置换，不能被戒掉。

如果你读过讲吸引力法则的《秘密》一书，你就会知道在你的潜意识里，是不存在"不"的。比如，我请你"不要想一头红色的大象，千万不要想一个红色的大象"，当你默念这个指令时，你会发现很难抑制你的大脑去想象这幅画面。

因此，之前我的誓言，看起来就是个笑话，反复说"我不要玩游戏"，其实就是在反复提醒自己"玩游戏"。

正确的方法是，将旧行为置换为新行为。如果你想彻底除去一块地里的杂草，那就种上庄稼。比如，将"我不要玩游戏"改为"我要去踢球"。上文中的艾伦，就是用跑步置换掉了吸烟，从而带动了良性循环。

第七章 制订计划——从随意到系统支持

到这里，你已经在习惯培养认知上前进了一大步，不过还不够，不是任何行为都能置换掉现有的坏毛病。我们还得用上习惯公式。

2．习惯公式=暗示信号+习惯行为+奖赏

我玩游戏习惯的养成，是因为回到家无聊，看到电脑（暗示信号），就打开电脑登录游戏（习惯行为），享受游戏带来的刺激和赢的快感（奖赏）。

因此，如果我们仅置换玩游戏这一个要素，是不够的，因为这三个要素是紧密联系在一起的。接下来，分别对其进行介绍。

（1）奖赏。我们的每项行为都满足了我们的某个需求。行为可能被改变，但需求不能被取消。比如，我玩游戏是为了体验刺激和赢，如果我强行取消打游戏，这个需求就处于饥饿的地步，直到反弹。

这个原理，你想想节食就更好理解了。节食背后有身体营养需求，你可以短时间节食，但身体不可能长期缺少营养，一定会有反作用力，让你重启多吃的模式。

因此，我们要查明一项坏习惯背后给你带来了什么好处？然用奖赏置换这个好处。

（2）暗示信号。光有奖赏还不够，一个行为想要发生，还必须有一个信号，让你想起去做它。这个信号就是暗示信号。比如，有人说想要坚持跑步，就每天把跑鞋放在门口，那么出门时一定看见它，从而提醒自己。而我戒掉游戏，就是在上班时背上运动包。当下班的班车到站后，我没有径直回家。而是看了看背包，然后赶去球场踢球。

那么，你给你的新行为设置暗示信号了吗？

除物品暗示以外，我们还可以通过地点、时间、人物、情绪、事件来提醒自己。比如，冰箱上的冰箱贴，可以提醒我们吃健康的食物；闹钟响起，提醒我们起床；加入一个兴趣小组，伙伴们会提醒你坚持；如果感到疲惫，就喝杯咖啡；如果要吃饭了，就可以准备服药。

（3）习惯行为。我们要给什么行为设置信号呢？这要沿着第一步深挖奖

259

赏，去思考这样一个问题：有什么行为，能满足坏习惯背后同样的需求，甚至还有更多好处？比如，虽然游戏能带来刺激和赢的快感，但踢球也可以啊，而且还能减肥。

为了避免"五分钟热情"，习惯行为要尽量是微行为，而且要做到以下几点。

第一，每天都做，完成后做记录。

密集训练，才能保证快速养成习惯，否则你一周、一个月，甚至一年才做一件事，肯定很难有成果。比如，我坚持做俯卧撑和仰卧起坐，每天都必做，做了就记录。

第二，即使当天事情再多、精神再疲惫，都要做到。

我们开启一个新习惯时，总是精力十足、贪多求精，这会让我们在前几天就耗尽所有的力气，然后很快放弃。而且我们会忽略潜在困难对我们的干扰。因此，我们要设置一个最低练习限度，即使你再忙、再困，也可以做到，如你可以设置为每天看 1 页书、跳绳 1 分钟。千万不要看不起这些微小的改变，它能促使你持之以恒，最终看到巨大的改变。1.01 的 365 次方，会比刚开始 10，接下来就只有 8、5、1、0……相加大。

当你做到了，你可以适当地加量，比如改为一天看 10 页书，不过提高标准时要谨慎，要确定你在加班、生病、聚会等各种干扰下也能做到。

第三，一次培养的新行为最多为 3 种。

不要贪心地一次开启多个习惯，艾伦也只是从跑步开始的，等养成了一个新习惯之后，再慢慢增加习惯。

第一个新习惯，最好是能带动其他习惯的核心习惯。我认为锻炼就是很好的选择，因为当你的身体素质提高了，你就会有更多的自制力和自控力去实现其他奇迹，你会吃得更香、工作更有效率，也会对同事、家人更有耐心。

第七章 制订计划——从随意到系统支持

从现在开始置换出你的学习习惯

（1）先找出你的生活、工作中一件有负面结果的事。比如，抖音刷不停、天天吃火锅、跟同事太多闲聊。

（2）思考这件有负面结果的事背后满足了你的什么需求。比如，抖音刷不停=满足好奇心+排解无聊，吃火锅=满足美味+社交，闲聊=互通信息。

（3）看看其中有哪些需求是可以通过学习去满足的。比如，你可以听喜马拉雅、得到或樊登读书，也很有意思；如果你参加社群活动，还可以交男/女朋友；互通信息可以通过分享最近看的书，或者新知识实现。

（4）设计学习的微行为。比如，打开学习App播放视频、报名社群活动、只分享一个新名词等。

（5）设计启动信号。将学习App放在原来抖音的位置，然后将抖音卸载，或者将其放在不常用的文件夹内；设计出发闹钟，或开通社群会员（花一大笔钱让自己不得不注意），或置顶社群微信群；写一条学习便利贴，贴在办公桌上。

（6）去做。看看学习效果如何，能否顺利置换出学习习惯，之后是否能得到相似的快乐激励。如果不行，就换一种学习行为，直到成功为止。

希望这些习惯培养的思想，能让你开始行动、养成习惯、改变性格，最终自己决定自己的命运。

【付诸行动】

（1）设计一个暗示信号，让其提醒你翻开本书进行学习。

（2）罗列出你想改掉的所有坏习惯，从中选出一个你最想改掉同时又不太难的，然后开始尝试六步置换法。

（3）你以往有什么好的学习习惯？思考培养出它们的关键是什么，然后迁移用在培养新习惯上。

【行动表单】

学习习惯培养表如表 7-4 所示。

表 7-4 学习习惯培养表

习惯公式	If	How	Why
自问	什么情况下做	学习微行为	满足什么需求
标准	自然、简单触发	具体、明确	最好与负面习惯的需求相同
答案			
次数	1	2	3	4	5
打卡记录（填写完成日期及反思）	6	7	8	9	10
	11	12	13	14	15
	16	17	18	19	20
	21	奖励点及奖励内容：			

我现在宣布，从即日起，我将致力于养成以上学习习惯，无论遇到任何困难，不找任何借口！

日期： 宣誓人签名： 证明、支持人签名：

第七章 制订计划——从随意到系统支持

本章尾声

用一句话总结"制订计划",就是"成功地准备好(学习时间、地点、工具和习惯),就是在准备好成功"。

祝愿你随时随地都能学习!

参考文献

[1] 田俊国. 上接战略，下接绩效：培训就该这样搞［M］. 北京：北京联合出版公司，2013.

[2] 赵周. 这样读书就够了［M］. 北京：中央广播电视大学出版社，2012.

[3] 易虹，朱文浩. 从培训管理到绩效改进［M］. 北京：机械工业出版社，2013.

[4] 史蒂芬·柯维. 高效能人士的七个习惯［M］. 顾淑馨，常青，译. 北京：中国青年出版社，2002.

[5] 莫提默·J.艾德勒，查尔斯·范多伦. 如何阅读一本书［M］. 郝明义，朱衣，译. 北京：商务印书馆，2004.

[6] 彭小六. 洋葱阅读法［M］. 北京：北京联合出版公司，2018.

[7] 乔·卡巴金. 正念：此刻是一枝花［M］. 王俊兰，译. 北京：机械工业出版社，2015.

[8] 理查德·怀斯曼. 正能量［M］. 李磊，译. 长沙：湖南文艺出版社，2012.

[9] 赵永久. 爱的五种能力：爱情与婚姻中的情商课［M］. 北京：中国华侨出版社，2013.

[10] 阿尔伯特·埃利斯，阿瑟·兰格. 我的情绪为何总被他人左右［M］. 张蕾芳，译. 北京：机械工业出版社，2015.

[11] 布朗温·卢埃林，罗宾·霍尔特. 适合比成功更重要［M］. 古典，译. 北京：中信出版社，2013.

[12] 芭芭拉·明托. 金字塔原理［M］. 汪洱，高愉，译. 海口：南海出版社，2010.

[13] 盖瑞·查普曼. 爱的五种语言［M］. 王云良，陈曦，译. 南昌：江西人民出版社，2010.

[14] 霍华德·加德纳. 多元智能新视野［M］. 沈致隆，译. 北京：中国人民大学出版社，2012.

[15] 霍华德·加德纳. 智能的结构［M］. 沈致隆，译. 杭州：浙江人民出版社，2013.

[16] 查尔斯·杜希格. 习惯的力量［M］. 吴奕俊，陈丽丽，曹烨，译. 北京：中信出版社，2013.

[17] 斯蒂芬·盖斯. 微习惯［M］. 桂君，译. 南昌：江西人民出版社，2016.

后记：愿你好好学习

我一直不知道如何写这一篇后记，似乎写正文就将全部的力气用完了。直到我无意间翻到了 2013 年 5 月 8 日我在一汽参加朗诵比赛的一篇稿件，感慨万千，用在这里再恰当不过了。

"各位评委老师，各位朋友们，大家中午好！我是 2 号选手何平，我来自综合管理部/党群工作部。我今天的朗诵题目是《珍惜时间，不要抛弃学问》。

胡适先生在 1930 年一次毕业典礼上，发表了一篇演讲，内容是这样的：

诸位毕业同学，你们现在要离开母校了，我没有什么礼物送给你们，只好送你们一句话。

这句话就是，珍惜时间，不要抛弃学问。

以前的功课也许有一大部分是为了得到这张文凭而做的。从今以后，你们可以依自己的心愿去自由研究了。趁现在年富力强，努力做一种专门学问。少年是一去不复返的，等到精力衰竭的时候，要做学问也来不及了。

有人说，出去做事之后，生活问题急需解决，哪有功夫去读书？即使要做学问，既没有图书馆，又没有实验室，哪能做学问？

我要对你们说，凡是要等到有了图书馆才肯读书的，有了图书馆也不会去读书；凡是要等到有了实验室才肯做研究的，有了实验室也不会去做研究。你有了决心要研究一个问题，自然会节衣缩食去买书，自然会想出法子来购置仪器。

至于时间，更不成问题。达尔文一生多病，不能多做工，每天只能做一点钟①的工作。你们看他的成绩，每天花一点钟读 10 页有用的书，每年可读 3600 多页书；30 年可以读 11 万页书。

---

① 一点钟，即一小时。

学习的答案

诸位，11万页书可以使你成为一个学者了。可是每天看3种小报也得费你一点钟的功夫；四圈麻将也得费你一点半钟的光阴。看小报呢？还是打麻将呢？还是努力做一个学者呢？全靠你们自己选择。

易卜生说，你最大的责任就是把你这块材料铸造成器。

学问就是铸器的工具。抛弃了学问便是毁了你自己。

再会了，你们的母校会看着你们10年之后成什么器。

诸位朋友，刚才我用2分41秒完成了我的朗诵，在座的各位用了2分41秒听了我的朗诵。时间不等人，刚才的2分41秒，已经一去不复返了，愿我们珍惜生命，把自己铸造成器。谢谢！"

距离上次阅读这篇稿件，已经快过去6年了，我不禁眼眶湿润，有些庆幸和惆怅。庆幸的是这6年我还算珍惜时间，没有抛弃学问，终于写出了自己的第一本书；惆怅的是6年这么快就过去了，一去不复返了。人生有多少个可以做学问的6年啊！希望我的下一个6年，能更加珍惜时间、不要抛弃学问。

在本书的结尾，我也没有什么礼物送给你们，就送你们一句话吧：祝愿你好好学习，不要浪费生命。

学习家何平

2019年3月16日

致 谢

学习不是一个人埋头做就能做好的事，写一本书亦然。

首先要感谢我的父母。感恩他们给了我生命，并且在学习的路上处处给予我耐心陪伴。我还记得中学时母亲深夜陪我熟读一个又一个英文单词，晚饭后父亲总是陪我散步、逛书店买书，让我成为一个无惧困难、热爱读书的人。

还要感谢我的岳父岳母。感恩他们愿意让我和 Yavin 结缘，感恩他们时常一起照料笑笑，也支持我在职场中的转型。有了这一切，我才能将那么多精力和时间投入所爱事业和本书的写作中。

接下来，要感谢的是我亲爱的妻子 Yavin。如果说有一个人陪伴着我从懵懂走向成熟，那就是 Yavin。我之所以能永不止步地追求我爱的学习事业，无论是外出授课，还是参加社群活动，背后都有 Yavin 的接纳、鼓励和爱。还要谢谢 Yavin 为本书绘制插图。本书就像我们的第二个孩子。

这里要给我的儿子笑笑说句寄语：给你取名何行之，是希望你在人生路上不断学习，先行后知，知行合一，遇到再大的困难，也要对自己说声"行之（就好）"。同时这也是我对自己的期望。

除家人的陪伴之外，我还必须提到职场、社群和培训师道路上的贵人以及伙伴们对我的帮助。

感谢刘国斌、王安伟、余莉萍、张运婷、杨尚霖、张若楠等各位领导、同事，因为有你们的赏识和支持，我得以加入一汽，并在培训师岗位上大展拳脚，积累了大量培训经验。

感谢田俊国、陈序、赵周等老师们为本书写推荐序和点赞之辞，同时感谢他们作我人生路上的明灯。

感谢张善良、童年柯睿、Sasa 姐、邹小强、永锡、大树老师、纪元、战隼、吴刚、张玉新、弗兰克、叶骥、书羽、小丫姐、袁茹锦、杨隆恺、Alice、大树、77、陈雪姣、浩哥、星星、马梅、草草、杨旭、刘文佳、张帆、骆轩、熊啾啾、孟刚、彭小六、刘静、Peri、开勋、张厚橹、张浩磊、姗姗、米苏爸爸、苏小陌、斑点鱼、Iris、郑海峰、魏瑜、海瑛、Amy、钟钟、诗彤、山哥、万盛兰、梁兴盛……从 2012 年接触社群以来，作为"大咖"和朋友，你们一个个在我生命中出现，激励着我前行和学习。

感谢京米粒、郭龙、Jack，你们是我在学习社群里最好的伙伴，你们身上有太多值得我学习的闪光点，期望和你们做一辈子四叶草社群。感谢四叶草社群的导师、运营团队的易萱、将军、蕴蔚、小毅、侯哥、何依、little、慢点儿、朝阳……有你们在四叶草社群，才让爱学习的人有一个温暖的家。感谢标斌大哥、夕颜、田园、雯婷、柯霓、吴艳飞等四叶草社群的会员和参与者的信任，未来我们继续携手读画写讲、疯狂成长。

感谢一汽物流有限公司、中国邮政集团公司、中国电信股份有限公司等企业和诸多培训公司的信任和支持，我才可以为大家提供培训服务，过程中才能碰撞出本书的许多灵感。感谢"知行力——让学习精快好省"学员们的信任，本书的很多内容是和你们在工作坊里一起创作的。

感谢特邀斧正嘉宾团，你们给本书提出了很多中肯的改进建议。

感谢易虹老师在培训路上的无私分享和帮助，同时因为你的推荐，本书才得以出版。感谢电子工业出版社的晋晶老师、杨洪军老师等在本书出版的过程中给予的专业指导和温暖陪伴，让我这个新作者能避免走很多弯路。还要感谢姚新军和兰溪老师多次为本书的出版出谋划策。

由衷感谢以上及未能写入的所有人，期待未来我们继续一起学习、前行。

反侵权盗版声明

电子工业出版社依法对本作品享有专有出版权。任何未经权利人书面许可，复制、销售或通过信息网络传播本作品的行为；歪曲、篡改、剽窃本作品的行为，均违反《中华人民共和国著作权法》，其行为人应承担相应的民事责任和行政责任，构成犯罪的，将被依法追究刑事责任。

为了维护市场秩序，保护权利人的合法权益，我社将依法查处和打击侵权盗版的单位和个人。欢迎社会各界人士积极举报侵权盗版行为，本社将奖励举报有功人员，并保证举报人的信息不被泄露。

举报电话：（010）88254396；（010）88258888
传　　真：（010）88254397
E-mail：dbqq@phei.com.cn
通信地址：北京市万寿路173信箱
　　　　　电子工业出版社总编办公室
邮　　编：100036